Geschichten vom MITANANDA

Eine Reise in die Glückseligkeit

Karin Siakkos

Umschlagfoto: Moritz Thumann Umschlaggestaltung: Karin Siakkos & Beatrice Audétat Lektorat: Beatrice Audétat

Verlag: Buchschmiede von Dataform Media GmbH, Wien
www.buchschmiede.at

ISBN:
978-3-99125-985-5 (Paperback)
978-3-99125-983-1 (Hardcover)
978-3-99125-984-8 (E-Book)

PRINTED IN AUSTRIA

Familien - Glaubensbekenntnis

Wir glauben an die Kraft der Familie, an die Liebe,
die Verbundenheit und die Begeisterung.

Wir fokussieren uns auf das Positive,
die Lösungen und die Stärken jedes Einzelnen.

Wir geben Raum, Zeit und Aufmerksamkeit,
bedingungslos.

Wir ehren unsere Grenzen und die der Anderen und
behandeln uns und unsere Mitwelt achtsam und mit Respekt.

Wir übernehmen Verantwortung für unsere Gedanken
und unsere Handlungen.

Wir lernen und wachsen MITANANDA –
mit Freude gemeinsam.

Inhalt

Teil 3: MITANANDA H.O.F

Vorwort

Ich möchte mit diesem Buch Menschen inspirieren, unterhalten, berühren und zum Nachdenken bringen. Ich möchte zeigen, dass alles möglich ist, dass es immer Wege und Lösungen gibt. Ich möchte aufrufen zu einem neuen MITANANDA - einem Zusammenleben von Groß und Klein, gemeinsam und voll Freude.

Die Zeiten von Machtkampf, strengen Erziehungsratgebern, Angst, Manipulation und Druck sind vorbei, denn die neue Generation ist anders. Sie funktioniert nicht mehr so, wie wir das noch von uns und den vorigen Generationen her kennen.

Viele Eltern mit denen ich spreche, bestätigen mir die Wahrnehmung, die ich in 16 Jahren Muttersein erlebt habe, mag man jetzt an Indigokinder oder Hochsensibilität glauben oder nicht: Die Kinder der neuen Zeit kommen auf diese Welt, um sie - und uns - zu retten und zu zeigen, dass der Weg an der Liebe nicht mehr vorbei führt.

Mein Ziel ist es, unseren Werdegang in teils lustigen, berührenden, traurigen und aufrührenden Anekdoten zu erzählen und ich hoffe, es gelingt mir, dies ohne erhobenen Zeigefinger zu tun. Ich fühle ganz stark, dass es JETZT an der Zeit ist, sich authentisch, wahr, ehrlich und verletzlich zu zeigen.

Ich möchte nicht angeben, wie einzigartig toll und außergewöhnlich wir sind (denn wir sind auch nur fehlerhafte Menschen und wie wir alle nicht perfekt), sondern allen Eltern, aber auch allen Menschen ohne eigene Kinder, Mut machen. Mut, um auf ihr Herz zu hören, Risiken einzugehen, Träume Wirklichkeit werden zu lassen. Mut, aufzubrechen, sich auf die

Suche zu begeben nach Glück und der Zufriedenheit, vor allem in den kleinen Dingen.

Als wir vor vielen Jahren losgegangen sind, hatten wir keine Ahnung, wohin uns unsere Entscheidungen bringen würden. Es gab viele Momente der Verzweiflung, die Angst war unser ständiger Begleiter. Oft standen wir kurz davor, alles hinzuschmeißen, aber immer wieder gab und gibt es da eine Stimme, die sagt: Steh auf, fang von vorne an, versuch es noch einmal, immer und immer wieder. Deine Kinder sind es wert, dass du es versuchst - DU bist es wert, deine Träume zu leben.

Ja, auch du.

Es geht hier um die Eigenverantwortung. Niemand kann dir diese abnehmen. Daher geht es zuerst um dich als Erwachsener, denn erst wenn du in deiner Größe dastehst, die Macht über dein eigenes Leben zurück erobert hast, aus der Opferrolle heraus trittst, erst dann kann das auch dein Kind. Erst dann ist wirklich selbstbestimmte Bildung, freie Potenzialentfaltung und das MITANANDA möglich.

Insgeheim wünsche ich mir, Hoffnung zu machen. Ich bin eine unrettbare Optimistin. Ich oute mich gerne als „Gutmensch“: Ich glaube an das Gute in jedem Menschen und daran, dass es das Leben, Gott, das Schicksal oder das Universum (wie immer du es auch nennst) gut mit uns meint. Ich glaube daran, dass Glück eine Entscheidung ist, die es jeden Tag aufs Neue zu fällen gilt. Und ich bin überzeugt davon, dass Dankbarkeit der Schlüssel dazu ist.

Achtsamkeit im Umgang mit mir selbst, meinen Lieben, den Tieren und der Umwelt (besser: Mitwelt), sind für uns eine Selbstverständlichkeit, an der wir uns täglich üben. Unser Ziel ist die bedingungslose Liebe, die Latte liegt hoch, doch Kompromisse lassen wir nicht mehr gelten. Es gibt das Paradies, nur kannst du es im Außen nicht finden. Es ist in dir.

Daher muss dieses Buch zuallererst klarstellen, dass es kein herkömmlicher Wegweiser zum freien Leben und Lernen sein kann. Jeder Weg ist anders, jeder Mensch träumt anders, lernt anders. Wir sind alle so grundverschieden, und genau darin liegt der Zauber. Es braucht kein Gleichmachen um einander zu verstehen, es braucht Vertrauen auf allen Linien.

Als ich in den letzten Monaten verzweifelt darauf gewartet habe, dass mich die Muse küsst, als mich Selbstzweifel, Sorgen und Ängste geplagt haben, habe ich mir eine Frage gestellt: Was braucht dieses Buchbaby, was will es werden, was will es von mir? Die Antwort dazu kam durch eine Aufstellung: Das Buch will Hingabe, Vertrauen in mich und den Entstehungsprozess, es will Aufmerksamkeit, Raum und Liebe.

Na, so ein „Zufall" - genau darum geht es hier!

Prolog

Geburt einer Mutter

Hier lagen wir nun, das Baby und ich. Ein Wunder war geschehen und ich war ein Teil davon. Ungeahnte Höhenflüge, ein Glücksgefühl, das unvergleichlich wundervoll war, hatte vollkommen von mir Besitz ergriffen. Ich schwebte auf Wolke Sieben, war zu hundert Prozent im Flow.

Mein erstes Kind. Wir kennen uns noch nicht und haben uns doch schon erkannt. Ich kann nicht wegschauen, muss diesem Wesen, meinem Kind beim Atmen zuschauen. Sauge alles in mich auf, jedes kleine Detail dieses perfekten Gesichts, das so einzigartig und vollkommen ist.

Der Schwung der langen Wimpern, der helle Flaum auf den winzigen Ohren, die rosigen Lippen, die gerade noch Schmatzgeräusche gemacht haben. Diese Augen, so tief und allwissend. Die kleinen Fäuste, der Brustkorb, der sich schnell hebt und senkt. Mein Lebenssinn ist es, von jetzt bis in alle Ewigkeit diesen kleinen Jungen zu schützen.

Ich: jung, unsicher und unerfahren. Noch nie war ich so für etwas verantwortlich gewesen, ich bekomme Angst. Würde ich der Aufgabe gewachsen sein? Alles liegt an mir - ein Leben hängt von mir ab. Ich muss alles in Griff bekommen, muss die Gewalt über mich zurückgewinnen. Ich bin die Mutter. Ohne mich ist dieses Kind verloren!

Ich kann nicht schlafen, die Gedanken drehen sich im Kreis. Langsam sinke ich in eine Art Dämmerzustand. Ringsum ist es Nacht. Alles ist still. Ich höre mein Herz und das regelmäßige

Atmen meines Mannes, des Vaters. Unser Sohn gibt seltsame knarrende Geräusche von sich. Ich reagiere auf jede Winzigkeit, mein ganzer Körper scheint auf diesen neuen, drei Kilo leichten Menschen eingestimmt zu sein.

Ich fahre hoch. Hilfe - was ist das? Ich bin eingeschlafen, es muss so sein. Mein allwissender Körper hat sich im Schlaf zu diesem Neugeborenen gedreht, hat es vollkommen umschlossen wie die Muschel eine Perle. Instinktiv hat mein Körper das getan. Ganz allein und ohne mich. Aber wie ist das Kind da in meine Arme gekommen?

Es liegt so nah an mir, kein Lichtstahl passt mehr zwischen uns. Es muss das ganz allein getan haben, es ist zu mir gekommen, gekrochen, gerutscht, gekrabbelt mit jeder Faser seines scheinbar hilflosen Körpers. Mein Kind ist nicht hilflos! Es bahnt sich einen Weg, es findet seinen Ort, seinen Raum, wo es hingehört. Es weiß schon, was es will, es tut schon alles, was nötig ist. Ganz von allein. Und es braucht mich! Anders als ich gedacht habe. Es braucht mich und ich lasse es. Von einem Moment auf den anderen weiß ich, dass ich diesem meinem Kind absolut vertrauen kann.

(1)

Teil 1

Anfänge

Die Geschichte mit der Herausforderung

Was meine Erfahrungen als Lehrerin in NYC mit selbstbestimmter Bildung zu tun haben

Als ich mit dem Studium fertig war, wollte ich eine Herausforderung. Also habe ich an einem Programm des österreichischen Unterrichtsministeriums teilgenommen, in dem Lehrer als „Kulturexport" an öffentlichen Schulen in New York City unterrichteten. Damals gab es bei uns eine Lehrerflut und in NYC einen großen Mangel an ausgebildeten Fachkräften. Im Jahr 2001 war das erste und letzte Mal, dass an diesem Programm auch Kunsterzieher teilnahmen - und ich packte diese Gelegenheit beim Schopf!

Zum Glück war ich damals naiv und blauäugig - im wahrsten Sinne. Frisch von der Uni, ohne nennenswerte praktische Erfahrung, ohne das in Österreich vorgeschriebene einjährige Unterrichtspraktikum. Dafür aber höchst motiviert, ambitioniert und abenteuerlustig ging es für mich also ab in den „Big Apple".

Ich träumte von aufregenden Galeriebesuchen, durchtanzten Nächten in schicken Clubs, beeindruckenden Häuserschluchten und coolen Partys. Ich landete in einer WG mit einer anderen österreichischen Kunsterzieherin im Herzen von Harlem, nahe der 125. Straße. Von „High Life" keine Spur - denn es gab erst einmal keinen Job für mich.

Niemand hatte sich vorab informiert, ob es denn für Kunsterzieher überhaupt geeignete offene Stellen in NYC gab.

Zuhause hatte das Schuljahr bereits begonnen, ich hatte mir Geld für den Start geliehen, also Schulden gemacht, hatte keinerlei Rückhalt übrig und war ratlos.

Erst am vierten Unterrichtstag des neuen Schuljahres kam am Nachmittag ein Anruf: Ich sollte mich sofort in einer berufsbildenden Schule in der South Bronx vorstellen kommen. Dort wäre der vorgesehene Lehrer nie aufgetaucht.

Die Begegnung mit meiner neuen Chefin, der „Assistent Principal" des Englisch-Departments, war ernüchternd: Kurz und bündig erklärte sie mir meinen Stundenplan, zeigte mir die Räumlichkeiten und wünschte mir viel Glück. Ich sollte vier Gruppen in Kunst unterrichten und eine in Englisch. War der Dame klar, dass ich keine Englischlehrerin war und auch keine Native Speakerin? Mein Schulenglisch war ganz passabel, ich hatte Erfahrung mit Englisch-Nachhilfe und dachte mir daher, dass ich das schon irgendwie hinbekommen würde. Wie gesagt, zum Glück war ich jung und naiv.

Ich hatte keine Ahnung, was da auf mich zukam. Im Nachhinein betrachtet war mein erster Unterrichtstag eher ein Kabarett als ein Erfolg. Ich wusste nicht, was ich da tat. Niemand hatte mich auf die Realität an einer öffentlichen High School in einem der sozial schwierigsten Bezirke von NYC vorbereitet.

Dies war eine Schule, an der freiwillig kein amerikanischer Lehrer gearbeitet hätte. Das öffentliche Schulsystem der Stadt New York hatte damals 1,2 Millionen Schüler, eine Größenordnung, die wir uns im kleinen Österreich schlichtweg nicht vorstellen können. Meine Schüler im Alter zwischen vierzehn und zwanzig Jahren, kamen durchwegs aus sozial schwachen Einwandererfamilien aus der Dominikanischen Republik oder Puerto Rico, hatten also durchgehend eine andere Muttersprache.

Ich begann damit, mich vorzustellen, ihnen in schönen Worten davon zu erzählen, wie sehr ich mich auf die Zusammenarbeit mit ihnen freuen würde und begann aufzuzählen, welche Regeln ich mir für meine Klasse ausgedacht hatte. Die Tür öffnete sich, herein kam ein hochgewachsener junger Mann mit der an dieser Schule üblichen „Kluft“: Baggy Jeans, die bis zu den Kniekehlen hingen und von der hervorblitzenden Unterhose nur notdürftig gehalten wurden. Ein „Bubble Coat“ in schwarz, eine Baseballkappe, Sneakers und „Corn Rows“, eine kunstvoll zu Reihen geflochtene Frisur. Ich, sehr zuvorkommend: „Please, sign the late book“ (Zuspätkommende mussten sich für die korrekte Anwesenheit eintragen, falls sie spät dran waren). Er: „F... off, you fat, f.... white bitch!“, ließ mich mit hängendem Mund stehen, drehte sich um und verschwand. Sekunden zogen sich ins Unendliche. Was in so einer Situation zu tun wäre, erschloss sich mir in dem Moment einfach nicht. Zögernd kam eine Stimme aus der vorderen Reihe: „Miss, you could call the deans.“ - Aha, ja, danke.

Ich griff also mit zitternden Händen zum im Klassenraum hängenden Telefonhörer, um die zu „Anstandswauwaus“ abbeorderten und zu „Deans“ ausgebildeten Lehrer, die im fensterlosen Keller ungehorsame Schüler „verwahrten“, anzurufen. Zwanzig teils neugierige, teils belustigte Augenpaare hingen an meinen Lippen. Wie würde die neue, blonde, fremde Kunstlehrerin, die selbst kaum älter war als der soeben entfleuchte Schüler, mit dieser Situation umgehen? Würde man anhand der Records am von Polizeibeamten bewachten und mit Metalldetektor ausgestatteten Eingang herausfinden können, wer der Schüler war? Nun, die Situation war aussichtslos. Ich konnte keine der Fragen beantworten, die mir der Dean am Telefon stellte: Wie heißt der Schüler? Er hat sich mir nicht vorgestellt. Wie sah er aus? Wie zirka 95 Prozent der Schüler an der Schule.

Erst im Laufe der ersten Tage kam ich dann dahinter, dass die Gruppenbezeichnungen von „Art 1, Art 2, Art 3", usw. nichts mit dem Könnergrad der teilnehmenden Schüler zu tun hatten. Sie alle hatten in ihrer gesamten Zeit in der Highschool nur ein einziges Semester Kunst, und zwar das mit mir als einziger Kunsterzieherin der Schule.

Dass sich in meinen Klassen auch Schüler mit sonderpädagogischem Förderbedarf befanden, erschloss sich mir erst durch folgende Episode: Ich schrieb das vorgeschriebene Tages-"Aim", also das heutige Lernziel, an die Tafel. Einer meiner Schützlinge zeigte auf und sagte: „Miss, I can`t read." Ich dazu fürsorglich: „Setz dich am besten näher an die Tafel, in die erste Reihe, du brauchst wahrscheinlich eine Brille". Nein, erklärte er mir, ich würde ihn falsch verstehen. Er konnte wirklich nicht lesen.

Ich begann, intensiv mit den „Guidance Councellors", also den den einzelnen Schülern zur Seite gestellten Beratern, zusammenzuarbeiten. Auf diese Weise erfuhr ich auch von erschütternden, berührenden Schicksalen. Wie zum Beispiel von einem meiner Sonderschüler, der von einem Tag auf den anderen nicht mehr im Unterricht erschienen war. Kurz davor war er mir aufgefallen, weil er mir eine imaginäre „Luftpistole" an die Schläfe gehalten und mit einem lauten „Bumm" abgedrückt hatte. Seine „Freunde" hatten ihn überredet, für sie an der Ecke Drogen zu „verchecken". Dabei wurde er geschnappt und saß nun seine Haft ab. Im Zuge des Prozesses wurde sein IQ getestet. Dabei kam heraus, dass er bei zirka 68 lag. Das ist der Wert eines mittleren Schäferhundes.

Mein dritter Arbeitstag war der elfte September 2001. Als ich nach drei durchgehenden Unterrichtseinheiten mitten am Vormittag das erste Mal zum Luft schnappen kam, hörte ich aufgeregte Schüler am Gang etwas von Flugzeugen und Towers reden. Nervös rief mir einer zu, dass ich doch am besten zu meinen Turn-Kollegen und deren Fernseher rüber schauen sollte. Da wäre etwas Unglaubliches passiert.

Ich bewegte mich wie in Trance ins Büro meiner Assistant Principal. Was war der Plan, was sollten wir jetzt tun, wie weiter machen? Es gab keinen. Wir sollten einfach weiter machen bzw. war jetzt jeder für sich selbst verantwortlich und sollte schauen, wie er bzw. sie den Tag zu Ende bringen konnte.

Alles war gesperrt, U-Bahnen geschlossen, Busverbindungen unterbrochen. Es fühlt sich surreal an, wenn eine solche Millionenstadt plötzlich zum Stillstand kommt. Draußen zwitscherten die Vögel, bei herrlichem Sonnenschein und unheimlicher Stille raschelten die bunten Herbstblätter im Wind. Würden wir in der Schule übernachten müssen?

In meiner Freistunde schrieb ich Emails an meine Lieben zuhause. Es gehe mir gut, sie sollten sich keine Sorgen machen, ich war 14 Kilometer von „Ground Zero“ entfernt. Zum Glück und zur Verwunderung aller hielt das Internet stand, selbst nachdem im Großteil von Manhattan der Fernsehempfang mit der Antenne auf einem der Towers des World Trade Centers zusammenbrach.

Gerüchte über weitere Flugzeuge, die in Richtung des Atomkraftwerks Upstate New York unterwegs seien, machten im Lehrerzimmer die Runde. Mit eingezogenem Kopf verfolgte ich die Berichterstattung auf dem Computerbildschirm vor mir, ungläubig die immer gleichen Bilder betrachtend.

Von einem Moment auf den anderen war das fragile Konstrukt von gefühlter Sicherheit und Vorhersehbarkeit in sich zusammengebrochen.

Für den Rest des Tages machte ich „Business as usual", was blieb mir schon anderes übrig? Nach einem ersten Versuch, mit den Schülern das Erlebte aufzuarbeiten, ließ ich es wieder bleiben. Die Antwort, die ich auf meine Frage an meine Klasse bekommen hatte, was denn da geschehen sei und wie es nun weitergehen könnte, war: „Let`s bomb them all!".

Übrigens ist erst nach geraumer Zeit dieses Trauma, das wir alle an diesem Tag erfahren haben, bei den Schülern anhand von zahllosen grausamen Bildern von explodierenden Häusern und alles zerschmetternden Flugzeugen heraus gekommen. Ich bin sehr dankbar für den therapeutischen Aspekt von kreativem Ausdruck, den ich meinen Schülern zur Verfügung stellen konnte. Ich habe solche Arbeiten niemals bewertet oder zerredet.

Als ich dann doch in Begleitung einer meiner mitfühlenden und sich um meine Sicherheit sorgenden Englisch-Kollegen zu Fuß über die 125. Straße in Harlem mein Zuhause erreicht hatte, rief ich meine Eltern an. „Du kommst auf der Stelle nach Hause!", schrie meine verzweifelte Mutter ins Telefon. „Wie?", fragte ich zurück. Schlussendlich waren alle Flüge abgesagt. Und konnte ich überhaupt einfach alles abbrechen, was sollte ich denn zurück in Österreich machen? Ich hatte nur Schulden, keinen Job und keine Wohnung mehr.

Bis heute weiß ich nicht, wie ich die ersten Monate bis zu den Weihnachtsferien überlebt habe. Ich erinnere mich nur daran, dass ich todmüde täglich nach Schulschluss zuhause bis in die Abendstunden vor Erschöpfung geschlafen habe und dann täglich bis Mitternacht an Unterrichtsvorbereitungen gearbeitet habe. Schließlich hatte ich keine ausgearbeiteten „Lesson Plans", und schon gar nicht auf Englisch. Mit meiner WG-Kollegin, einer anderen österreichischen Kunsterzieherin in einer sehr ähnlichen Situation, verband mich bald eine starke, schwesterliche Verbündeten-Beziehung. Wir halfen uns gegenseitig mit Arbeitsblättern, Ideen und einer Schulter zum Ausweinen aus.

Wir schleppten uns gemeinsam von Wochenende zu Wochenende. Manchmal gingen wir aus, selten machten wir Ausflüge. Meine Abenteuer in Downtown Manhattan fühlten sich unwirklich an, zu groß war der Kontrast zu meiner Realität in der Schule und zuhause in Harlem.

Unsere Wohnung entwickelte sich zu meinem sicheren Hafen, wir hatten so etwas wie eine „Friends"-Beziehung zu unseren Nachbarn von gegenüber, den einzigen weiteren Weißen (und Asiaten) in unserem Block. Ich fühlte mich sicher, trotz der hohen Kriminalitätsrate rund um uns. Die Leute, die zu jeder Tages- und Nachtstunde auf der Straße rumhingen, kannten uns. Wir waren die zwei weißen Mädels, die „ihre Kinder" unterrichteten. „Hi, Teach`!", riefen mir die Nachbarn zu, wenn sie mir begegneten. Es imponierte ihnen, dass weiße Europäerinnen an solchen Schulen in solchen Bezirken unterrichteten.

Erst nach meinem Umzug zu Niko auf Staten Island habe ich erfahren, dass kurz vorher die Leiche einer jungen Weißen im Park vor unserer Haustür gefunden wurde. Diese Information habe ich wohlweislich meinen Eltern gegenüber bis heute verschwiegen.

Ich habe in meinen zwei Jahren in NYC sehr viel über soziale Ungerechtigkeiten, weiße Präpotenz, Privileg und Rassismus gelernt. Ich habe sehr viel gesehen und erfahren, was nicht in das Bild einer hochzivilisierten Weltmacht passt. Viel, was Amerikaner nicht sehen oder zeigen wollen.

Ich habe in die toten Augen meiner Schüler geblickt, die keinen Funken Ambition oder Hoffnung mehr in sich hatten. Die wussten, sie können sich nur als Kanonenfutter einer menschenverachtenden Marktwirtschaft zur Verfügung stellen, in dem sie in Billigjobs ihre Tage fristen und nie aus dem Moloch um sie herum ausbrechen würden. Oder sich in die Illegalität begeben wie viele ihrer Eltern und Verwandten. Oder sich auf den zerbrechlichen Sozialstaat verlassen und auf ihm ausruhen, wie jener Teil ihrer Familie, der noch nicht im Gefängnis gelandet war.

Ich glaube seither nicht mehr an Chancengleichheit. Es ist eine schöne, gut gemeinte Idee, die der Realität nicht standhalten kann. Ein verschwindend geringer Bruchteil der Jugendlichen an meiner Schule hatte Pläne und Hoffnungen für ihr Leben. Die meisten hatten längst aufgegeben. Ihre Alltagsrealität zwischen „Food Stamps“ und Bandenkriegen bot schlichtweg keinen Platz für große Träume.

Wen wundert das auch, wenn mehr als die Hälfte aller Schüler an meiner Schule jedes Semester in Mathe durchgefallen ist? Wer gibt nicht auf, wenn die Lösungsstrategie, die vom „Board of Education“, dem Stadtschulrat von NYC, so aussieht: Während meiner Zeit in NYC wurde die „passing rate“, also die Prozentzahl der Punkte, um in einem Fach durchzukommen, von 55 auf 65 erhöht. Das hat bedeutet, dass ab dem Zeitpunkt noch mehr Schüler ihren Highschool-Abschluss nicht schaffen konnten. Sie waren somit Schulabbrecher – oder arbeiteten schwarz in der Autowerkstatt um die Ecke (und verdienten dort das Dreifache von mir).

Die Idee einer „Vocational Highschool“, also einer berufsbildendenden höheren Schule, wo so etwas wie eine Lehrausbildung mit Abitur bzw. Matura verbunden wird, ist dort gelebte, absurde Wirklichkeit. Junge Menschen, die mit Herzblut und Begeisterung ihrem Beruf nachgehen möchten, werden durch die immer höher angesetzte akademische Latte legal davon abgehalten.

Es gibt keine Lehre ohne Highschool-Abschluss mehr. Damit verbaut man handwerklich begabten, motivierten jungen Menschen eine erfolgreiche Karriere und macht sie zu Schulabbrechern, die früher oder später gezwungenermaßen in die Illegalität abwandern.

Wichtig an unserer Schule war es nur, die von in Bürojobs sitzenden Beamten fernab der Realität im Klassenzimmer ausgearbeiteten Bildungsstandards gut sichtbar für alle aufzuhängen. Es war nicht wichtig, den jungen Menschen Hoffnung zu geben, sie individuell zu fördern oder sie auf die Realität der Arbeitswelt und die sie umgebenden sozialen Herausforderungen vorzubereiten. Es ging niemals um den Menschen, sondern immer nur um den Durchschnitt und die Einhaltung von „Standards“.

Stattdessen musste ich mit meinen Schülern in Englisch das „Tagebuch der Anne Frank“ lesen - es gab kein anderes verfügbares Buch in der Schulbibliothek mehr. Das war für meine Klasse so, als würde ich sie zwingen, täglich den berühmten Reissack in China beim Fallen zu beobachten. Sie wussten nicht einmal, wo Deutschland im Atlas zu finden war. Sie waren ja noch nicht einmal je in Downtown Manhattan gewesen. Nationalsozialismus berührte sie nicht im Geringsten, sie hatten andere, dringlichere Probleme.

Diese Erfahrungen, die ich in dieser „Vocational Highschool" gemacht habe, haben mich für mein restliches Leben geprägt und sind ein Grund für meinen weiteren Werdegang, mein Hinterfragen gängiger Bildungsstrukturen, eingeschliffener Methoden und veralteter Konzepte. Es war eine Extremerfahrung unter extremen Umständen, aber ich möchte diese niemals missen. Irgendwann hab ich in einem Interview dazu gesagt: „Everything after that was a walk in the park." - ein Kinderspiel im Vergleich zu den Zuständen in NYC. Das stimmt in Retrospekt nur teilweise. Denn nur durch diese Grenzerfahrung bin ich wohl erst richtig losgegangen, habe mich aufgemacht auf die Suche nach dem, was menschenwürdige, artgerechte Bildung bedeutet.

Ja, ich habe als Lehrerin in NYC mein Bestes gegeben. Ich habe Lösungen gefunden, wurde kreativ und habe Wege entdeckt, wie es trotz und gerade wegen dieser erschwerten Umstände möglich war, Wissen und Freude am Lernen zu vermitteln.

Ich habe zum Beispiel eine Überlebende des KZ Auschwitz eingeladen, meinen Englisch-Schülern von ihren Erfahrungen zu berichten, um so Annes Geschichte erlebbar zu machen. Dabei habe ich viel über mich und meine eigene Geschichte als privilegiertes Mädchen aus der Mittelschicht in Mitteleuropa erfahren und in dieser herzlichen, fröhlichen und lebensbejahenden alten Dame eine Freundin gefunden. Eine Freundin, die mir bewusst gemacht hat, dass es niemals die Schuld von Anderen war, die es so weit hat kommen lassen. Dass wir immer selbst verantwortlich sind und unser Leben von unseren eigenen Entscheidungen abhängt.

Ich habe auch Spenden gesammelt, damit ich meinen Schülern Mal- und Zeichenmaterialien zur Verfügung stellen konnte. Denn obwohl ihre Markenturnschuhe locker zweihundert

Dollar gekostet hatten, waren diese Familien nicht dazu bereit, auch nur einen Dollar für Schulutensilien auszugeben. In Bildung zu investieren hatte einfach keine Priorität. Ich brachte eine Sammlung von Gedichten und Fotos der Arbeiten meiner Schüler heraus. Ich nahm mit meinen Schülern Teil an Kunstwettbewerben, die unsere Schüler in Galerien brachten, wo sie ihre eigenen Arbeiten zusammen mit anderen aus der ganzen Stadt NYC hängen sahen.

Ich nahm sie mit in meiner Freizeit und bezahlte ihnen den Eintritt in Kunstmuseen, die sie sonst nur vom Hörensagen kannten. Ich fuhr mit ihnen am Nachmittag zu einem Programm ins MOMA, wo sie gratis Pizza bekamen und zum ersten Mal in ihrem Leben überhaupt einen Fuß setzten auf die Seite von NYC, die sonst nur Touristen und privilegierte Weiße kennen.

Je länger ich in NYC war, desto stärker wurde mir bewusst, dass ich nur eine Wahl hatte: Entweder ich stumpfte hinsichtlich dieser sehr belastenden sozialen Situation ab, oder ich ging ins Burnout. Beides wollte ich nicht. Ich beschloss also nach zwei Unterrichtsjahren, dass dies nicht meine „Baustelle“ war, ich nicht verantwortlich war und es auch nicht in meiner Macht stand, dort etwas an den Grundvoraussetzungen zu ändern.

Nach dem ersten Jahr dachte ich noch, es würde an mir und meiner Unerfahrenheit liegen. Ich beschloss zurück nach Europa zu gehen, um dort etwas in Bewegung zu bringen, wo ich herkam.

Bis heute stehe ich in Kontakt mit einigen meiner ehemaligen Schüler. Es ist für mich sehr berührend, ihren Lebenslauf zu verfolgen, ab und an online ein paar Worte auszutauschen und zu sehen, dass mein Wirken einen kleinen Eindruck hinterlassen hat.

Ich bin fest davon überzeugt, dass wir alle immer die Möglichkeit haben, das Beste aus einer Situation zu machen. Wir sind keine Opfer unserer Begebenheiten, wir sind die aktiven Schöpfer unserer eigenen Realität. Aber wir können es nur gemeinsam - MITANANDA - schaffen.

Die Geschichte mit der Liebe auf den ersten Blick

Als ich Niko kennenlernte und alles begann

Als in meinem ersten Schuljahr in der South Bronx in NYC endlich die Osterferien vor der Tür standen, passierten ein paar für mich lebensverändernde Dinge. Zuerst kamen mich meine Eltern in New York besuchen und erlebten ihre Tochter als Lehrerin in einer der brutalsten Schulen der Stadt. Kurz nach ihrer Abreise flog auch mein damaliger Freund zurück nach Deutschland. Wir verabschiedeten uns mit den Worten: „Wir werden schauen, wie's weitergeht".

Er wollte noch einmal in die Schule gehen und ich war mir sicher, dass ich meine zwei Jahre in NYC irgendwie herum biegen würde. Zurück vom Flughafen, in meiner leeren Wohnung, war ich wider Erwarten erleichtert, dass er weg war.

Ich hatte erwartet, dass ich von Liebeskummer geplagt meine Ferientage trauernd und zurückgezogen verbringen würde. Alle meine Kollegen und meine Freunde waren in Richtung Florida oder der Karibik aufgebrochen. Nur ich hatte es nicht geschafft, mein erstes selbst verdientes Geld so einzuteilen, dass ich in den freien Tagen auf Urlaub fahren konnte.

Ich war verwirrt, pleite, sauer auf die Welt und mich selbst. Also zog ich mich in mein Zimmer zurück, um zu schmollen. So hatte ich mir meine Zeit in New York nicht vorgestellt. Ich fiel in ein tiefes Loch und hatte zum allerersten Mal in meinem ganzen Leben unbändiges Heimweh. Ich sehnte mich nach einem Zuhause. Nach Vertrautem. Nach Sicherheit.

Also beschloss ich, auf einer Online-Plattform nach Menschen in der Umgebung zu suchen, die Deutsch sprachen. Ich wollte mich mit jemandem austauschen, der dieselbe Sprache spricht. Ein bisschen chatten, harmloses Geplänkel zur Ablenkung.

Ich fand drei Menschen, die meinen Suchkriterien entsprachen und schrieb sie alle mit denselben vor Selbstmitleid triefenden Zeilen an. Postwendend kam eine Antwort. Von Niko. Anstelle sein Mitgefühl auszudrücken oder auf mein Gejammer einzugehen, schrieb er bloß: Ruf mich an. Nummer. Niko.

Ich ärgerte mich über so viel Frechheit. Was glaubte der eigentlich, wer er war? Ich ging auf seine Profilseite und sah mir das Foto an. Irgendetwas schoss in mich wie ein Blitz. Dabei war der so gar nicht mein Typ. Auf dem Bild trug er ein geschmackloses „Muskelshirt“, das seine breite Brust und die damit einhergehende Behaarung zur Schau stellte. Im Hintergrund war ein Gorilla zu erkennen, mit aufgerissenem Maul, in Drohgebärde. Heute weiß ich, dass es bei einer Tour durch die Universal Studios aufgenommen worden war.

Ich konnte nicht aufhören, auf dieses Foto zu starren, heiß und kalt durchliefen mich die Schauer. Ich versuchte mich zu beruhigen und mir einzureden, dass das nur Phantastereien von kleinen Mädchen waren. Schließlich war ich doch glücklich vergeben - oder nicht?

Ich kämpfte mit mir selbst, ob ich ihn wirklich anrufen sollte. Aber die Neugier siegte. Wir haben drei Stunden miteinander telefoniert. Ich amüsierte mich über seinen Berliner Einschlag, wenn er sprach. Er brachte mich zum Lachen. Bis er sagte, dass er mich doch abholen kommen könnte, denn wir sollten doch besser gleich persönlich weiter machen und zusammen ausgehen. Er hätte Theaterkarten und bräuchte meine Adresse.

Wieder war ich brüskiert. Ich konnte doch nicht so einfach einen wildfremden Mann zu meiner Wohnung bestellen. Er fragte mich, ob er mir seinen Pass einscannen sollte, damit ich sicher sein kann, dass er die Wahrheit spricht. Ich war so unglaublich aufgeregt und hatte keine Ahnung warum.

Ich gab nach, gab ihm meine Adresse (von der er bis heute behauptet, es wäre die falsche gewesen) und begann mich „ausgehfein" zu machen - schließlich war ich seit Tagen im Pyjama herumgelungert. Ich malte mir aus, wie es sein würde, wenn er direkt vor mir stünde - würde er im richtigen Leben den gleichen Effekt auf mich haben, den sein Foto hatte?

Nervös ging ich in der Küche auf und ab und schaute runter auf die Straße nach einem Anzeichen eines Autos, das Hausnummer suchend um den Block zog. Nichts geschah außer die übliche Geräuschkulisse von Basketball spielenden Jugendlichen und indiskret fluchenden Nachbarn untermalt mit Polizeisirenen.

Ich war nah dran, mich wieder auszuziehen, denn ganz offensichtlich hatte er mich versetzt. Schade, sollte wohl nicht sein, dachte ich. Ganze eineinhalb Stunden nach dem abgesprochenen Zeitpunkt, klingelte es dann doch noch an der Tür. Fürs Theater war es nun wohl zu spät.

Seufzend schloss ich die Wohnungstür ab und fuhr mit rasendem Herzen im Lift die vier Stockwerke hinunter. Auf dem Weg zur Haustür sah ich seinen dunklen Umriss hinter den Glasscheiben. Was tat ich denn da? War das nicht einfach nur dumm und obendrein gefährlich? Was wusste ich denn von diesem Kerl?

Es half nichts, ich zog die Türe auf und da grinste mich ein gutaussehender, in einen schweren, schwarzen, nicht besonders modernen Ledermantel gekleideter südländisch anmutender Typ an. „Wollen wir losstarten?", fragte er, ohne seine unglaubliche Verspätung auch nur in einem Nebensatz zu erwähnen. Mir verschlug es die Sprache – und das kommt nicht oft vor.

Mit zitternden Knien und einem Magen, der Achterbahn fuhr, bewegte ich mich an seiner Seite auf sein Auto zu. Ich traute meinen Augen nicht: Es sah aus wie das perfekte Zuhältergefährt. Breite Spoiler, Rennstreifen und im Inneren eine bunt blinkende Beleuchtung. In welchem Film war ich da gelandet?

Ich weiß, ich weiß, jetzt Sätze zu schreiben, wie: Er hatte eine Wirkung wie ein Magnet auf mich. Oder: Zitternd konnte ich nicht anders, als meinem Helden zu folgen - all das war purer Kitsch. Und doch ist es so passiert.

Ich stieg also in dieses Unding an Automobil und wir fuhren los in Richtung Downtown. Keine zwei Minuten später hatte ich es bereits bereut. „Stopp!", schrie ich, „Lass mich aussteigen, ich will hier raus." Niko hatte es geschafft, mich innerhalb von wenigen Sekunden vollkommen auf die Palme zu bringen. Wir fingen praktisch sofort nach unserer ersten Begegnung an zu streiten – und haben bis heute damit nicht aufgehört. Schelmisch meinte er: „Sicher nicht, es wird ja gerade erst interessant."

Damit machte er mich nur noch wütender. Gleichzeitig sagte eine Stimme in mir: „Endlich ist da jemand, den du nicht sofort um den kleinen Finger wickelst." Übrigens hat meine Mutter Jahre später über Niko das Gleiche gesagt, um kurz darauf zu realisieren, dass sie das mit ihm aber auch nicht machen konnte…

Wir verbrachten einen unterhaltsamen, lustigen Abend zusammen. Er zeigte mir ein paar Bars und schlussendlich landeten wir in einem ein bisschen heruntergekommenen Kellerlokal, wo alte oder aspirierende Broadway-Stars die bekannten „Hadern“ zum Besten gaben. Wir lachten viel.

Irgendwann in den frühen Morgenstunden sind wir zurück zum Auto marschiert. Niko hat versucht, seinen Arm um mich zu legen. Laut protestierend nahm ich ihn von meiner Schulter. Von hinter uns kamen Stimmen, die lachend behaupteten, wir würden so verliebt wirken, wir wären sicherlich ein frisch verheiratetes Ehepaar. „Nein, wir kennen uns erst seit heute Nachmittag.“, sagte ich lachend, aber bestimmt. „Ja, sicher.“, kam die ungläubige Antwort.

Er hat mich wie ein Gentleman nach Hause gebracht, wir haben uns formell verabschiedet und ich bin in meine dunkle Wohnung zurück geschlichen. Den ganzen Abend über hatte er mir überall die Türen aufgehalten, war unglaublich höflich und zuvorkommend. Ich fragte ihn, ob er das immer so machen würde, wenn er ein Mädel „aufreißt“. Kopfschüttelnd und darüber selbst ein bisschen verwundert, sagte er: „Noch nie.“

Am kommenden Tag rief mich eine Freundin von ihrem Urlaub an. Ich hatte ihr von meinem „Abenteuer“ während meiner langen Wartezeit am Vortag erzählt. Sie wollte wissen, wie's gelaufen sei. Ich sagte: „Gut, wir hatten super viel Spaß und einen echt lustigen Abend. Es hat mir gut getan, raus zu kommen. Aber er ist so überhaupt nicht mein Typ, außerdem hab' ich ja einen Freund. Wir werden uns nicht wiedersehen.“

Ich glaube, ich habe auch damals schon selbst nicht daran geglaubt, dass wir uns nicht mehr wiedersehen würden. Die Intensität dieses Gefühlstaumels war mir schlichtweg unheimlich. Die kommenden Tage hat mich Niko mit Anrufen „bombardiert", bis ich endlich zugestimmt habe, dass wir uns wiedersehen. Wir haben uns ein paar Mal getroffen, einmal bin ich mit der Fähre zu ihm nach Staten Island gefahren. Dort sind wir bei stürmischem Wetter am Strand entlang spaziert. In diesem Moment konnte ich ihn sehen, wie er als kleiner Junge ausgesehen hatte, ich erkannte auch den alten Mann in ihm. Alles war gleichzeitig und unendlich da, die Zeit hatte sich aufgelöst. Alles, was ich wollte, war zusammen zu sein. Gemeinsam, geborgen, endlich zuhause angekommen.

Mir wurde klar, dass ich reinen Tisch mit meinem Freund in Deutschland machen musste und rief ihn an. Das schlechte Gewissen hatte mich gequält, obwohl Niko und ich uns noch nicht einmal geküsst hatten. Ich glaube, es war keine allzu große Überraschung für meinen Exfreund. Niko meinte dazu nur ganz pragmatisch: Wäre es die große Liebe, dann wäre er jetzt bei dir und nicht am anderen Ende der Welt.

Niko hingegen eröffnete mir, dass er allen seinen (!) Affären kurz und bündig mitgeteilt hätte, dass er jetzt fix vergeben sei. Das beeindruckte mich, schließlich kannten wir uns erst ein paar Tage und es war noch nichts weiter zwischen uns passiert. Wir hatten uns einem gemeinsamen Commitment hingegeben, ohne es zu wissen.

Von Anfang an wusste ich, dass ich mich auf Niko immer verlassen konnte. Bewiesen hat er mir das, als er mit seinen – übrigens furchtbaren – Cowboystiefeln versucht hat, in Anwesenheit der Polizei meine Wohnungstüre einzutreten, weil uns meine Vermieterin unrechtmäßig ausgesperrt hatte. Er war es, den ich in meiner Verzweiflung angerufen hatte, als ich ratlos vor dem ausgewechselten Wohnungstürschloss stand, obwohl wir uns erst so kurz kannten.

Da war kein Zweifel mehr, es war ganz klar. Wir gehörten zusammen und waren Eins. Das war groß. Angsteinflößend, aber auch ganz wunderbar kribbelig groß. So groß und unfassbar, dass wir praktisch drei Wochen nach unserem Kennenlernen zusammen gezogen sind. Kurz darauf fragte er mich, ob wir Kinder haben wollten. Ich lachte nur, denn das wollte ich ganz sicher nicht in den USA. Aber ich wusste auch, der meint das wirklich ernst.

Seither sind fast zwanzig Jahre vergangen. Immer noch weiß ich tief drinnen, dass wir zusammengehören, dass wir uns lieben seit Anbeginn der Tage. Ich habe nach Heimat gesucht und Niko gefunden.

Aber ich habe auch erfahren, was es heißt, sich an seinem Seelenpartner aufzureiben, sich gnadenlos seine Schatten zu zeigen, sich zu spiegeln und Dinge ineinander auszulösen. Wir sind aneinander und miteinander gewachsen. Ich habe unendliche Male an dieser Größe gezweifelt, die mir bis heute Angst bereitet.

Niko kam nie ins Wanken. Ich habe nicht einmal erlebt, dass er an uns gezweifelt hätte, mich nicht unterstützt hätte und nicht für mich da gewesen wäre. Dafür bin ich ihm unendlich dankbar.

Danke, dass du so sehr du selbst bist und mich damit dazu bringst, die beste Version meiner selbst zu sein.

Liebe ist.

Wir sind.

Die Geschichte mit den lebensverändernden Büchern

Wie meine Liebe zum geschriebenen Wort mein Leben in eine völlig neue Richtung gebracht hat

In meiner ersten Schwangerschaft mit Tamino habe ich von meiner Schwägerin ein paar Bücher geschickt bekommen, von denen sie der Meinung war, dass sie mir wahrscheinlich gefallen und weiterhelfen würden. Zu der Zeit war sie zusammen mit Nikos Bruder stark in die Gründung einer Sudbury-Valley-School am Bodensee involviert, wir hatten gemeinsam bereits unzählige Gespräche geführt über Lernen, Bildung und Beziehung. Tracy und Mirko waren damals so etwas wie eine Initialzündung für unsere eigene Entwicklung und ich bin ihnen dafür zutiefst dankbar.

Gegen Ende der Schwangerschaft, als ich bereits ein wenig schwerfällig war und nicht mehr unterrichten musste, habe ich mich also über diese Bücher hergemacht. Ich begann mit einem unscheinbar wirkenden, relativ dünnen Büchlein zum Einstieg. Der Titel „The Continuum Concept" hat mir nicht viel gesagt. Ich begann zu lesen und habe das Ding in einem Schwung verschlungen. Die Geschichte einer jungen Frau, die der oberflächlichen Scheinwelt in NYC entflieht, um im tiefsten Dschungel bei einem Stamm von Ureinwohnern zu leben, berührte mich unmittelbar. Ihre Beobachtungen des ursprünglichen Lebens dieser angeblich so unzivilisierten Menschen brachten etwas in mir zum Klingen. Der deutsche Titel „Auf der Suche nach dem verlorenen Glück" beschreibt auf wundervolle Art und Weise das, was sie dort am Ende der Welt wiederentdeckt und herausgefunden hat. Der Mensch erwartet das „Continuum“, das heißt Teil der Gemeinschaft zu sein, in die er hineingeboren wurde, erwartet Sicherheit, Geborgenheit, Verbundenheit mit der Mutter und anderen wichtigen Bezugspersonen, mit der Kultur um ihn herum. Er erwartet von Anfang an, Teil seiner Gemeinschaft zu sein, mittendrin und ganz nah am Kern. Nur so kann er sich artgerecht entwickeln, sein Potenzial entfalten und zu dem werden, wozu er bestimmt ist. In Liebe und Freude, MITANANDA.

Jean Liedloff schreibt in dem Buch viel über Vertrauen, Struktur und Alltag, über die natürlich gewachsene Gemeinschaft, den Tribe (auf Deutsch „Stamm“), wo jeder seinen natürlichen Platz einnimmt und sich alles organisch in die umgebende Natur fügt, im Einklang mit allem. Aus dieser Wiederent-deckung von etwas zutiefst Natürlichem, Menschlichem ist eine ganze Bewegung entstanden, die des „Attachment Parenting“, von der auch wir uns leiten ließen. Es hat sich einfach so richtig angefühlt - und tut es bis heute!

Diese knapp über hundert Seiten haben sich zum wichtigsten Buch meines Mutterseins entwickelt, kein Erziehungsratgeber konnte da je mithalten. Ich habe in Gedanken beim Schreiben dieses Buches immer das Kontinuum im Hinterkopf gehabt, habe mich inspirieren lassen von der Einfachheit, den auf den ersten Blick so unscheinbaren Geschichten, deren Tiefe und unendliche Wichtigkeit sich erst langsam offenbart. Ich hoffe, dies ist mir zumindest in Ansätzen gelungen.

Nikos Bruder hatte mit seinem letzten Kind „windelfrei“ praktiziert. Wir haben das ein wenig aus der Ferne beobachtet. Niko war begeistert, ich eher skeptisch. Das Buch „Es geht auch ohne Windeln“ von Erika Bauer war eines der ersten zu dem Thema, das es auf dem Markt gab. Ich las es, fasziniert und ein wenig verunsichert. Konnte das denn stimmen?

War es wirklich so einfach und natürlich, mit seinem Kind auch auf dieser Ebene zu kommunizieren, auf seine Intuition zu vertrauen und damit eine noch intensivere Verbindung mit ihm einzugehen? Was danach mit vier windelfreien Babys und vielen Jahren von Praxis passiert ist, ist einer der bereicherndsten Aspekte unseres Elternseins. Meine Wiedereroberung der Intuition hat mich auf vollkommen neue Pfade katapultiert. „Elimination Communication" war unsere Startrampe in die Themen Eigenverantwortung, Selbstbestimmung und "frei sich bilden".

Das Buch, das mich allerdings von allen diesen am allermeisten aus meiner Komfortzone, meinen eingefahrenen Meinungen und meinem sicheren Weltbild werfen sollte, war „Teach Your Own" von John Holt. Mit offenem Mund und vollkommen begeistert las ich davon, wie man jungen Menschen vertrauen kann, wie sie alles bereits in sich tragen, wie man begleitet, statt erzieht und wie damit wirkliche Freiheit und Selbstbestimmung erst möglich wird. Ich schätze Holts Sprache, seine Klarheit und Einfachheit, sein „auf den Punkt bringen" vom Wesentlichen.

John Holt war ein ebenso junger, motivierter High School Lehrer wie ich es einst war. Vom ersten bis zum letzten Buch kann man wundervoll seine Entwicklung zum wichtigsten Vertreter von „self directed education" in den USA nachverfolgen. Ich habe sie alle eins nach dem anderen verschlungen, fand mich wieder in seinem Kampf um Motivation, Methodik und Einfachheit, in seinem Frust über die Limitierungen des veralteten Schulsystems und seiner Begeisterung jungen Menschen gegenüber.

Ich hatte das Gefühl, als würden ununterbrochen Lichter über meinem Kopf angehen, wie in einem Comic.

John Holt hat mich wie kein anderer Autor in meinen Grundfesten erschüttert, alles, woran ich bis dahin geglaubt hatte, worauf ich mich und meine (Lehrer-)Persönlichkeit aufgebaut hatte, kam ins Wanken und krachte mit lautem Knall und viel aufgewirbeltem Staub in sich zusammen. Ich habe einige Jahre und viele Versuche gebraucht, um etwas ganz Neues, viel Wundervolleres aus den Trümmern zu errichten: Einen Ort zum Sein und Tun, Raum für freie Entfaltung, Begleitung auf Augenhöhe, in bedingungsloser Liebe und absolutem Vertrauen. Und ich baue täglich weiter an dieser Vision, bis ihr helles, warmes Licht die ganzen Erdball erleuchtet und zu einem besseren Ort werden lässt. Für mich, für uns und für alle Kinder dieser Welt.

Und weil dies so gut hierher passt, obwohl ich diesen Klassiker nicht von Tracy geschickt bekommen habe, sondern gar nicht mehr weiß, wie lange ich dieses Buch schon liebe und verehre und immer und immer wieder lesen muss, weil es mir jedes Mal aufs Neue wieder einen bislang unerkannten Aspekt von mir selber zeigt: Der „kleine Prinz" bekommt hier das letzte Wort. Nicht nur sagt er, dass für uns Lieben so viel bedeutet wie geboren werden, er weiß auch über die Einzigartigkeit von Elternliebe:

„Die Zeit, die du für deine Rose gegeben hast, sie macht deine Rose so wichtig."

(2)

Die Geschichte mit der Alternativschule

Warum für mich freie Schulen keine Alternative zur selbstbestimmten Bildung darstellen

Bereits von NYC aus habe ich mich also im Frühling 2003 auf die Suche nach einer neuen Anstellung in und um Wien gemacht. Ich wollte nach der Extremerfahrung in der South Bronx ganz etwas Anderes. Ich dachte, dass es in einer freien Schule, in der die Kinder im Vordergrund standen und in der auf die individuellen Bedürfnisse und Stärken eingegangen wird, besser sein würde. Dass ich mich dort entfalten, mit meinem Enthusiasmus und mit meiner Freude am kreativen Schaffen einbringen könnte.

Ich flog im Mai nach Wien, hatte einen Besichtigungstermin für eine renovierungsbedürftige Wohnung in einem Innenstadtbezirk, Termine mit der Bank für einen Kredit dafür und ein erfolgreiches Vorstellungsgespräch mit Schnuppertagen in einer Montessorischule.

Ich war begeistert von der anderen Art und Weise, wie dort Lernen organisiert war. Es gab Pensenbücher statt Noten, offene, helle Räume mit vielen Bewegungsmöglichkeiten, ansprechende Materialien, scheinbar viel mehr Flexibilität, was die Gestaltung des Unterrichts anging.

Die Schulleiterin versprach mir, dass ich volle Freiheit hätte, da es davor noch niemals eine ausgebildete Kunsterzieherin an der Schule gegeben hatte. Ich könne mich in der Gestaltung meiner Lehrinhalte und Betreuung der Schüler voll „austoben".

Die Schüler dort waren zwischen sechs und achtzehn Jahre alt. Damals war dies die einzige österreichische Alternativschule mit Matura. Genau dies reizte mich, denn einen jungen Menschen von jungen Jahren bis ins Erwachsenenalter zu begleiten, achtsam und bedürfnisorientert, das schien mir eine wundervolle Aufgabe zu sein, die viel Abwechslung bot.

Im Sommer kamen wir also zurück nach Österreich. Direkt vom Flughafen aus fuhren wir zum Notar zur Abwicklung des Kaufvertrages für die Wohnung. Als wir dann danach in der Wohnung standen, meinte Niko: „Eh schön, aber wohnen will ich hier nicht." Ein bisschen fassungslos fragte ich ihn nach seinen Vorstellungen, wie es weitergehen sollte. Er meinte, er würde die Wohnung sanieren, dann würden wir sie verkaufen, um uns „hochzuarbeiten", damit wir dann ein neues, größeres Projekt angehen konnten.

Die Idee war schön und gut, aber wir brauchten ja auch einen Platz zum Wohnen. Die ersten Wochen kamen wir also bei einer lieben Freundin unter und begannen sofort mit den Grobarbeiten an der Wohnung. Ich glaube, wir haben am ersten Tag bereits eine Mauer eingerissen und trainierten uns dann den gesamten restlichen Sommer über an körperlich schweren Bauarbeiten. Ich habe sechs Wochen lang durchgehend riesige, alte Flügelfenster und -türen abgeschliffen und neu gestrichen.

Mein Vater kam damals einmal die Woche aus der Steiermark angereist und hat uns dabei geholfen. Er wollte uns unterstützen und so gab es einige Wochen, in denen wir am Ende seines Arbeitstages verschwitzt, erledigt und dreckverkrustet waren. Diese Erinnerungen zählen zu den schönsten und wertvollsten, die ich mit meinem Vater habe und ich bin ihm unendlich dankbar, dass er uns bei diesem irren Unterfangen nicht nur moralisch sondern auch tatkräftig zur Seite stand.

Eines Tages beschlossen wir, einfach mal mit dem Auto aufs Land zu fahren. Schließlich kannte Niko die Umgebung von Wien überhaupt nicht. Er war sich nur absolut sicher, dass er niemals wieder in der Stadt leben wollte. Der Norden und Osten kamen für uns nicht in Frage, denn vor allem ich brauche als Steirerin zumindest ein paar höhere Hügel, um mich wohl zu fühlen. Der Süden war unerschwinglich teuer, also blieb uns nur der Westen. Wir nahmen die Westautobahn, fuhren bei der der ersten Abfahrt ab und landeten damit mitten im Wienerwald. Kreuz und quer fuhren wir durch Siedlungen. Es gefiel uns, was wir da sahen. Als wir ein Schild mit einer Immobilienanzeige sahen, rief ich dort an und fragte, ob es hier im Ort, in Eichgraben, günstige Objekte zu kaufen gab. Der Makler meinte, ja, wenige hundert Meter von uns entfernt hätte er da etwas, wir könnten den Schlüssel nehmen und es uns einfach gleich selbst anschauen. Es war das alte Freibad von Eichgraben. Es gab da nur ein kleines Häuschen, das waren die ehemaligen Umkleidekabinen mit dem Badbuffet.

Wir traten durch das Tor und hatten das Gefühl, als würden wir in eine andere, verwunschene Welt treten. Ein Bach floss rund um das Grundstück, eine riesige alte Weide stand dort am Rand der Wiese, dem zugeschütteten Pool, wie ein verzauberter Riese. Es gab die Sonnenterrassen, die im Freibad als Liegeflächen dienten. Oben, an der Straße, war das Häuschen. Es war in erbarmungswürdigem Zustand. Im Badezimmer konnte man den Himmel sehen, es war vollgerammelt mit alten Möbeln und sonstigem Ramsch. Niko war begeistert - hier würde er sich austoben können.

Wir kauften auch dieses Objekt und hatten nun also parallel zwei Baustellen. Natürlich mussten wir uns zuerst darum kümmern, dass das Freibad bewohnbar wurde, denn der Schulbeginn stand vor der Tür und die Wohnung der Freundin, in der wir bisher wohnten, war nicht mehr verfügbar. Als wir dann einzogen, gab es noch kein Wasser, keinen Stromanschluss, kein Gas. Vor meinem ersten Schultag haben wir über Nacht mit dem Ofen im Schlafzimmer eingeheizt, damit die Farbe soweit austrocknen konnte, dass wir dort schlafen konnten.

Wie wir wiederum die Zeit bis Weihnachten überlebt haben, ist mir heute ein absolutes Rätsel. Ich fuhr täglich in die Schule um zu unterrichten, ich duschte mich mit dem Schlauch auf der Wiese, den uns die Nachbarin, die Mitleid mit uns hatte, zur Verfügung gestellt hatte. Am Wochenende fuhren wir zu meinen Eltern, um Wäsche und Haare zu waschen.

Niko zerlegte unser neues Zuhause praktisch komplett. Auch hier mussten Wände weichen, der Boden wurde entfernt, eine Dämmung installiert, das desolate Bad teilweise abgerissen. Wir hatten immer noch keine Küche, kochten mit einem Miniofen und einer Herdplatte auf einem Holzkästchen. Erst einige Jahre später haben wir dann eine echte Küche bekommen – es fühlte sich an wie der absolute Luxus!

Eine meiner irrsten Erinnerungen an diese Zeit war, als ich an meinem Geburtstag zu Herbstbeginn aus der Schule zurückkam. Ich öffnete die Haustür und musste auf einem schmalen Brett über einen Abgrund balancieren. Da, wo morgens noch unser Vorraum gewesen war, befand sich jetzt ein klaffendes, tiefes Loch – die ehemalige Sickergrube der Toiletten. Später hat Niko diese Grube wieder mit all dem Schutt, den er zuvor aus dem Haus gekarrt hatte, wieder aufgefüllt. Aber dieses absurde Gefühl, mich mitten in einer unwirklichen Situation zu befinden, als stiege ich in einen surrealistischen Film, habe ich bis heute nicht vergessen...

Mitten in all diesen Bauarbeiten, musste ich mich natürlich an die neue Situation in der Schule gewöhnen. Meine anfängliche Freude und Euphorie, frei unterrichten zu dürfen, ist innerhalb weniger Tage einer Ernüchterung gewichen, die einem Schlag in die Magengrube glich. Die Schulleitung entpuppte sich als Wolf im Schafspelz. Was nach außen hin als Demokratie und Mitbestimmungsmöglichkeit verkauft wurde, glich in Wahrheit einer Diktatur. Zwar mussten wir Lehrer mehrfach pro Woche stundenlang im Sitzkreis über Schüler und Schulangelegenheiten diskutieren, aber am Ende wurde über alle Köpfe hinweg das entschieden, was die Direktorin wollte. Unmut und Widerstand regte sich vehement in mir, vor allem auch, weil mir der Umgangston so gar nicht gefiel.

Getröstet haben mich allerdings die Schüler, denn es war für mich die reine Freude, plötzlich mit solch motivierten, interessierten und liebenswerten jungen Menschen zu arbeiten. Ich begann, Nachmittagskurse auszuschreiben für Malerei, Drucktechnik und Zeichnen, die fast alle der zirka 180 Schüler dankbar annahmen. Ich richtete eine englische Theatergruppe ein und wir begannen postwendend mit den Proben. Ich war noch immer motiviert und voller Tatendrang.

Nach drei Wochen habe ich das erste Mal gekündigt. Ich habe das davor und auch danach nie wieder woanders getan und ich erinnere mich, dass es ein sehr schräges Gefühl war, als ob ich mir selbst den Boden unter den Füßen weggezogen hätte. So wollte ich das mit Sicherheit nicht haben. Es wurde erwartet, dass ein Lehrer dieser Schule mindestens 40, besser aber weit mehr Stunden anwesend sei, auch in den Ferien. Das Gehalt war weit unter dem in einer Regelschule und es wurde verlangt, dass wir in unserer Freizeit Lehrmaterialien basteln. Ein Großteil des Gehalts floss zumindest im ersten Jahr zudem in die verpflichtende Montessoriausbildung.

Ich hatte mich anfangs mit all dem einverstanden erklärt. Aber ich war nicht gewillt, unter solch menschenverachtenden Bedingungen all das zu leisten, ohne Anerkennung, Wertschätzung und Dank. Im Gegenteil: Viele meiner Ideen wurden im Keim erstickt und für lächerlich verkauft. Der Schulleiterin war es zum Beispiel nicht zu dumm, jeden einzelnen Schüler abzuklappern um ihn zu fragen, wieso er sich denn für meine Kreativkurse eingetragen hatte und nicht für den so wichtigen Mathe-Förderkurs.

Der Höhepunkt für mich kam aber, als ich mit der Oberstufe, die davor noch nie ernsthaft Kunstgeschichte behandelt hatte, ein umfangreiches Wochenprojekt machte. Ich hatte großformatiges Papier organisiert, wichtige Kunstwerke kopiert, Farben zur Verfügung gestellt. Die gesamte Oberstufe hat daraufhin höchst motiviert alle Räumlichkeiten mit so etwas wie einer Zeitleiste der Kunstgeschichte ausgestattet und ihre liebevoll gestalteten Poster dazu auf die verfügbaren Wände gehängt. Am Freitag waren wir damit fertig. Vor dem Nachhausegehen standen alle vor ihrem vollendeten Werk. Voller Stolz diskutierten sie über Epochen und Stile. Ganz offensichtlich hatten sie nicht nur Freude an dem Projekt gehabt, sie hatten auch einiges dabei gelernt.

Als ich am Montag zurück in die Schule kam, liefen mir die Oberstufenschüler aufgelöst entgegen. Die Direktorin hatte am Wochenende alle Poster entfernt und weggeräumt.

Ich konfrontierte sie. Ich wollte wissen, was ihre Beweggründe dafür gewesen waren - was hatten wir denn falsch gemacht? Sie erklärte mir lang und breit, dass unsere Vorgehensweise nicht Montessori-Zeitleisten-konform gewesen wäre und dass wir das niemals so hätten machen dürfen. Dass es bereits eine Zeitleiste gäbe, am Dachboden, die nur darauf warten würde, installiert zu werden. Dass wir ja dann wieder ein neues Projekt dazu machen könnten, welches den Regeln und Montessori-Vorgaben eher entsprechen würde.

Ich verstand die Welt nicht mehr und war mehr als wütend und frustriert. Ich spürte, dass ich die Schüler vermissen würde, wenn ich kündigte, aber ich konnte nicht anders. All das war in meinen Augen einfach nur absurd, vollkommen gegen alles, woran ich glaubte.

Ich hatte nebenbei kreative Englischkurse für Businessleute gegeben und dachte, dass ich das einfach ausbauen würde und sowieso nicht auf diesen Job in der Schule angewiesen sei. Dieses „Wurschtigkeitsgefühl“ war mein Vorteil, denn meine Kündigung brachte die Schulleitung in ein Dilemma. Schließlich waren jetzt 180 Schüler zu Kreativkursen angemeldet und außer mir konnte die keiner halten. Also setzten wir einen Vertrag auf, der mich von allen Verpflichtungen außerhalb meiner Kurse entband: Keine endlosen Konferenzen am kalten Boden mehr, keine Diskussionen über die Richtigkeit meiner Methoden, keine Betreuungskinder, mit denen mir freundschaftlicher, menschlicher Umgang verboten wurde, keine Verpflichtungen sinnlose Materialien zu gestalten, die oft nicht mehr waren als Kopien aus Schulbüchern, verpackt in bunten Schachteln.

Ich habe im Laufe dieses Schuljahres noch zwei weitere Male gekündigt, denn naturgemäß konnte sich die Schulleiterin nicht an diesen Vertrag halten, zu sehr war sie gewohnt, alle Zügel und Geschicke ihrer Schule alleine in der Hand zu halten. Zu wenig war sie im Vertrauen, zu wichtig war ihr Kontrolle auf allen Ebenen. Jedes Mal aber holte sie mich dann doch wieder zurück, denn die Schüler liebten meine Kurse und wir hatten ein hervorragendes Vertrauensverhältnis.

Die gesamte Situation wurde zusehends absurder für mich und ich war mehr als erleichtert und froh, als sich dieses Schuljahr dem Ende zuneigte.

Als die Zeit der Matura anbrach, bekam ich noch einmal einen „Reality Check“: Plötzlich lernten alle Schüler mit herkömmlichen Schulbüchern, denn schlussendlich mussten sie ja auch dem herkömmlichen Lehrplan gerecht werden. Von all den alternativen Lernmethoden und Ideen war nichts mehr zu spüren. Auswendiglernen und „Wissen“ in allerkürzester Zeit unter großem Druck in sich hineinzustopfen, stand nun bei den Schülern im Vordergrund und wurde auch von den Eltern und der Schulleitung so unterstützt.

Ich fragte mich, wie sinnvoll es war, wenn man nach außen hin zwar den alternativen, anderen Weg propagierte, dies aber wie eine Farce wirkte, sobald es zum Anschluss und Übergang zum herkömmlichen Bildungssystem kam. Wie authentisch, sinnvoll und alternativ waren im Endeffekt all diese Methoden? Wie menschenwürdig die Ideen und Vorgehensweisen? Ich gebe zu, diese Schule war ein Spezialfall und bestimmt kein Musterbeispiel für eine Alternativschule in Österreich. Nachdem ich endgültig gekündigt habe, ging es mit dieser Schule eigentlich stetig bergab, denn auch die Eltern und der Stadtschulrat ließen sich nicht endlos alle Doppelspiele und Schikanen gefallen. Es kam zu zahlreichen Rechtstreitigkeiten und Skandalen und ich war dankbar, früh genug ausgestiegen zu sein.

Als ich im folgenden Herbst in einem stinknormalen Gymnasium in einer Kleinstadt zu unterrichten begann, kam mir das im Vergleich zu den Erfahrungen in der Montessorischule wie das Paradies vor. Dort gab es ordentliche Räumlichkeiten, vernünftiges technisches Equipment, eine gute Ausstattung mit Materialien und klare Regeln. Ich wurde wertgeschätzt, meine Bestrebungen wurden gefördert und unterstützt. Ich hätte das vorher nie für möglich gehalten, aber diese durchschnittliche Regelschule war für mich als Lehrerin bei weitem angenehmer und befriedigender als die elitäre Privatschule.

Ich glaube, dass es unter den Voraussetzungen, unter denen Alternativschulen in Österreich agieren müssen, wahnsinnig schwer ist, diese andere Idee von Wissensvermittlung auch wirklich umzusetzen. Hinzu kommen fast unmöglich zu erfüllende Bauauflagen, so gut wie keine Förderung und Unterstützung von Seiten der Länder und der Behörden, hohe Miet- und Personalkosten und ein Dschungel an Verordnungen und Verpflichtungen.

Wir durften später am eigenen Leib erfahren, welches „Commitment" es auch von Seiten der Eltern bedarf, ihre Kinder alternativ zu begleiten. Als Tamino eineinhalb Jahre in einer elternverwalteten Kindergruppe war, haben wir uns ständig gestresst im Kreis gedreht zwischen all den Gartentagen, Koch- und Putzdiensten, endlosen Elternabenden mit ebensolchen Diskussionen und klaffenden Budgetlöchern. Ich bewundere jeden, der es mit viel Herzblut und Entschlossenheit schafft, trotz all der Hindernisse eine solche Initiative in die Wirklichkeit zu bringen. Ich frage mich aber doch, wieso es gerade in Österreich den Eltern und den Initiatoren von solchen Alternativprojekten so schwer gemacht werden muss.

Auch für alle diese Erfahrungen im Alternativsystem bin ich heute zutiefst dankbar, denn sie haben mich auf meinen ganz anderen Weg gebracht, haben mich alles hinterfragen und neue Lösungen finden lassen. Und wie immer sind gute Lösungen stets ganz einfach, denn selbstbestimmte Bildung ist kein Konzept, keine Methode, kein System.

Es ist die natürliche, artgerechte Art und Weise, wie wir als Menschen lernen, vom ersten bis zum letzten Atemzug. Das Wundervolle daran ist, dass dies immer und überall möglich ist, es braucht dazu keine vorbereiteten Räume und ausgeklügelten Materialien. Was es braucht, ist die Neugier und Offenheit, die Welt und das Leben als Klassenzimmer und Lehrer zu begreifen, als endlosen Prozess des Wachsens, Veränderns und zu sich selbst Kommens. Voller Begeisterung, ganz leicht und mit Freude, gemeinsam.
Immer wieder MITANANDA.

Die Geschichte mit der Hebammensprechstunde

Wie wir zu der Entscheidung für eine Hausgeburt gekommen sind und inwieweit dies mein Leben verändert hat

Als wir im Sommer 2003 - nach zwei Unterrichtsjahren in der South Bronx - aus den USA zurück nach Europa gekommen sind, haben wir uns auf die Suche nach einem eigenen "Nest" gemacht. Nikos Idee war, dass er bauen und renovieren wollte, günstige Objekte kaufen und zu einem guten Preis wieder verkaufen wollte. Ich wollte weiterhin als Lehrerin arbeiten.

Wir fanden das alte Freibad von Eichgraben in Niederösterreich, nahe Wien, und begannen mit dem Herrichten. Bald schon war klar, wir waren bereit um den nächsten Schritt zu machen, zusammen eine richtige kleine Familie zu sein. Endlich hatten wir ein richtiges, eigenes Zuhause. Als wir mit Verhütung aufhörten, war ich unendlich aufgeregt und nervös, voller Vorfreude.

Als ich zum ersten Mal schwanger wurde, haben wir uns auf die Suche nach dem perfekten Ort für die Geburt gemacht. Wir haben uns mehrere Geburtenstationen in Wien angesehen und viele Gespräche mit meinem nach außen hin doch recht alternativen Gynäkologen geführt. Nichts davon hat mich überzeugt. Der Krankenhausgeruch, der durch die fröhlich-bunten Entbindungsstationen gezogen ist, hat mich immer daran erinnert, wo wir uns eigentlich befanden. Und ich war nicht krank. Ich hatte auch nicht das Bedürfnis, möglichst auf Nummer sicher zu gehen und eine Frühgeburtenstation samt Zusatzeinrichtungen nahe bei mir zu haben. Ich wollte mich wohl und sicher aufgehoben fühlen und das hatte für mich weniger damit zu tun, welche technischen Einrichtungen es vor Ort gab.

Die Wochen vergingen, ich befand mich bereits im dritten Schwangerschaftsdrittel und noch immer hatten wir uns für keine Klinik entschieden. Ich trauerte um die Semmelweisklinik in Wien, die kurz davor geschlossen hatte und wünschte mir ein Geburtshaus. Niko machte mir von Anfang an klar, dass er am liebsten eine Hausgeburt hätte. Die kam für mich aber absolut nicht in Frage. Zu sehr war ich geprägt von den Geburtsgeschichten, die ich in meinem Familienumfeld gehört hatte, und von manchen Horrordarstellungen von Geburten in Film und Fernsehen. Niko meinte, schlussendlich müsse ich mich wohl fühlen und er würde hinter jeder meiner Entscheidungen stehen.

Ich meldete mich zur Schwangerengymnastik an, mit dem Hintergedanken dort ein paar Frauen kennen zu lernen, mit denen ich mich vielleicht anfreunden konnte. Ich habe nicht im Entferntesten damit gerechnet, dass ich mich dort verlieben würde. Nämlich in die Frau, die die Gruppe leitete: die Hebamme Gunda. Gebannt lauschte ich ihren Ausführungen zu Geburt und war dankbar für ihre kompetente, ruhige und erfahrene Art, und wie sie mit dem Thema umging. Gunda vermittelte uns, dass wir selbst die Expertinnen für unseren Körper und unsere Kinder waren. Sie verstand es, uns allen das Vertrauen in die natürlichen Abläufe während einer Geburt (wieder) zu geben. Gunda war für mich wie eine weise, „weiße“ Frau, ein Rollenvorbild.

Mich überkam so etwas wie Vorfreude und Erleichterung. Endlich hatte ich jemanden gefunden, bei dem ich nicht das Gefühl hatte, als Schwangere in einer Ausnahmesituation zu sein.

Jemanden, der mich in meinen Wünschen und Bedürfnissen erkannte und diese unterstützte. Binnen weniger Minuten traf ich die Entscheidung: Das war die Frau, die ich bei der Geburt unseres Kindes dabei haben wollte! Am Ende der ersten Einheit ging ich also zu ihr hin und fragte sie, ob sie eventuell noch Verfügbarkeiten hätte. Gunda meinte: „Ja, gerne, aber ich mache nur Hausgeburten."

Huch – da war es wieder, das Zauberwort, das mir Angst und Schrecken bereitete. Wie konnte jemand so unverantwortlich und rückwärtsgewandt sein und sein Kind wie ein Höhlenmensch zuhause bekommen? Niedergeschlagen und hoffnungslos ging ich heim.

Aber das Thema hörte nicht auf, in mir zu brodeln und zu arbeiten. „Hausgeburt" – vielleicht war das ja doch eine Option für mich, mit der richtigen Hausgeburtshebamme und ausreichend Vorbereitung und Information? Ich begann mich einzulesen in das Thema. Lustigerweise hatte meine Mutter mir kurz davor ein Buch mit dem Titel „Hebammensprechstunde" geschenkt, das ich voll Interesse verschlungen habe. Hatte „meine" Hebamme vielleicht auch eine Sprechstunde, wo man seine Fragen und Zweifel anbringen konnte?

Ich rief sie an und machte mir einen Termin aus. Sie empfing uns in ihrem wunderschönen Haus mit duftendem Tee und einer herrlichen Ölmischung in der Aromalampe. Wir hatten eine lange Liste an Fragen mitgebracht, die wir eine nach der anderen durchgingen und abhakten.

Ich weiß noch, die eine Frage, die mir am meisten Angst machte, war die nach dem Notfall. Was würde passieren, wenn während der Geburt etwas schief gehen würde? Was, wenn das Baby sterben würde und wir wären schuld, weil wir nicht ins Krankenhaus gegangen waren? Sie lehnte sich zurück und holte tief Luft. Sie zählte alle Eventualitäten auf, was wann passiert, was sie tun kann, was wir tun könnten, wie lange es dauern würde, bis wir in die Notaufnahme des nächstgelegenen Krankenhauses kommen würden. Ihre Antworten beruhigten mich ein wenig. Wir würden ja nicht blauäugig in diese Sache gehen, sondern auf alles vorbereitet sein. In 25 Jahren Erfahrung mit Hausgeburten war ihr noch kein Baby zu Hause gestorben. So weit, so gut.

Aber dann sagte sie etwas, das mein Leben nachhaltig verändern sollte: „Schau, die Entscheidung, die du für eine Hausgeburt triffst, ist die, die dich von einem Mädchen zur Frau werden lässt. Du gibst die Verantwortung nicht mehr an Außenstehende ab. In dem sehr unwahrscheinlichen Fall, dass etwas so Schlimmes und Unvorhersehbares während der Geburt passiert, dass wir nichts mehr tun können, was würdest du für dein Kind wollen? Würdest du wollen, dass es im Brutkasten angehängt an Maschinen für ein paar Tage oder Wochen, vielleicht Monate, vor sich hin vegetiert und alleine stirbt, ohne, dass du es bei dir haben kannst? Oder würdest du wollen, dass es sein Leben, egal wie kurz oder lang es sein mag, sicher und geborgen in deinen Armen beendet, in dem Gefühl geliebt zu sein? Schau, Geburt und Tod sind nur zwei Seiten derselben Medaille. Jeder Anfang ist gleichzeitig ein Ende und umgekehrt. Die Frage ist, wofür entscheidest du dich?"

Wow, das war hart. Das war herausfordernd. Sie gab mir zwei Wochen Bedenkzeit und schickte mich nach Hause. Ich sollte in aller Ruhe darüber nachdenken. Sollte hinein fühlen, ob in mir drin die Angst oder die Liebe regierte. Wie wollte ich es haben?

Ich dachte nach, las zum Thema alles, das ich in die Finger bekommen konnte, führte endlose Gespräche mit meinem Mann und den besten Freundinnen. Ich wälzte mich schlaflos durch die Nächte. Schlussendlich halfen mir zwei banale Überlegungen bei der Entscheidungsfindung: Zuhause hatte ich erstens mein eigenes Klo – ich hasse es, auf fremde Toiletten gehen zu müssen. Und zweitens war ich dann bereits zuhause und musste nicht mein Neugeborenes und mich anziehen und dem Stress aussetzen, nach der ambulanten Geburt nach Hause zu fahren.

Beim übernächsten Gymnastiktermin nahm ich sie beiseite und sagte: „Ich mache es. Ich mache die Hausgeburt." „Bist du dir da sicher?!, fragte sie mich und blickte mir lange und prüfend in die Augen. Ich hatte das Gefühl, als würde sie in jede Ecke meiner Seele leuchten, um mich in wenigen Sekunden auf Herz und Nieren auf meine Wahrhaftigkeit und Belastbarkeit zu prüfen. Ja, ich war sicher, so sicher wie schon lange nicht mehr in meinem Leben.

Als es dann so weit war, alles bestens vorbereitet, und die Wehen losgingen, da überkamen mich zuerst Nervosität und dann doch wieder heftige Zweifel. Ich beschloss, mich zu entspannen und ging unter die Dusche. Während mir das warme Wasser auf meinen dicken Bauch trommelte, lehnte ich mich an die kalte Wand. Wir schaffen das, wir zwei, mein Baby und ich. Dies war das Natürlichste, Überwältigendste und Wunderschönste, was ich je erfahren sollte. Mein Körper war für diese Aufgabe geschaffen worden, ich war stark, gesund und bereit.

Ich zog mich an und fand einen aufgelösten, aufgeregten und sich sorgenden Niko im Wohnzimmer vor, der kopflos hin und her rannte. Ich setzte mich auf den Gymnastikball, den wir extra für die Geburt besorgt hatten, und bat Niko, sich vor mich zu setzen. Ich sah ihn an und lud ihn ein, seine Hand auf den

Bauch zu legen. Ich sagte: „Fühl mal, alles ist gut." Eine nie dagewesene Ruhe war über mich gekommen, hier gab es keinen Raum mehr für Zweifel. Meine Natur hatte begonnen, nach mir zu rufen und ich folgte ihr. Ich war aufgefordert, mich hinzugeben, die Wellen zu reiten, mich so weit zu machen, dass ich die ganze Welt war. In mir und durch mich. Ich war der Anfang und das Ende, ich war die Schöpfung und die Göttin.

Als Tamino in meinen Armen lag, Sekunden nachdem er aus mir raus geflutscht kam, sah er uns beide mit uralten Augen prüfend an, die klar wie ein Bergsee die Weisheit der Menschheit widerspiegelten. Wie ein runzliger Alter beobachtete er uns, nahm seine Umgebung wahr, nahm sich Zeit zum Ankommen. Seinen Blick werde ich nie vergessen, denn er traf mich bis ins Innerste. Er hatte meine letzten Mauern eingerissen, hatte mich dazu gebracht, auf zu machen, gleichzeitig so verletzlich, offen und dann wieder unbesiegbar stark. Wir waren plötzlich getrennt und doch eins. Nie zuvor hatte ich diese Dimension von Liebe erfahren, allumfassend, ohne Zweifel, endlos.

Meine geliebte Hebamme sollte Recht behalten, dieses Erlebnis hat mich tatsächlich vom Mädchen zur Frau gemacht. Hat mich demütig werden lassen vor dieser Urgewalt und meinem eigenen Körper. Hat mich Teil sein lassen des größten Wunders, dem ein Mensch beiwohnen kann. Wir erschaffen Leben und bringen es auf die Welt, wir können Ideen zu reiner Liebe werden lassen. Wir alle sind gleichzeitig ein Wunder und wunder-voll. Wir sind die Schöpfer unseres Daseins.

Die Geschichte mit dem Lulu

Wie wir zu "windelfrei" kamen
und wieso das so lebensverändernd für uns war

Als Tamino drei Tage alt war, unsere Welt auf dem Kopf stand, wir uns gerade versuchten daran zu gewöhnen, dass nun nichts mehr so war wie davor, hat Niko etwas getan, das unser Leben in neue Bahnen geleitet hat. Ich denke, ohne diesen Akt damals würde unser Leben heute definitiv anders aussehen - und ich meine das ernst!

Niko hat Tamino also im zarten Alter von etwa 72 Stunden über ein Töpfchen gehalten und die lebensverändernden Worte „lulululuuuuuu" geflötet. Prompt ging es nicht nur vorne, sondern auch hinten kräftig los - und wir waren „gehooked".

Von da an wurde ein brauchbares Gefäß für Taminos Geschäfte unser ständiger Begleiter und, ich gebe es zu, wir haben es ein wenig übertrieben. Wir waren so begeistert von der Windelfrei-Idee (oder Elimination Communication wie ich es lieber nenne), dass wir kein anderes Thema mehr kannten. „Hat er schon? Muss er noch? Denkst du er will pinkeln?" verdrängte jegliche partnerschaftliche und zum großen Teil auch anderweitig soziale Kommunikation für die kommenden Monate.

Wir sind mit Sicherheit einigen unserer Mitmenschen damit kräftig auf die Nerven gegangen. Um ehrlich zu sein, es ging uns irgendwann selbst ein wenig zu weit. Aber wir konnten nicht anders, denn wir waren schlichtweg fasziniert davon, wie ein solch augenscheinlich hilfloser Wurm, dem man landläufig wenig zutraut und von dem die meisten Menschen einfach so annehmen, dass er keine Bedürfnisse hat außer Schlaf und

Nahrungsaufnahme, so vehement und präzise sein Ausscheidungsbedürfnis kundtun kann.

Wir hatten diese natürliche Art der Säuglingspflege bei Nikos Bruder und dessen jüngstem Kind kennengelernt, doch besonders ich habe es damals als etwas ein wenig schrulliges, verrücktes „ökomäßiges“ abgetan. Schließlich schien es als Nicht-Eltern auch ein wenig eklig, sich dauernd mit den Ausscheidungen eines Babys auseinander zu setzen. Im direkten Kontakt.

Zum damaligen Zeitpunkt, kurz nach der Jahrtausendwende, kannte den Begriff „Windelfrei“ auch so gut wie niemand. Dabei wird diese Praktik bis heute bei allen Naturvölkern betrieben. Wobei bis vor etwa hundert Jahren das auch bei uns, zwangsläufig, die normale Art der Säuglingspflege war. Selbst meine Oma konnte sich erinnern, dass sie in ihrer Kindheit ihre Mutter dabei beobachtete, wie sie ein Geschwisterchen über den Kohleneimer abhielt.

Umso erstaunlicher war es, dass es in der von uns besuchten Babygruppe gleich drei solcher Säuglinge gab. Dies bot uns Austausch mit Gleichgesinnten und eine soziale Gruppe, in der wir nicht die Sonderlinge schlechthin waren, oder als Urzeitmenschen betrachtet wurden, die sich unzivilisiert von ihrem Nachwuchs anmachen lassen. Oder sich keine vernünftigen Wegwerfwindeln leisten konnten.

Der Gedanke, dass wir uns nebenher einiges an Geld für solche Hygieneartikel ersparen würden, deren ökologischer Fußabdruck gigantisch ist und deren Inhaltsstoffe äußerst fraglich sind (ich erwähne bloß „chlorgebleicht“ und „Weichmacher“), war kein unwillkommener Nebeneffekt. Ein durchschnittliches Baby produziert in seinem Windeldasein einen unfassbar hohen Berg an schwer verrottbarem Müll, und die zarte Haut des Neugeborenen wird oft hart auf die Probe gestellt. Gründe es anders zu machen gab es also viele.

Doch der Hauptgrund für uns lag ganz woanders: Wir waren absolut hingerissen, welches neue Feld sich mit dieser Art der Kommunikation über das Ausscheidungsbedürfnis für uns auftat. Plötzlich lernten wir auf unsere Intuition zu achten und diese zu stärken und zu üben – und es funktioniert!

Wir haben uns auf eine Art und Weise mit dem Baby verbunden, die wir zuvor niemals für möglich gehalten hätten. Dies ging so weit, dass ich immer vor Tamino munter wurde, wenn er nachts musste. Oder ich konnte sagen, wenn er gerade am Aufwachen war, selbst wenn er sein Nickerchen gerade im Auto machte. Diese Kommunikation ohne Worte, rein auf intuitiver Gefühlsebene, war fast unheimlich, aber auch wunderschön. Und sie hält mit allen unseren Kindern bis heute an.

Windelfrei war für uns das eigentliche Tor zu „Attachment Parenting“ und bedürfnisorientierter Begleitung. Wir haben damit erkannt, dass ein Neugeborenes entgegen der landläufigen Meinung bei weitem nicht hilflos ist. Wir haben gelernt, auf unseren Instinkt und auf die Bedürfnisse des Babys zu vertrauen. Es war wie ein Sprungbrett und ein Übungsfeld für alles, was danach gefolgt ist, denn selbstbestimmte Bildung ist nichts Anderes: Vertrauen, Beziehung, Loslassen.

Tamino war übrigens mit knapp einem Jahr Tag und Nacht sauber und es gab danach so gut wie keine „Unfälle“. Davor aber sehr wohl. Denn immer, wenn wir zu viel wollten, nicht mit ihm verbunden waren, gestresst waren oder einfach geistig abwesend, dann ging die Sache „in die Hose“.

Wir haben unsere Abscheu vor Ausscheidungen (wie wohl alle neuen Eltern) schnell abgelegt, gelernt, dass der Urin von Neugeborenen von Haus aus steril ist, und haben einfach immer Wechselkleidung mitgehabt. Wir waren auch nie dogmatisch, hatten zu Beginn auch Stoffwindeln als Backup, zum Beispiel beim Autofahren. Windelfrei heißt ja nicht, dass man NIE welche anziehen darf. Es geht vorrangig um die Kommunikation mit seinem Kind. Und klar, wie jede andere Kommunikation kann auch diese heftig gegen den Baum gehen, es gibt Missverständnisse und schlechte Tage.

Auch bei allen unseren weiteren Kindern haben wir auf diese Art und Weise mit ihnen kommuniziert, wir hätten uns nichts anderes mehr vorstellen können. Bei jedem weiteren Kind allerdings wurden wir entspannter, haben die Sache lockerer gesehen und uns und das Baby nicht unter Leistungsdruck gesetzt. Wir finden, es ist einfach wundervoll, dass Windelfrei oder Elimination Communication an alle Bedürfnisse und Möglichkeiten angepasst werden kann: Ich kann es die ganze Zeit über betreiben, oder nur tagsüber, nur nachts, nur zuhause, usw. Das Wichtige ist ja nicht die „Trefferquote", sondern die ganzheitliche Begleitung ALLER Bedürfnisse des kleinen Menschen.

(3)

Die Geschichte mit dem Bauchweh

Warum es das sprichwörtliche Dorf braucht, um ein Baby zu begleiten

Als ich zum ersten Mal Mutter wurde, hatte ich sprichwörtlich null Erfahrung. Das einzige Mal, als ich davor je ein Baby in Händen gehalten hatte, war viele Jahre her. Wir kannten niemanden mit Kindern. Es gab auch keine in der näheren Verwandtschaft. Ich hatte keine Ahnung, was mich erwarten würde, war aber überzeugt, dass ich trotzdem gut vorbereitet war. Schließlich hatte ich einige Bücher zum Thema gelesen, war ausgebildete Pädagogin und hatte bereits ein paar Unterrichtsjahre auf dem Buckel. Ich liebe Kinder. Was sollte schon schiefgehen?

Tamino war seit jeher sehr willensstark, man könnte es auch weniger positiv ausdrücken: er hat einen richtigen Dickschädel. Schon von Anfang an ließ er uns ganz genau wissen, was er wollte. Und was nicht.

Die ersten drei Monate weinte er täglich stundenlang. Nichts half. Zum ersten Mal in meinem Leben habe ich verstanden, was es heißt, am Rande eines Nervenzusammenbruchs zu stehen. Und warum Menschen, die in solchen Situationen keinen Rückhalt und keine Unterstützung haben, in ihrer Ohnmacht dem Baby etwas antun. Nur damit es endlich aufhört.

Wir waren in einer absoluten Ausnahmesituation. „Life as you know it, will seize to exist" („Das Leben wie du es kennst, wird es nicht mehr geben"), hat mein Schwager mir gesagt, als wir ihm die frohe Botschaft des bevorstehenden Nachwuchses verkündet haben. „Aber geh!", dachte ich auf gut Österreichisch. Was so viel bedeutet wie: Bei uns doch nicht, wir schaffen das locker. Schließlich hatten wir ja auch das Glück, immer zu zweit zu sein, uns abwechseln zu können und hatten beide schon ganz andere Dinge „geschupft".

Die ersten paar Wochen ging auch alles glatt. Das Baby war süß, schlief fast durchgehend, das Stillen klappte nach einer anfänglichen Gewöhnungszeit wunderbar. Wir zeigten den Wonneproppen voller Elternstolz Freunden und Verwandtschaft, fuhren sogar ein paar Tage gemeinsam weg. Naiv dachten wir, wir hätten das raus.

Drei Monate herzerweichendes Schreien von sechs Uhr abends bis Mitternacht haben dann aber ihre Spuren hinterlassen. Wir haben ALLES versucht: Babybäuchlein-Öl, alternative Heilmethoden, Massagen, strenge Diäten meinerseits ohne Gewürze, Zwiebel, Milch, Knoblauch, fixe Tagesabläufe und Routinen, um das Kind zur Ruhe zu bringen.

Vor zwölf Uhr mittags kamen wir nicht mehr aus dem Haus. Zähneputzen und eine entspannte Dusche waren meine kurzen Glücksmomente. Doch auch dabei wurde man praktisch immer unterbrochen. Ich kann mich gut an den Moment erinnern, als ich dachte: „Jetzt kann ich nicht mehr".

Schon Stunden vor dieser Erkenntnis war ich nach der Ablöse (Niko war dran mit schaukeln, festhalten und 'rumhopsen) ins Freie getreten, um dort einen Urschrei loszulassen, der sich gewaschen hat (oder: wie ihn die Nachbarschaft/Umgebung wohl noch nie gehört hat). Die ganze aufgestaute Frustration und damit einhergehende Aggression musste irgendwo hin. Ich fühlte mich so hilflos.

Ich weiß noch genau: Ich saß spätabends sanft schaukelnd auf dem von Hebammen empfohlenen Gymnastikball, das brüllende "Minibündel" bäuchlings auf den Oberschenkeln hin und her rollend. Die Kopfhörer an, die Lieblingsmusik auf Maximum. Laut (und falsch) sang ich mir die Seele aus dem Leib. Mein Ziel war es nur, durchzuhalten bis zur Erschöpfung - und dem Einschlafen - dieses Wesens, um ein paar Stunden Pause zu erhaschen, bevor es am kommenden Morgen wieder weiter ging. Ich dachte mir, dass diese Methode wohl nicht so in meinen Elternzeitschriften und Erziehungsratgebern gestanden war. Ein beklemmendes und Angst machendes Gefühl des Versagens beschlich mich. Schließlich hatte ich doch sonst immer alles unter Kontrolle - was war da nur geschehen?

Im Nachhinein und aus vielen Jahren Abstand kann ich jetzt behaupten, dass diese schwere Zeit wohl unsere heftige Initiation und unser Abschied aus dem alten, kinderlosen Leben war, den wir da schmerzhaft durchlaufen sind. Tamino hat uns von Anfang an klar gemacht, dass jetzt nichts mehr so sein würde, wie es einmal war. Aus einem verliebten, unbeschwerten Pärchen war eine kleine Familie geworden.

Am Morgen nach dieser Nacht in der Baby-Verzweiflungs-Wein-Hölle war es vorbei. Wie weggeblasen. Von heute auf morgen waren alle Blähungen, Bauchkrämpfe, Verdauungsprobleme oder was auch immer diese Schreianfälle hervorgerufen hatte, einfach verschwunden.

Wir hatten gelernt, mit einem Minimum an Schlaf und persönlicher Zeit und Freiheit auszukommen. Wir hatten die Schwelle zum Elternsein durchbrochen.

Die Geschichte mit der Lieblingsfarbe

Wieso wir auf die Gefühle und die Intuition unserer Kinder vertrauen können

Wir gewöhnten uns im Laufe der ersten Jahre an unsere Rollen als Mutter und Vater. Wir unternahmen viel mit Freunden, wir genossen Babytreffen und Kleinkinderturnen, Familienausflüge und bauten uns so etwas wie einen individuellen Alltag zu dritt auf.

Wer Kinder hat, der weiß: Die Zeit rast dahin und das ist nicht nur ein abgelutschtes Klischee. Plötzlich stand also die Frage nach dem Kindergarten im Raum. Bis dahin war uns Beiden ganz klar gewesen, dass für uns Fremdbetreuung nicht in Frage kam. Aber spätestens mit dem dritten Geburtstag gab es wohl so etwas wie ein ungeschriebenes Gesetz: Das Kind muss in den Kindergarten!

Kurz nach Taminos drittem Geburtstag kam auch prompt die Einladung zu einem Schnuppertag im Kindergarten ins Haus geflattert. Wir alle waren fest davon überzeugt, dass es ihm da gut gefallen würde: Er kannte bereits fast alle der Kinder von der Spielgruppe, das Gebäude war nur wenige hundert Meter von uns entfernt und es gab einen schönen Garten. Außerdem war es nur eine Zweigstelle des „richtigen" Kindergartens, das heißt eine einzige Gruppe mit maximal 25 Kindern, also überschaubar.

Am großen Tag, ich war höchst schwanger mit Allegra, es war ein heißer Frühsommertag, waren wir also voller Vorfreude. Eltern und Besucherkinder wurden durch die Räumlichkeiten geführt, alles wurde erklärt. Jeder durfte sich ein Symbol für die

Garderobe aussuchen und es sollte ein Bild für die Neuankömmlinge im Herbst gestaltet werden. Die Erwachsenen konnten sich informieren, derweilen sollten die Kinder spielen.

Taminos Freunde waren in der Nachmittagsbetreuung mit der Kindergartenhelferin draußen im Garten. Natürlich wollte er auch dorthin. Die Leiterin erklärte kurz angebunden, dass das leider nicht möglich sei, denn sie hatte für die Schnupperkinder drinnen alles vorbereitet. Soweit, so gut. Schmollend begab sich Tamino also in die Leseecke und wartete.

Als alle Fragen beantwortet und alle Formulare ausgefüllt waren, war als Letztes noch das Bild dran. Ein Kind nach dem anderen kam an die Reihe, wurde nach der Lieblingsfarbe gefragt, mit der dann die Kindergartenleiterin die rechte Hand des Kindes bemalte, sie auf ein Papier abdrückte, mit dem Kind ins Badezimmer ging, ihm die Hand wusch, abtrocknete und zu guter Letzt das Bild mit Namen und neuem Symbol versehen in der Garderobe an die Wand hängte.

Als Tamino dran war wusste er auf die Frage nach der Lieblingsfarbe keine Antwort. Er schaute die Kindergärtnerin verständnislos an, denn er liebte alle Farben und wollte sich nicht entscheiden. Kurz im Dilemma verfangen hatte die Dame schließlich eine Idee: Sie malte jeden Finger in einer anderen Farbe an. Sichtlich stolz auf ihren kreativen Einfall kam sie strahlend mit Tamino aus dem Badezimmer zurück. Beim Aufhängen des Bildes fragte sie meinen Sohn: „Gefällt dir dein Kunstwerk?“

Wieder war Tamino in Bedrängnis. Weder hatte er die Idee gehabt, so etwas zu machen, noch das Bedürfnis. Es war nicht sein Werk. Er zuckte mit den Schultern, drehte sich um und fragte ob wir jetzt raus gehen könnten. Er war zu nett und höflich, um ihr die Wahrheit zu sagen, denn er - so wie wir alle - möchte dazu gehören, Teil eines sozialen Gefüges sein. Wahrscheinlich war es ihm auch einfach egal. Also nahm er es hin und lieferte eine pragmatische Lösung. Eigentlich sehr reif, wie ich finde.

Die Leiterin nahm das als Zeichen zum allgemeinen Aufbruch. Erleichtert lief mein Kind raus zu seinen Freunden. Endlich durfte er mit ihnen in der Sandkiste spielen. Just in dem Moment als wir ins Freie traten, wurden wir Zeugen einer Szene, die sich mir bis heute ins Gedächtnis gebrannt hat.

Ein kleines, zartes Mädchen, eine liebe Freundin von uns, die ein bisschen langsamer war als der Durchschnitt, wurde von der Helferin unsanft am Arm von der Sandkiste weggezogen und dabei heftig angeschnauzt. Ich weiß nicht mehr, was sie verkehrt gemacht hat, aber ich werde nie den entsetzten, angstverzerrten Gesichtsausdruck vergessen, als sie hinter der Frau her stolperte, fast flog.

Niemanden schien es zu stören, dass hier mit körperlicher Überlegenheit und respektlosem Verhalten gegenüber dem Mädchen gearbeitet wurde. Mich beschlich ein ungutes Gefühl, denn für mich waren und sind junge Menschen nicht weniger wertvoll oder verdienen nicht weniger Respekt als Erwachsene. Im Gegenteil: Eine zarte Pflanze knickt leichter um als eine große und bedarf daher mehr Achtsamkeit, Liebe und Aufmerksamkeit, Feingefühl.

Auch jetzt durften die Freunde nicht miteinander spielen, denn das entsprach nicht dem Plan, den Regeln und den Vorgaben. Kurz angebunden wurden wir zum Gartentor geleitet und mit den Worten „Wir sehen uns im Herbst!" verabschiedet.

Zum ersten Mal krochen Zweifel in mir hoch, doch vorerst konnte ich dieses Gefühl weder in Worte fassen, noch etwas dagegen tun. Auch ich wollte kooperieren, dazu gehören, mich anpassen. Denn schließlich: Der Kindergarten ist nicht wie zuhause und für die anderen Kinder und Familien passt es doch auch, oder?

Die Geschichte mit dem Joghurt

Wie Allegra zu uns gekommen ist

Als Tamino zwei wurde, hatte ich langsam das Gefühl, wieder aus einer Blase aufzutauchen, da war wieder ein bisschen Raum für mich und meine Bedürfnisse, ich war dankbar, auch ab und an wieder Zeit für mich zu haben. Ich bewundere Eltern, die mehrere Kinder innerhalb weniger Monate bekommen. Ich hatte das Gefühl, ich brauche dazwischen immer ein bisschen "Verschnaufpause". Daher sind alle unsere Kinder immer um die drei Jahre auseinander, der Abstand fühlte sich perfekt für uns an.

Auch bei unserem zweiten Kind waren wir in der glücklichen Lage, uns ganz bewusst für weiteren Nachwuchs entscheiden zu können. Und wir waren auch damals schon dankbar, dass dieser Plan auch wirklich so aufgegangen ist - mir ist sehr bewusst, dass dies gar nicht selbstverständlich ist. Irgendwann mal habe ich darüber gelesen, wie Naturvölker eigentlich den ersten Gedanken, die Idee eines Kindes, als dessen Entstehung ansehen - wie wunderschön!

Bevor wir zu der süßen Milchspeise im Becher kommen, muss ich wohl ein wenig ausholen. Wir konnten alle unserer Kinder in Hausgeburten entspannt und wunderschön, ohne jegliche Zwischenfälle in den eigenen vier Wänden begrüßen. Zwei Mal mit, zwei ohne Hebamme, also Alleingeburten.

Bei der ersten Hausgeburt war die Situation ja denkbar einfach: Niko und ich hatten gemächlich alles vorbereitet, seit Wochen lag alles bereit. Wir hatten einen Geburtsvorbereitungskurs besucht, eine lange Fragenliste mit der Hebamme durchgeackert, einen Notfallplan entwickelt und waren generell aufgeregt, aber guter Dinge. Wir waren ein kleines, feines Geburtsteam aus werdender Mama, werdendem Papa und der erfahrenen Hausgeburtshebamme.

Tamino kam mitten in der Nacht auf die Welt und aus irgendwelchen Gründen dachte ich fortan, das müsste jedes Mal so sein. Niko konnte sich voll und ganz auf seine Rolle aus Begleiter und Unterstützer konzentrieren, nichts lenkte uns ab in unserer Arbeit.

Unser zweites Kind zeigte uns nicht nur bereits in der Schwangerschaft, dass es anders war als der große Bruder, sondern auch ganz besonders mit der Art und Weise, wie sie das Licht der Welt erblickte. Nicht nur hat sie uns bis zum letzten Gynäkologenbesuch glauben lassen, dass sie ein kleiner Bruder sei, sie hat auch derartig abgearbeitet in meinem Bauch, dass klar war, da kommt ein kleiner Wirbelwind auf uns zu. Es hat sich jedenfalls angefühlt, als würde sie beständig Turnübungen - Purzelbäume - vorzeigen. Daher auch der Name: Allegra, die beschwingt Fröhliche.

Am Höhepunkt meines „Nestbautriebes", elf Tage vor dem errechneten Geburtstermin, musste noch unbedingt das einzige Schlafzimmer unseres Häuschens familienfit gemacht werden. Der bemitleidenswerte Niko war also das ganze Wochenende unterwegs, um ein neues, größeres Bett samt Matratze zu transportieren und den neuen Schrank zusammen zu bauen. Schließlich sollte für die kleine Prinzessin alles schön und gemütlich sein. Wir arbeiteten bis in die frühen Morgenstunden des Sonntags hinein. Hundemüde, aber glücklich betteten wir uns also mitten in der Nacht ins neu gemachte, wunderbar entspannende Nest.

Kaum aber lag ich da, spürte ich einen seltsamen ziehenden Schmerz im unteren Bauch. Ich dachte noch: „Bitte lass mich noch schlafen, ich bin jetzt viel zu hundemüde für deine Geburt". Ich tat das alles mit der Überanstrengung des Schlafzimmerbaus ab - und schon war ich eingeschlafen. Frühmorgens allerdings bin ich mit einem regelmäßigen Ziehen aufgewacht und habe prompt Niko mit den Worten aufgeweckt: „Ich glaub es geht los."

Einen Anruf bei der Hebamme später folgten wir ihren Anweisungen: Mama bleibt im Bett und entspannt sich, Papa fährt mit Junior nach Wien, um dort den aus Berlin beruflich angereisten Onkel zu besuchen. Die Ruhe tat mir gut und mein Bauch beruhigte sich halbwegs, ich hab den letzten Tag alleine mit der Kugel genossen und das süße Nichtstun zelebriert.

Als meine beiden Männer abends müde und voller aufregender Erlebnisse nach Hause kamen, wollten sie noch grillen und Kirschen ernten. Ich erinnere mich gut, als ich wohlig satt, mit kirschroten Fingern im plätschernden Bach stand, die letzten Sonnenstrahlen das Wasser zum Glitzern brachten und alles in goldenes Licht tauchten. Ich dachte: „Jetzt bin ich bereit."

Also habe ich meinen Vorstellungen entsprechend versucht, den Erstgeborenen ins Träumeland zu befördern, damit wir uns in Ruhe der Geburt unserer ersten Tochter widmen könnten. Wie das aber Pläne oft an sich haben, funktionieren sie nie so, wie man sich das denkt. Je länger ich also mit Tamino im Bett gelegen bin, ihm Kinderlieder vorgesungen und -gesummt habe, desto lauter wurde mein Atmen, desto drängender das Ziehen. Bis Tamino meinte: „Mama, du klingst wie ein Bär. So kann ich nicht schlafen. Und außerdem hab ich Hunger!"

„Schon wieder?“, dachte ich noch und bat Niko, die Hebamme anzurufen, denn ich klang wirklich wie ein brunftiger Hirsch. Liegen konnte ich auch nicht mehr.

Während Niko also die Hebamme verständigte, die sofort auflegte und losraste als sie mich im Hintergrund blöken hörte, versuchte ich mich im Bett umzudrehen um irgendwie in den Vierfüßlerstand zu gelangen. Plötzlich schwappte eine Sturzwelle über mich, japsend und ein wenig panisch schnappte ich nach Luft, reden war unmöglich. Erklären auch. Die Welle nahm kein Ende und anstatt sie zu reiten, drohte ich zu ertrinken. Meine Gedanken waren nur: Das Baby wird raus geschwemmt und kommt sicher gleich daher geschossen. „Nicht ohne meine Hebamme!“, war das Einzige, was ich denken konnte. Ich verkrampfte mich noch mehr, denn dieses Kind sollte gefälligst warten, bis es dran war, bis die weise Frau hier war, bis das große Kind schläft, bis wir Zeit haben.

Na, denkste.

In dem Moment wo ich mich grazil wie ein Walross vom neuen, erhöhten (verflucht) Bett zu rollen versuchte, das Ziel immer noch der Vierfüßler, kam mein Sohnemann aus der Küche zurück. Er wolle jetzt untersuchen, ob er das Köpfchen des Babys schon ertasten oder sehen konnte (wie er das von der Hebamme bei einem vorhergehenden Besuch anhand einer Puppe erfahren hatte) und drängte sich zwischen meine Beine. Sein neugieriger Blick schaute mir bis in alle Ewigkeit, um dann ein wenig wütend zu sagen, dass ich doch stillhalten sollte, denn sonst könne er ja nichts erkennen. Ungehalten und doch recht ärgerlich keuchte ich: „Weg mit ihm!“. Ich gebe zu, das war nicht sehr achtsam, oder einfühlsam, aber meine einzig mögliche geröchelte Botschaft an die Welt.

Endlich in der richtigen Position angekommen, hörte ich nur mehr, wie sich Niko und Tamino schlussendlich stritten, welches Joghurt nun zur Abendjause zu verspeisen sei: Vanille oder Erdbeer? Der junge Geburtshelfer konnte sich nicht und nicht entscheiden. Ich dachte: „Na super, jetzt bekomm' ich hier ein Kind und keiner kriegt´s mit.“

Schließlich ging die Türe auf, die Hebamme stürzte aufgeregt herein, schüttete Ihre Werkzeuge aus, warf meinen beiden „Joghurt-Doulas“ Anweisungen zu, welche Dinge sie am Boden aufbreiten sollten und wieviel heißes Wasser sie brauchte. Ich glaube mich zu erinnern, dass Tamino den Geburtshocker ausgepackt hat. Ich jedenfalls war zu diesem Zeitpunkt schon nicht mehr wirklich anwesend, zu sehr hat mich die Wehenarbeit in Atem gehalten, die Welt um mich war verschwunden und es gab nur noch dieses ungeduldig sich an die Luft drängende kleine Wesen und mich.

Fünf Minuten später lag sie in meinen Armen. Noch bevor sie ganz aus mir draußen war, hatte sie bereits Schmatzgeräusche von sich gegeben. Ihre Augenfarbe erfuhren wir erst am nächsten Tag, denn sie befand es nicht für wert herauszufinden wo sie da gelandet war. Hauptsache Busen. Schnell, schnell haben wir die Nachgeburt erledigt, mich grob versorgt und gereinigt, das Kind in ein rotes Tuch gewickelt. Stillend ist sie eingeschlafen und hat laut zu schnarchen begonnen. Sie hatte kleine, zarte Schweißperlen auf der Nase - ganz der Papa.

Aus dem Blauen heraus sprang die Hebamme auf und lief wie von der Tarantel gestochen hinaus. Fragend sah ich Niko an - was war denn los? Zwei Minuten später kam sie kichernd retour. Sie hätte ja ganz vergessen, dass sie in der Eile die Autotüren offen stehen hat lassen, ebenso das Gartentor. Und dass das Autoradio auch immer noch an war.

Als sie mein Bärengebrumm von der Straße aus gehört hat, ist sie einfach drauflos gerannt. Im Auto hatte sie noch die 22 Uhr Nachrichten gehört, im Geburtsbericht stand als Geburtszeit 22.15 Uhr.

Ich konnte nur kurz Allegras kohlrabenschwarzen Mickey-Maus-Schopf beschnuppern, dann drängte sich Tamino hinter mich. Gähnend schaute er über mich drüber auf die neue Schwester und sagte: „Jetzt ist sie hier.“, drehte sich um und schlief zufrieden blitzschnell ein. Dem Beispiel folgte kurz darauf auch der erschöpfte, übernachtige Niko. Ich wartete noch, bis die Hebamme die obligatorischen zwei Stunden nach der Geburt herumgebogen hatte, wir flüsterten im von Kerzenschein erleuchteten neuen Schlafgemach, während sie die Papierarbeit erledigte und ihre Ausrüstung zusammen sammelte. Auch diesmal wieder lag ich als Einzige in der Nacht wach und konnte vor Glück und Hormonrausch nicht schlafen. Es war so vertraut und doch so anders.

Und plötzlich waren wir also zu viert.

Die Geschichte mit der Wut

Warum es so wichtig ist, alle Emotionen anzunehmen

Bevor Tamino geboren wurde, habe ich in meinem Leben ein einziges Mal ein Baby in den Armen gehalten, ich hatte null Erfahrung im Umgang mit Säuglingen. Ich dachte, ich mag kleine Kinder und würde daher definitiv auch mit meinem eigenen Kind spielend zurechtkommen.

Ich war also überhaupt nicht vorbereitet auf das, was da auf uns zugekommen ist.

Schon relativ früh, mit wenigen Monaten, hat sich Taminos große Wut gezeigt. Immer, wenn ihm etwas nicht gelingen wollte, wenn irgendwas nicht so lief, wie er sich das vorgestellt hat, dann brach es aus ihm heraus wie aus einem Vulkan. Er schrie, tobte und schlug um sich. Ich hatte keine Ahnung, wie ich damit umgehen sollte. Erstens hatte ich das mit meiner eigenen Wut nie wirklich gelernt, denn solche Gefühle wurden immer eher unter den Teppich gekehrt, als angesehen und angenommen. Zweitens war Tamino männlich. Ich hatte das Gefühl, da keinen Zutritt zu dieser Seite zu haben.

Ziemlich schnell wurde uns klar, dass wir uns mit dieser Thematik auseinander setzen mussten. Wir wollten ihm helfen, ein Ventil zu finden und so etwas wie einen Werkzeugkasten haben, wie wir damit umgehen konnten. Unsere Intuition hat uns klar gesagt, dass es gar nichts brachte, ihm da etwas verbieten zu wollen – welcher wütende Mensch hat sich schon jemals von der Vernunft leiten lassen? Also haben wir ihm Alternativen angeboten: Wenn er schlagen wollte, dann ein Kissen. Wenn er treten wollte, dann das Sofa. Wenn er schreien musste, dann haben wir ihn aufgefordert, alles raus zu lassen. Wir haben ihn begleitet in seinen Wutanfällen. Wenn diese vorüber waren und die Trauer, die sich ja meistens hinter der Wut versteckt, ans Tageslicht kam, haben wir ihn gehalten und getröstet. Wir haben alles getan, damit er sich in seinen Bedürfnissen gesehen fühlt. Wir wollten auf keinen Fall, dass er seine „negativen" Gefühle versteckt und sie uns nicht mehr zeigt.

Wir waren auf einem guten Weg, bis Allegra auf die Welt gekommen ist. Zuerst schien alles gut zu funktionieren, er war ganz verliebt in dieses kleine Wesen. Als sie dann aber zu krabbeln begonnen hat und ihm seine Bauwerke und Spielzeuge kaputt gemacht hat, da begann er, sie zu hauen. Seine Wut stieg ins Unermessliche. Ganz besonders mir fiel es sehr schwer, bei der Sache Ruhe zu bewahren. Meine Mutterinstinkte waren darauf programmiert, diesen kleinen Wurm zu beschützen, selbst gegen den großen Bruder. Aber wir sahen auch, dass er Hilfe brauchte.

Irgendwo hab ich dann mal in einem Buch darüber gelesen, dass es helfen kann, wenn wir diese Gefühle einladen, beleuchten, ans Licht bringen. Also habe ich ihm in meiner Verzweiflung einen Brief geschrieben. Ich habe alles niedergeschrieben, was mich so belastete. Dass ich Angst um mein Baby hatte, dass es mir weh tat, das Gefühl zu haben, ihm nicht helfen zu können. Dass es mir leidtat, scheinbar immer auf der Seite seiner kleinen Schwester zu sein, auch wenn sie nicht immer unschuldig war.

Diesen Brief mussten wir ihm viele, viele Male vorlesen und er hat ihn an einem ganz besonderen Ort aufbewahrt. Er hat was ins Rollen gebracht, aber der Knoten war noch nicht aufgelöst. Ein paar Tage später habe ich ihm noch angeboten, er könnte mir seine Wut auf Allegra ja auch mit einem Bild zeigen.

Dazu muss gesagt werden, dass er nie wirklich viel für kreativen Ausdruck übrig hatte. Seit jeher beschränkten sich seine künstlerischen Ergüsse auf das absolute Minimum - was ja auch eine Gabe ist.

Ich legte ihm ein Blatt Papier hin und drückte ihm einen Stift in die Hand. Ich lud ihn ein, mir zu zeigen, was er für Allegra fühlte. Der Stift ging mit einer solchen Wucht auf das Papier nieder, dass er in viele Teile zerbarst. Er hat damit so lange auf das Papier eingeschlagen, bis dieses in Fetzen lag. Mir blieb nichts mehr zu sagen, als „Wow“. Bis dahin war mir nicht bewusst, wie stark seine Hilflosigkeit gewesen war.

Also schlug ich ihm vor, er sollte mir doch diktieren, was er am liebsten alles mit seiner kleinen Schwester anstellen wollte. Es wurde eine lange Liste an Grausamkeiten. Das Furchtbarste, woran ich mich erinnere, war, dass er sie an einem Lasso über seinem Kopf schwingen wollte um sie dann mit dem Kopf voran an eine Mauer zu werfen. Auch das mussten wir ihm wiederholt vorlesen. Er hat Punkte angefügt, bis er zufrieden war. Als die Sammlung an Foltermethoden für seine kleine Schwester vollständig war, blickte er mich lächelnd an, sein Blick war wie gelöst. Endlich hatte ich ihn verstanden!

Natürlich liebte er seine kleine Schwester und wollte sie nicht wirklich verletzen. Gleichzeitig war da aber diese unbändige Gefühlsgewalt, die einfach gesehen werden wollte.

Seitdem wurden die Dinge einfacher, die Beziehung der beiden Geschwister entspannter. Er hatte nicht mehr das Gefühl, dass er seine Wut verstecken musste oder dass er verkehrt war, wenn er so fühlte. Mit der Zeit lernte er, sich aus einer Situation raus zu nehmen, die ihn überforderte. Er fand auch seine eigenen Wege, damit umzugehen.

Als Allegra größer wurde, half es auch sehr, dass er mit ihr sprechen konnte, auch, wenn sie naturgemäß nicht dieselbe Logik an den Tag legte, wie er.

In der Pikler Spielgruppe kamen wir in Kontakt mit den Ideen, dass es auch vollkommen in Ordnung war, nicht sofort eine Lösung für negative Gefühle parat zu haben. Und dass es als Eltern auch mal auszuhalten ist, wenn man seine Kinder durch einen Gefühlsausbruch begleitet, ohne davon abzulenken. Seither lassen wir unsere Kinder ihre Gefühle immer ausleben und versuchen dafür einen möglichst achtsamen Rahmen zu finden. Während des Sturms sind wir immer da, drängen uns aber niemals auf. Ab und zu bieten wir an, wir könnten sie halten. Wir kommunizieren, was wir sehen und fühlen, ohne zu werten. Ich sage also: „Ich sehe, du bist gerade sehr wütend, weil du heute kein Eis mehr bekommst." Ich erkenne ihren Konflikt und ihre Emotionen an. Ich versuche keine Lösung zu bieten. Ich sage nicht Dinge, wie: „Morgen kannst du wieder ein Eis essen", oder: „Wir haben aber noch die leckeren Kekse von der Oma da".

Ich warte, bis sich das Kind beruhigt hat. Ich biete ihm noch einmal Unterstützung an und sage ihm, dass ich da bin, wenn es bereit ist: „Ich halte dich, wenn du magst." Fast immer endet ein Wutanfall damit, dass ein schluchzendes, emotional ausgeblutetes Kind in meinen Armen liegt. Auch dann versuche ich nicht, vermeintlich zu trösten, indem ich es von dem Geschehenen ablenke. Ich zähle neutral auf, was geschehen ist. Ich rede darüber, weil ich davon überzeugt bin, dass es wichtig ist, den Kindern die Vokabeln dazu in die Hand zu geben, damit sie selbst einmal darüber sprechen können. Ich gebe dem jungen Menschen die absolute Aufmerksamkeit und vermittle ihm, dass alles was ist, in Ordnung ist. Ab und zu kommt es vor, dass sie einfach nur in Stille gehalten werden wollen.

Mit dem Körperkontakt erden sie sich, sie gehen in Verbindung, sie spüren sich wieder. Die letzten Jahre habe ich diese Situationen ganz bewusst dazu genutzt, in diesen sehr intimen Momenten einfach nur bedingungslose Liebe auszuströmen. Wem das zu spirituell ist, der kann sich auf die schönen Gefühle, die er seinem Kind gegenüber hat, fokussieren.

Unsere Kinder verwenden uns Eltern als Anker. Wir sind ihr sicherer Hafen, der Ort, an dem sie sich geborgen fühlen, geliebt und angenommen in ihrer Einzigartigkeit. Diese Rolle inne zu haben, ist eine große Ehre, ein heiliges Privileg. Wir sollten uns bewusst machen, dass unsere Söhne und Töchter uns gewählt haben, um ihnen die Welt zu zeigen. Anhand unseres Beispiels lernen sie, das Leben zu verstehen, Sinn zu machen. Lasst uns ganz genau hinschauen, auf welche Art und Weise wir diese große Arbeit tun, denn die Zukunft des Planeten und damit der Menschheit hängt davon ab. Genau deshalb ist es zuallererst aber notwendig, mit seinen eigenen Emotionen klar zu kommen.

Erst wenn ich meine eigenen Schatten ans Licht bringe, mir meine vermeintlichen Schwächen und Unzulänglichkeiten anschaue, erst dann kann ich die lange Reihe an Verletzungen und die oft durch viele Generationen weiter gereichten Muster durchbrechen. Erst wenn ich aufhöre, mich als Opfer zu sehen, kann auch mein Kind beginnen, die Verantwortung für sein eigenes Leben in die Hand zu nehmen. Selbstbestimmung und Beziehung sind die beiden Pole, um die ein Mensch kreist. Keiner der beiden kann für sich alleine stehen, wir brauchen Bindung UND Freiheit.

(4)

Die Geschichte mit dem Pokémon

Warum es wichtig ist, als Elternteil bedingungslos hinter seinen Kindern zu stehen

Als ich mit meinem Mann Niko unlängst über mein Buchbaby gesprochen habe, da hat er mir die Geschichte erzählt, die ihm am stärksten und prägendsten in Erinnerung geblieben ist. Dabei sind ihm die Tränen über die Wangen gelaufen, noch bevor er damit angefangen hat. Dazu muss erwähnt werden, dass ich Niko in meinem Leben bisher erst drei Mal weinen gesehen habe.

In der Zeit, als Tamino mit dreieinhalb in den Kindergarten kam, hat er sich, wie ich bereits an anderer Stelle erzählt habe, sehr stark verändert. Er wurde aggressiv, mürrisch und war kurz angebunden, in sich gekehrt und schnippisch. Es wirkte, als wäre er ein Fremder.

Er hatte uns mehrfach klar kommuniziert, dass er nicht in den Kindergarten wollte, aber wir haben gedacht, wir müssten auf die vielen Ratschläge von Kindergärtnerinnen und anderen Eltern hören. Er müsse sich nur daran gewöhnen, sagten sie, gebt ihm Zeit. Du wirst sehen, es wird ihm gefallen, ihr müsst da hart bleiben. Den anderen Kindern würde es ja auch gefallen, sie liebten den Kindergarten und wollten immer hingehen.

Ich hatte ein schlechtes Gewissen – machten wir etwas falsch, dass unser Kind den Kindergarten nicht liebte? Frühmorgens, nachdem wir ihn aufgeweckt und mit Müh und Not innerhalb der vorgegebenen Zeit fertig gemacht hatten, begann das Drama. Er warf sich hin und trommelte mit allen Vieren wutentbrannt auf den Boden. Irgendwie haben wir ihn nach Tagen dann doch dazu überreden können, in den Kindergarten zu gehen. Es ist erschütternd, wie sehr unsere Kinder kooperieren wollen. Aber von Tag zu Tag wurde unser schlechtes Gewissen und der gefühlte emotionale Abstand zu unserem Kind größer.

Eines Tages hatte Niko eine Idee: In der Früh gab er Tamino eine kleine Plastikfigur - ein Pokémon, das er damals sehr gern hatte - und sagte: „Wenn du traurig bist, dich nicht wohlfühlst oder nach Hause möchtest, dann nimm die Figur aus deiner Hosentasche und halte sie zum Trost in deiner Hand. Sie wird dir helfen und dir Kraft geben, damit die Zeit schnell vorbei geht, bis wir wieder da sind."

Als er dann zu Mittag unseren Dreijährigen abholen kam, da stand Tamino mit hängendem Kopf in der Garderobe. Er hatte sich von dort den ganzen Vormittag nicht weg bewegt und war von dort durch nichts und niemanden wegzubringen. Niko versuchte aus ihm raus zu bekommen, was denn geschehen war, aber Tamino schüttelte nur den Kopf. Seine kleinen Hände zur Faust geballt, nahm ihn Niko in die Arme. Er fühlte sich an wie ein steifes Brett. Vorsichtig versuchte Niko, seine Hand zu öffnen: Zum Vorschein kam die kleine Figur, die einen roten, tiefen Abdruck in der zarten Handfläche hinterlassen hatte.

Er hatte sich den ganzen Kindergartentag über an die Figur geklammert.

„Haben wir ihn damals im Stich gelassen und sein Vertrauen gebrochen?", fragte mich ein verzweifelter Niko ganze zwölf Jahre später. Ich glaube, wir waren nah dran. Im Nachhinein gesehen hätten wir viel früher reagieren müssen, denn wir waren ja in der glücklichen Situation, dass er nicht in den

Kindergarten musste. Niko war zuhause und konnte sich um ihn kümmern. Ich war in Karenz und mit Allegra, die damals ein Baby war, ebenfalls zuhause.

Nach ein paar Wochen haben wir ihn dann endlich aus dem Kindergarten genommen und bis heute habe ich ein schlechtes Gewissen, dass wir nicht vorbehaltlos hinter unserem Kind gestanden sind. Wir dachten, es müsste so sein. Wir dachten, das gehört dazu, dass Kinder in den Kindergarten gehen und anfangs Heimweh haben. Irgendjemand hat mir dazu sogar gesagt, dass man „sie brechen" müsse.

Heute würde ich das nie mehr zulassen. Unsere Kinder müssen nirgendwo hin, wo sie sich nicht wohl fühlen. Wir finden Wege und Lösungen, die für alle passen. Das hat nichts mit Verwöhnen und Laissez-Faire zu tun, sondern mit Respekt dem Menschen gegenüber. Ich gehe ja auch nicht freiwillig irgendwo hin bzw. bleibe dort, wo es mir nicht gefällt.

Genauso wenig soll dies ein Angriff auf das System Kindergarten und Schule sein, denn die Menschen, die dort arbeiten, haben meist keine andere Wahl: Zu große Gruppen, zu viele Zusatzaufgaben, zu wenig Zeit, sich individuell um jeden Einzelnen kümmern zu können.

Ich glaube aber auch daran, dass es ein generelles Umdenken in unserer Gesellschaft braucht: Kinder sind keine Maschinen, die zu funktionieren haben. Sie müssen auch nicht alles mitmachen, weil „man das halt so macht". Sie haben Rechte. Eines davon ist das Recht auf Unversehrtheit und dafür sind wir damals mit der Abmeldung aus dem Kindergarten eingestanden. Dafür stehen wir bis heute und bis ans Ende unserer Tage.

Ich persönlich habe mich, nachdem ich diese berührende Geschichte von Niko gehört habe (an die ich mich gar nicht mehr erinnert habe), kürzlich bei unserem fast erwachsenen Sohn entschuldigt. Ich habe ihm erklärt, warum wir so gehandelt haben, warum wir dachten, er müsse da hin gehen. Ich habe ihm aber auch gesagt, dass es mir Leid tut, dass er als Erstgeborener derjenige war, der unsere Unsicherheiten ausbaden musste. Er hat dazu nur gesagt, dass es okay ist, dass er okay ist.

Wir hatten seither ja einige Jahre, um diesen Vertrauensbruch wieder gut zu machen, bedingungslos hinter ihm zu stehen. Ich hoffe inständig, dass alte Wunden heilen, die unserer Kinder und unsere eigenen, und dass wir es gemeinsam schaffen, diese in etwas Neues, Positives zu transformieren – zum Wohle der Kinder dieser Welt.

Die Geschichte mit den Hühnern

Warum man keine Angst haben muss,
dass man Begabungen nicht erkennt

Tamino hat jetzt seit mehr als elf Jahren Erfahrung mit der Tierhaltung. Tiere in allen Variationen sind seine absolute Leidenschaft. Seitdem er sprechen konnte, drehte sich bei ihm ALLES um Tiere. Baustellen, Fahrzeuge oder Sonstiges waren nie interessant für ihn.

Meine Lieblingsgeschichte, wenn es darum geht zu illustrieren, WIE wichtig Tamino seine Tiere sind, ist folgende:

Als Tamino zwei Jahre alt war, wollte er in der Vorweihnachtszeit, dass ich ihm seine Wunschliste an das Christkind (also die österreichische Weihnachtsmann-Version mit Goldlocken) aufschreibe. Er diktierte: 1. Bauernhof, 2. Schildkröte, 3. Katze (er war noch nie ein Mensch der vielen Worte).

Super, hab ich mir gedacht, dann sage ich das meiner Oma, die kann ihm einen schönen Holzbauernhof kaufen, dann hat sie gleich ein passendes Weihnachtsgeschenk. Der 24. Dezember kam und mit ihm die Bescherung. Tamino packte alles aus und spielte freudig mit seinen neuen Sachen. Am 25. Dezember allerdings stand er frühmorgens weinend vor meinem Bett: „Mama, das Christkind hat mich falsch verstanden!" - Er wollte nie einen Spielbauernhof, immer nur einen richtigen.

Kurz darauf waren wir mit der Verwandtschaft auf einem Bauernhofurlaub. Dort durfte er zum ersten Mal in seinem Leben mit in den Hühnerstall gehen und die Eier einsammeln. Daraufhin war es um ihn geschehen.

Man muss dazu wissen, dass Tamino ein sehr, sehr heikler Esser war, er hat kaum was Anderes als leere Beilagen verspeist – aber Eier liebte er. So konnte er also dort am Hof zum ersten Mal in seinem Leben seine eigenen frischen Eier „ernten" und zügig verspeisen. Das wollte er zuhause auch!

Zum Geburtstag wünschte er sich also ein Hühnerlexikon, das das gesamte folgende Jahr unsere Bettlektüre war. Er konnte es bald in- und auswendig, wusste einfach alles über jede einzelne Rasse: Gewicht, Farbe, Legeleistung – jedes kleinste Detail. Auch wir wussten bald mehr über Hühner, als wir uns das je hätten erträumen wollen.

Als er vier Jahre alt war, bot ihm eine Bekannte seine ersten Hühner an: Zwei schwarz-weiße Amrock Hennen zogen also in den Verschlag unter unserer Terrasse ein. Tamino war im siebten Himmel – und er hatte Blut geleckt, er wollte mehr, viel mehr. Also hat er gespart, nicht mehr alle seine Eier selbst aufgegessen, sondern den Überschuss um fünfundzwanzig Cent das Stück an seine Eltern verkauft (er war immer schon der Businessman in der Familie).

Bald schon recherchierte er mithilfe seines Vaters alle Kleintierzuchtvereine Niederösterreichs auf der Suche nach weiteren hübschen Hühnern. Sie fuhren zu Märkten und jagten nach guten Angeboten. Bald schon hatte er mit Niko einen größeren Hühnerstall gebaut, seinen Bestand umsichtig erweitert und mit Hilfe des Eierverkaufs rechnen und wirtschaften gelernt.

Plötzlich machten Bruch- und Prozentrechnungen Sinn für ihn, denn schließlich verkaufte er immer zehn Eier in einer Schachtel, wie viel kostete also nur eine Hälfte oder wie lange musste er sparen, um sich das neue Futter leisten zu können? Wie viel durfte er im Sommer, wenn er locker einen Überschuss erwirtschaftete, ausgeben, damit für den legeschwächeren Winter noch genug Geld da war für alle Fixausgaben? War das Geschenk für seine Schwester noch im Budgetrahmen, oder sollte er lieber sparen?

In all dem haben wir ihn unterstützt und begleitet, vor allem sein Vater. Oft werden wir gefragt, wie man denn bemerken könnte, wo die Interessen und Stärken des jeweiligen Kindes liegen würden. Ich kann dazu nur sagen, dass man es nicht NICHT mitbekommen kann. Es gab einfach kein anderes Thema als die Hühner, die Eier, den Stall, den Verkauf...Wir hätten blind, taub und vollkommen ignorant sein müssen, um es nicht zu checken: Das war sein Leben! Die Stärken eines Kindes zeigen sich wie von selbst - in unbändiger Begeisterung und Interesse.

Es gab und gibt bei uns in Bezug auf die Tierhaltung nur eine einzige Regel: Leiden die Tiere, dann kommen sie weg. Wir behandeln alle Lebewesen auf diesem Planeten mit Respekt. Sie geben uns Eier, wir geben ihnen ein schönes Leben mit großem Auslauf und gemütlichen Stall. Die Konsequenz daraus war immer, dass er sich eigenverantwortlich um seine Tiere kümmert, ausmistet, die Tierarztkosten berappt und das Organisatorische drumherum übernimmt.

Oft wird selbstbestimmte Bildung mit einer Laissez-Faire Erziehung verwechselt. Hier ist ein gutes Beispiel dafür, wieso das Eine mit dem Anderen nichts zu tun hat. Selbstbestimmte Bildung heißt nicht, dass es keine Regeln und keine Konsequenzen gibt. Es bedeutet nicht, dass jeder tun und lassen kann, was er will. Die Kinder tanzen uns nicht am Kopf herum und wir lächeln milde dazu. Wir unterstützen einander, damit jeder seine Träume und Wünsche in Erfüllung gehen lassen kann, aber jeder hat dabei niemals nur Rechte, sondern auch

Pflichten. Wenn Tamino die Entscheidung getroffen hat, dass er Tiere halten will, dann geht das nur, wenn er die Verantwortung dafür auch trägt. Das bedeutet, dass er bei jedem Wetter, ausgeschlafen oder nicht, Lust oder nicht, seine Tiere versorgt. Täglich. Sein Tagesablauf dreht sich um seine Schützlinge, wie bei jedem Bauern.

Dies ist einer der anderen Punkte, die in Bezug auf selbstbestimmtes Lernen und Leben oft vollends missverstanden werden. Die herkömmliche Meinung von Mainstream-Bildungsexperten ist, dass man Kinder nicht mit zu viel Verantwortung überbürden darf, fast ein bisschen so, als würde man sie in Watte packen und vom richtigen Leben fern halten. In Wahrheit hungern alle Kinder danach, Verantwortung zu übernehmen, die ihrem Alter und Entwicklungsstand entspricht.

Das gilt nicht nur für die Tierhaltung wie in dieser Geschichte, sondern auch für ihr Lernen und ihr gesamtes Leben selbst. Wir denken als Erwachsene nur allzu oft, dass wir Kindern etwas nicht zutrauen könnten, dass sie selbst keine Entscheidungen treffen könnten. Wir sehen Kinder als unfertige Erwachsene, die es zu erziehen, zu biegen (oder zu brechen) und in irgendeine vorgegebene Form zu zwingen gilt.

Nichts von dem hat sich in eineinhalb Jahrzehnten Elternerfahrung als wahr herausgestellt. Im Gegenteil: Junge Menschen wollen Teil ihres sozialen Gefüges sein, wollen gebraucht werden, nützlich sein und am richtigen Leben lernen. Wir können sie dabei nicht überfordern, weil wir mit unserer Haltung immer von den Bedürfnissen des Kindes selbst ausgehen und nicht einfach einer pädagogischen Zauberformel folgen. Wir begleiten unseren Nachwuchs immer individuell, mit Würde und Respekt.

Aber zurück zu den Hühnern: Tamino hat im letzten Jahrzehnt seinen Tierbestand beständig um- und ausgebaut. Mittlerweile hat er Kaninchen, Schafe, Fische aller Art im Teich, Enten und Katzen. Am liebsten hätte er auch Schweine und Kühe, aber dafür reicht unser Platz nicht aus (und darüber bin ich nicht undankbar). Er träumt bis heute von einem „richtigen" Bauernhof mit vielen, vielen Tieren.
Er hat Hühner gezüchtet, von Bodenhaltungsbetrieben gerettet, gesund gepflegt, verkauft, mit dem Brüter ausgebrütet, wegen Krankheit oder Fuchsbiss töten müssen und geschlachtet.

Die ersten Jahre wollte er seine Tiere nicht töten. Das wurde aber schnell zum Problem, denn Küken sind nun auch mal männlich. Und wenn es zu viele Hähne gibt, dann kommt es sowohl zu Streitereien zwischen den Rivalen, aber auch die Hennen leiden unter zu viel „Zuwendung". Er wollte sie aber auch nicht an einen Platz geben, wo sie eventuell geschlachtet würden.

Das wuchs sich zu einem solchen Problem aus, dass er beschloss, er würde fortan nur noch Hennen aus Bodenhaltungsbetrieben retten. Mit vierzehn Monaten kommen die Tiere in die Mauser, die Eierproduktion geht hinunter. Das ist für einen Großbetrieb nicht mehr rentabel, obwohl diese Hochleistungstiere noch mindestens ein weiteres Jahr Eier legen. Solche Tiere sind billig zu haben, aber meist nicht schön anzusehen. Sie sind halb nackt, zerrupft und verletzt. Entgegen der weitläufig bestehenden Meinung, dass Bodenhaltung die artgerechtere Hühnerhaltung darstellt, ist es in der Realität oft so, dass viele hundert Tiere auf engstem Raum zusammengepfercht in einem Stall untergebracht sind und dort nie Sonne und frische Luft abbekommen. Da Hühner von Natur aus soziale Gruppen von bis zu dreißig Hühnern ausbilden und sich darin ihre Rangordnung erkämpfen, kommt es in solchen

Ställen zu fortwährenden, nie endenden Rangordnungskämpfen. Das in der Rangordnung unterste Drittel der Hühner überlebt dies entweder nicht oder nur sehr mitgenommen und stark verletzt. Oft haben wir Hennen bekommen, deren Kamm weiß war, weil sie noch nie Sonnenlicht gesehen hatten und die vor Stress, wenn sie im Bach gestanden sind, gleich vorsorglich tot umgefallen sind. Solche Hennen sind Hybriden, das heißt sie brüten nicht. Sie wurden als Legemaschinen gezüchtet, die nach zwei Jahren erschöpft tot umfallen. Die normale Lebenserwartung wäre weit höher. Der Mensch ist ein Verbrecher, was industrielle Tierhaltung und Ausbeutung von Lebewesen (und des Planeten) angeht.

Als Tamino sieben Jahre alt war, versprach er eines: „Wenn ich zehn bin, bin ich Bauer.“ Was soll ich sagen, er hat es geschafft. Als er zehn war, hatte er am H.O.F. endlich ausreichend Platz, er baute die Ställe aus und erschuf seinen „Angestellten“ ein kleines Hühnerparadies.

Er lernte, seine Tiere möglichst achtsam zu schlachten. Dabei bedankt er sich zu allererst immer bei dem Tier, dass es sein Leben gelassen hat, damit er es weiter verarbeiten kann. Er versucht, die Sache möglichst schmerzfrei und so angenehm wie möglich zu machen. Ich bewundere ihn für seine Konsequenz und seinen Pragmatismus. Ich glaube, ich könnte es nie übers Herz bringen, ein Tier, um das ich mich seit seiner Geburt gekümmert habe, umzubringen, zu verarbeiten und zu essen.

Trotzdem denke ich, dass das die ehrlichere Variante ist, Fleisch zu konsumieren. So, wie der Mensch das für viele Jahrtausende betrieben hat. Auf diese Weise kann man gar nicht zu oft und zu viel Fleisch essen (so wie es früher eben nur an Feiertagen oder ab und zu einmal am Sonntag einen Braten gab), denn sonst hätte man ja bald keine Tiere mehr.

Die letzten Jahre hat Tamino jede Fastenzeit beschlossen, dass er kein gekauftes Fleisch isst, sondern nur das, was er selbst geschlachtet hat. Er hat sich viel Wissen um die Verarbeitung angelesen und in Workshops bei Profis abgeschaut. Er hat bereits gepökelt, geräuchert, getrocknet, Wurst in allen Geschmacksrichtungen gemacht. Er ist dann immer sehr stolz, wenn er ein Mahl für die ganze Familie auf diese Art auf den Tisch „zaubert". Ich glaube, es gefällt ihm, dass er sich als „Versorger" fühlt.

All das hat für mich etwas sehr Urtümliches, Rohes, Männliches an sich. Etwas, das tief in der Menschheitsgeschichte verwurzelt und verankert ist. Etwas, mit dem ich ohne Taminos Existenz niemals Kontakt gehabt hätte. Auch das ist ein Geschenk dieses selbstbestimmten Lernens: Jedes der Kinder bringt seine eigenen Begeisterungen und Interessen mit und bereichert damit den Familienkosmos. Wir Eltern begleiten sie oft staunend auf ihren Wegen.

Wir lernen MITANANDA, alle auch immer voneinander, mit Freude gemeinsam.

Die Geschichte mit dem Schulbesuch

Warum Allegra in die Schule wollte und wie wir damit umgingen

Wir haben bei allen unseren Kindern sehr viel Wert darauf gelegt, dass sie möglichst viele Seiten der Bildungslandschaft kennen lernen können. Wir sind niemals generell gegen Schule gewesen und möchten auch nicht, dass unsere Kinder denken, Kindergarten oder Schule seien etwas Schlechtes. Daher haben bis jetzt alle außer Aeneas eine Woche in Kindergarten oder Schule hinein geschnuppert und wir sind sehr dankbar, dass sie diese Möglichkeit bekommen haben.

Bei Tamino war ja eigentlich ich diejenige, die ihn zu einer Schnupperwoche überredet hat, weil es mich genervt hatte, dass er ohne groß darüber nachzudenken Sprüche wie „Schule ist doof" oder „Ich hasse lernen" von seinem Freund nachgeplappert hat. Darüber habe ich auch an einer anderen Stelle bereits berichtet.

Allegra hingegen war wirklich neugierig auf Schule, vor allem, weil sie sehr sozial veranlagt ist und gerne viele Menschen um sich herum hat. Also habe ich mit der zuständigen Direktorin unserer kleinen Landschule gesprochen, die dankenswerter Weise gleich positiv auf die Idee reagiert hat, dass Allegra eine Woche in ihrer Schule verbringen wollte.

Sie hatte eine wirklich tolle Zeit an dieser Schule. Dazu muss ich allerdings betonen, dass ich sie niemals an einen Ort geschickt hätte, wo ich nicht das Gefühl gehabt hätte, dass sie dort gut aufgehoben ist. In unserer Schule um die Ecke merkt man schon beim Betreten, dass dies ein Ort ist, wo menschlich und auf Augenhöhe mit viel Liebe und Herzblut agiert wird.

Ihre Schnupperwoche war die vorletzte Schulwoche, da war nicht mehr wirklich viel los. Allegra war sofort der Mittelpunkt des Schulgeschehens und fühlte sich von all der Aufmerksamkeit und Zuwendung geschmeichelt. Zuhause hat sie mir erzählt, alle würden mit ihr in der Pause die Stiegen hinunter gehen wollen. Und weil sie niemanden vor den Kopf stoßen wollte und auch keinen bevorzugen wollte, hat sie sich eine Lösung einfallen lassen. Sie hat die Augen zugemacht, sich im Kreis gedreht, ihre Arme ausgestreckt und hat einfach die Hände gegriffen, die sie als erstes berührt hat. So hat sie eine in allen Augen faire Lösung gefunden und niemand musste traurig sein.

Am Ende der Woche war noch dazu ihr Geburtstag. Wir wollten als kleines Dankeschön ihre gesamte Klasse zu einem kleinen Abschiedsfest einladen, das wir mit einem Wandertag verbinden konnten. Allegra hat sich voller Begeisterung in die Vorbereitungen ihres Festes gestürzt, kleine Geschenke gebastelt, dekoriert und sich eine knifflige Schnitzeljagd ausgedacht. Es sollte Torte und Lagerfeuer geben.

Während Allegra im Eiltempo mit ihren Klassenkollegen den Wanderweg entlang flitzte, um möglichst schnell am H.O.F. anzukommen, bereiteten wir den Rest vor. Wir genossen einen wunderschönen Vormittag zusammen, die Kinder spielten auf der Wiese, im Wald und am Teich, freuten sich über den gemeinsam gefundenen Schatz und die persönlichen Abschiedsgeschenke. Erfüllt von Dankbarkeit ließen wir die Klasse wieder in Richtung Schule ziehen, zurück blieb eine glückliche, aber auch eine ein wenig verunsicherte Allegra.

Wollte und sollte sie vielleicht doch in die Schule gehen? In einem langen Gespräch fragten wir sie, was sie sich vorstellte. Sie begann heftig zu schluchzen. Unter Tränen sagte sie:

„Ich will in die Schule gehen, aber ich habe auch ein bisschen Angst." Auf die Frage, warum sie in die Schule wollte, meinte sie: „Da ist es so lustig und meine Freundinnen sind dort."

In der Tat ist es für junge Menschen außerhalb von Bildungseinrichtungen zeitweise herausfordernd, Kontakt mit Kindergarten- und Schulkindern aufrechterhalten zu können. Schulkinder haben ganz einfach keine Zeit mehr und „verschwinden" im System. Wir konnten also nachvollziehen, warum sie sich ein wenig fürchtete.

Bei dem Spaßthema lag die Sache aber etwas anders: Natürlich hatte ihr die eine Woche in der Schule Spaß gemacht. Es gab keine Hausübungen mehr, keine Tests und Schularbeiten, sie unternahmen jeden Tag irgendetwas Schönes, alles war neu und aufregend. Wie würde das allerdings nach einigen Wochen und Monaten aussehen? Würde sie es dann immer noch so toll finden? Und was würden wir tun, wenn sie nach einiger Zeit nicht mehr in die Schule gehen wollte?

Wir beschlossen, die Sache über die Ferien ruhen zu lassen. Mich hat das alles allerdings nicht in Ruhe gelassen. Ich war selbst verunsichert. Konnten wir eine solche Entscheidung, deren Ausmaße einer damals Neunjährigen nicht bewusst waren, auf Allegras Schultern legen? Waren wir schlechte Eltern, wenn wir sie nicht in die Schule gehen ließen? Schließlich hing ja nicht nur Allegras Wohlbefinden und weiterer Lebensweg davon ab, sondern es gab ja auch noch die anderen fünf Familienmitglieder.

Unser aller Leben würde sich mit einem Schuleintritt radikal verändern. Wir alle würden eine solche Entscheidung tagtäglich mittragen müssen. Wir alle müssten früh ins Bett und früh raus, konnten nicht mehr wann es uns beliebt zur Oma nach Griechenland fahren, mussten uns an Ferienzeiten und Schulabläufe gewöhnen. Unsere liebgewonnene Freiheit, jeden Tag nach unserer Stimmung und unseren Vorlieben gestalten zu können, wäre dahin.

Andererseits machte ich mir Gedanken darüber, warum sie wirklich in die Schule wollte. Darum, worum es in der Schule gehen sollte, nämlich das Lernen selbst, ging es ihr ja offensichtlich nie. Der Erwerb von Kompetenzen und Wissen war nicht ihr Beweggrund. Sie wollte regelmäßige soziale Kontakte und Spaß – genau das hatte sie uns ja auch klipp und klar mitgeteilt. Und zwischen den Zeilen hatte sie uns mit ihrem emotionalen Zusammenbruch auch gesagt, dass sie mit dieser Entscheidung schlichtweg überfordert war.

Ein Gespräch mit der bekannten Autorin und Erziehungsberaterin Naomi Aldort, die selbst drei Söhne frei und selbstbestimmt begleitet hat, hat mir in der Entscheidungsfindung sehr geholfen. Sie meinte, den jungen Menschen, die sich selbstbestimmt bilden und dennoch in die Schule wollen, würde etwas in ihrem Leben fehlen. Das hat mich sehr ins Herz getroffen, schließlich hatten wir versucht, ein kleines Paradies für uns und unsere Kinder zu erschaffen. Und jetzt war Allegra das nicht mehr genug?

Kurz vor Schulbeginn beriefen wir erneut eine Familienkonferenz ein. Wir teilten Allegra unsere Entscheidung mit, dass wir sie nicht in die Schule schicken würden. Wir erwarteten einen erneuten emotionalen Ausbruch, großen Protest oder eine Welle von Trauer und Wut. Nichts davon geschah, sie sprang freudig auf, rief: „Okay!“, drehte sich um und lief davon. Verdutzt sahen Niko und ich uns an. Da war ja jemand mächtig erleichtert gewesen!?

Später nahm ich Allegra in einem stillen Moment zu Seite und versprach ihr, dass wir alles in unserer Macht stehende unternehmen würden, ihr zu helfen, damit sie das bekommen konnte, was ihr fehlte: Spaß und Freundinnen.

Kurz darauf wurde sie Teil der neu gegründeten Musicalgruppe im Ort. Dort konnte sie nicht nur ihr Schauspiel- und Showtalent zur Schau stellen, sondern freundete sich auch mit ein paar der Mädchen in der Gruppe an. Sie wurden ein eingeschworenes Team und ich bin heute sehr dankbar, dass sie Teamgeist und Gruppenzusammenhalt auf diese Art und Weise erleben durfte. In einer Gruppe, in der alle gerne Teil waren und sich bewusst dazu entschieden haben. Wo zusammen auf ein gemeinsames Ziel hingearbeitet wurde und etwas Großartiges dabei entstand.

Durch ihre Woche in der Schule behielt sie auch zwei, drei Freundinnen aus der direkten Nachbarschaft, mit denen sie bis heute in regelmäßigem Austausch steht. Wenig später trat sie auch einer Theatergruppe in der nächstgelegenen Stadt bei und feierte dort große Erfolge in tollen Produktionen vor ausverkauften Sälen.

Wir organisierten ihr Gitarrenunterricht bei einem sehr coolen Teenager mit eigener Band, bei dem sie lernte ihre Lieblingssongs zu spielen. Oder sie sang zu seiner Gitarrenbegleitung.

Ab und an frage ich sie, ob sie traurig sei über unsere Entscheidung gegen einen Schulbesuch. Jedes Mal verneint sie vehement. Was sie suchte, war nicht Schule per se, sondern ein soziales Gefüge.

Heute denke ich, dass wir sie damals nicht in diese Situation hätten bringen sollen, dass sie das Gefühl hatte, sie alleine müsste diese Entscheidung treffen. Es war nie etwas, das ihre Entscheidung hätte sein sollen. Es ist meine Aufgabe als Elternteil, solch weittragende Entscheidungen mit allen Konsequenzen für meinen Nachwuchs zu treffen. Natürlich immer in Absprache und Kommunikation mit meinen Kindern. Die Verantwortung liegt allerdings immer beim Erziehungsberechtigten.

Kinder spüren instinktiv, ob ihre Eltern hinter einer Meinung oder einer Entscheidung stehen oder nicht, und sie reagieren darauf. Wenn ich voll und ganz von einem Bildungsweg überzeugt bin, dann wird in der Regel das Kind zumindest versuchen zu kooperieren. Habe ich allerdings vorab schon meine Zweifel und bin selbst unsicher, ob der eingeschlagene Weg der richtige ist, dann spürt das auch das Kind und reagiert dementsprechend.

Ich glaube, dass wir zwangsläufig in Schwierigkeiten gelaufen wären, wäre Allegra in die Schule gegangen. Wir können und wollen schlussendlich nicht verstecken, dass wir von dem Bildungsweg des selbstbestimmten Lernens überzeugt sind. Aber wir reflektieren auch beständig, ob dieser Weg noch für alle in unserer Familie passend ist und wir finden immer individuelle Lösungen, angepasst an die jeweiligen Bedürfnisse jedes Einzelnen.

(5)

Die Geschichte mit den Prüfungen

Warum für uns die gesetzlich vorgeschriebenen Externistenprüfungen gegen das Kindeswohl sind

Als Tamino schulpflichtig wurde, hatten wir Schulbücher organisiert, hatten uns einen kleinen Plan für den Tagesablauf zurechtgelegt und dachten generell nicht im Entferntesten daran, dass wir in irgendwelche Schwierigkeiten laufen könnten. Die ersten paar Wochen gab es auch kein Problem. Tamino freute sich über die ungeteilte Mamazeit am Vormittag und war neugierig auf das „Schule spielen". Ich dachte mir, wir würden nur so lange etwas in den Büchern machen, wie es ihm Spaß macht und er mit Freude dabei war.

Als er allerdings nach einer gewissen Zeit durchschaut hatte, dass es in den Büchern sehr viel Wiederholung und immer dieselben Übungen gab, dass er das Meiste in den Mathebüchern bereits mit links konnte und dass ihm das Lesen und Schreiben einfach so gar keinen Spaß machte, war es mit der Harmonie vorbei. Ich reagierte auf seinen Widerstand mit der Ausübung von Druck – das war der einzige Weg, den ich als Lehrerin in der Schule kannte. Unser Ältester reagiert generell sehr empfindlich auf Druck von außen und machte dementsprechend sofort „zu". Nichts ging mehr. Meine Versuche, ihn zur „Vernunft" zu bringen liefen alle gegen die Wand. Meine Bitten, mein Argumentieren und meine „sanfte Angstmache" hinsichtlich der im Frühsommer anstehenden Gleichwertigkeitsfeststellung, der sogenannten Externistenprüfung, prallten an ihm ab. Er ließ sich weder überreden, noch manipulieren. Er war überzeugt davon, dass er genug wusste und konnte, er brauchte nicht zu üben und die „doofen Bücher" musste er auch nicht ausfüllen.

Irgendwann vor Weihnachten sah ich mich von außen selbst, wie ich da verzweifelt am Küchentisch saß und wieder einmal mit meinem Sohn wegen der drohenden Prüfung zu streiten begann. Ich sah mich, wie ich in meine antrainierte Rolle als Lehrerin gefallen war, wie ich beständig Druck aufbaute und wie mein Kind darunter litt. Es fiel mir wie Schuppen von den Augen: So konnte es nicht weitergehen!

Wir hatten uns für den Häuslichen Unterricht (im Folgenden „HU" genannt) in der Annahme entschieden, dass sich unser Kind weiterhin frei und selbstbestimmt mit unserer Begleitung entwickeln konnte. Jetzt hatten wir eine Drucksituation zuhause. Das war definitiv schlimmer für unseren Sohn als wenn er gleich in die Schule gegangen wäre, denn da hatte er wenigstens sein Zuhause als Rückhalt. Nun fielen wir ihm in den Rücken und saßen in dieser Machtposition, in der er eigentlich keine Möglichkeit hatte, heraus zu kommen.

Im Idealfall ist ein Schulkind in einem relativ stabilen Beziehungsdreieck zwischen Elternhaus, Schule und ihm selbst als Person. Im Häuslichen Unterricht schrumpft dieses Dreieck zu einer Linie, und diese wippt kontinuierlich hin und her. Aber das Gewicht der Eltern, die gleichzeitig die Rolle der Lehrer einnehmen, ist um so vieles höher, das Kind kann das nicht mehr ausbalancieren und kommt mit den Füßen nicht mehr auf den Boden.

In diese Rolle wollte ich nicht mehr schlüpfen, ich konnte das Vertrauen und all die Beziehungsarbeit, die wir in den Jahren davor aufgebaut hatten, nicht wegen einer Prüfung zerstören oder gefährden. Mein Kind hatte das Recht, dass ich voll und ganz hinter ihm stehe, ihn unterstütze und halte, wenn er mich braucht.

Aber die Prüfung stand wie ein Damoklesschwert im Raum und überschattete alles. Je näher der Termin rückte, desto weniger „präsentables Schulzeug" machte Tamino. Ich beschloss, dass wir uns früh genug auf die Suche nach einer passenden Prüfungsschule machen mussten, damit Taminos erste Prüfungserfahrung positiv verlaufen konnte.

Ich telefonierte mit einigen Schulen, die in Niederösterreich auf der Prüfungsschulliste standen und befragte sie zu ihrer Vorgehensweise bei Externistenprüfungen. Es gibt nach wie vor zwar einen ministeriellen Leitfaden dazu, aber die Auslegung dessen ist leider an den verschiedenen Schulen sehr unterschiedlich. Genauso ist es mit dem Lehrplan: Er ist zwar glücklicherweise sehr offen formuliert, aber die Minimalanforderungen variieren von Schule zu Schule und nicht alle Schulen kooperieren bereitwillig mit den Familien im Häuslichen Unterricht.

Viele Direktoren und Lehrer sind auch verständlicherweise nicht gerade erfreut, wenn sie diese zusätzliche Arbeit und den Aufwand machen müssen, denn eine Externistenprüfung wird kaum bezahlt. Bei manchen der Beteiligten könnte man den Verdacht bekommen, sie wollten den Eltern „beweisen", dass der HU keine gute Idee sei und gestalten die Prüfung absichtlich wenig kindgerecht und einfühlsam. Es darf und kann aber nicht sein, dass diese persönlichen Animositäten und Vorurteile auf dem Rücken der Kinder ausgetragen werden.

Nach einigen Recherchen fanden wir eine Schule in Wien, an der alle Externistenprüflinge aus den umliegenden Alternativschulen ihre Gleichwertigkeitsfeststellung absolvierten. Offiziell war diese Schule auch eine Alternativschule und wir waren in der Annahme, dass dies bedeuten würde, dass sie auch die Externistenschüler auf diese Art durch die Prüfung begleiten würden. In der Regel steht eine Alternativschule dem Gedankengut der selbstbestimmten Bildung schließlich näher als eine durchschnittliche Regelschule. So dachten wir.

Der Tag der Prüfung kam und ich war schrecklich nervös. Würde das spärlich gesammelte Material genug sein? Würden die zuständigen Lehrer sein Fotoalbum akzeptieren als „Leistungsnachweis" dafür, was er alles in den letzten neun Monaten getan hatte? Wie würde es ihm beim Ausfüllen der Arbeitsblätter gehen?

Auf der Autofahrt nach Wien versuchte ihn Niko auf alle Eventualitäten vorzubereiten. Er erklärte ihm, dass es wahrscheinlich gut sei, wenn er eine Sache auf einem Arbeitsblatt nicht gleich beantworten konnte, einfach weiter zu gehen und erst später darauf zurück zu kommen, damit er nicht zu viel Zeit verlieren würde.

Tamino hingegen war die Ruhe selbst. Er hatte Vertrauen in seine Fähigkeiten, war voller Vorfreude, dass er den Anwesenden von seinem Hühnerprojekt erzählen konnte und ihnen zeigen konnte, woran er im letzten Jahr gearbeitet hatte. Stolz und hoch erhobenen Hauptes ging er in den Prüfungsraum.

Zuerst schien alles wunderbar zu laufen. Mein schüchterner, fremden Menschen gegenüber sehr verschlossener Sohn, blühte in seiner Präsentation auf. Er war kaum mehr zu stoppen und die Lehrerin musste ihn schmunzelnd „einbremsen", sonst hätte er stundenlang begeistert weiter erzählt.

Die Stimmung war zwar angespannt, aber positiv und die anwesende Runde von Eltern und Kindern entspannte sich zusehends. Wir hatten mit einer befreundeten Familie, deren

Sohn einer der besten Freunde Taminos war, gemeinsam den Prüfungstermin vereinbart. Wir dachten, auf die Art und Weise könnten sich die beiden Jungs gegenseitig ein wenig stützen.

Dann wurden die Eltern aus dem Raum geschickt. Heute würde ich dem nie mehr zustimmen, aber damals dachte ich, dass das schon in Ordnung sei. Wir wünschten Tamino toi toi toi und warteten nervös im Flur. Die Minuten zogen sich dahin, die meisten Kinder waren schon fertig und hatten den Prüfungsraum verlassen, Tamino saß immer noch drin. War das ein schlechtes Zeichen?

Endlich kam er mit glühenden Wangen und Tränen überströmt heraus. Er war sprichwörtlich zehn Zentimeter kleiner. Er wirkte, als hätte ihm jemand die Luft heraus gelassen.

Wir fragten ihn, was geschehen war. Er war dem väterlichen Rat gefolgt und hatte einfach bei den sieben (!) Arbeitsblättern, die er auszufüllen hatte, nichts von dem ausgefüllt, was er nicht gleich beantworten konnte. Schließlich war er einmal durch und erkannte, dass er auch beim zweiten Mal wenig von dem ausfüllen konnte, was da von ihm gefordert war. Wir sahen seine Verzweiflung, mir brach mein Mamaherz.

Wir versuchten ihn zu beruhigen und redeten ihm gut zu, dass er doch in der Präsentation so gut gezeigt hatte, wer er war und was er alles konnte.

Kurz darauf kam die Lehrerin, die die Prüfung vorgenommen hatte, zu uns auf den Flur, ausgestattet mit Zeugnissen. Sie verteilte diese an freudestrahlende Schüler und Schülerinnen. Das letzte Zeugnis hielt sie für Tamino in der Hand. Sie nahm sich Zeit mit uns darüber zu sprechen. Sie sagte, sie müsse sich entschuldigen, aber sie könne Tamino nur ein

Befriedigend auf seine heutige Leistung geben. Er hätte kaum richtige Antworten auf den Arbeitsblättern, es fehlten ihnen die Nachweise, dass er den Stoff beherrsche aufgrund von kaum ausgefüllten Schulbüchern. Sie wäre aber tief beeindruckt von seiner Eloquenz und dem, was er ihr bei seiner Präsentation aus seinem Leben gezeigt hatte. Er wäre da seinem Alter weit voraus.

Entschuldigend erklärte sie uns, dass sie ja ihre regulären Schüler nicht mit Ziffernnoten benoten müsse, aber bei den Externistenprüflingen wäre das Vorschrift. Ein Dreier wäre eh schon gut für das, was er gezeigt hatte.

Wir antworteten ihr, dass uns die Noten auf dem Zeugnis egal wären. Wir brauchten nur das Zeugnis, um im Folgejahr wieder den HU beim Landesschulrat anzeigen zu können. Tamino wusste ja nicht einmal, was ein Zeugnis überhaupt war und was Noten bedeuten.

Wir gingen im Anschluss mit der befreundeten Familie essen und feierten die Erfolge der Kinder. Aber ein bitterer Nachgeschmack blieb. Wer hatte das Recht, mein Kind aufgrund von so einer Ausnahmesituation zu benoten? Die Lehrerin kannte den Menschen dahinter gar nicht, kannte die Familiensituation nicht.

Sie hatte einen minimalen Ausschnitt davon zu Gesicht bekommen, wer Tamino war. Sie war begeistert von seiner Eloquenz, wusste aber zum Beispiel nicht einmal, dass er nicht nur Deutsch, sondern auch Englisch und Griechisch sprach. Welche Aussagekraft hatte dieses Zeugnis über die Person unseres Sohnes?

Wie würde ein reguläres Schulkind mit einer solchen Situation umgehen? Könnte ein Schulkind auf Knopfdruck den Lehrstoff eines gesamten Schuljahres ausspucken? Mit dem Wissen und dem Druck, dass es bei Nichtbestehen der Prüfung im Folgejahr in eine andere Schule müsste? Vor fremden Personen, in einer fremden Umgebung?

Wer hatte überhaupt das Recht, einen anderen Menschen zu beurteilen? Mit dieser Beurteilung gebe ich dem Kind die Botschaft mit, dass es klein ist und nicht so richtig und gut, wie es ist. Ich stehe auf einem Podest, ich vermittle, dass ich besser bin als das Kind. Ich mache es abhängig von den Bewertungen anderer und schneide es ab von seinem gesunden Selbstwertgefühl und Vertrauen in sich und seine Fähigkeiten.

Mir wurde immer stärker bewusst, dass ich mein Kind nicht noch einmal einer solche Situation ausliefern konnte. Dies war eindeutig gegen das Wohl des Kindes und damit für mich nicht tragbar. Der Begriff des Kindeswohls wird fast ausschließlich zugunsten der Behörden ausgelegt. Es sind fast immer nur die Eltern oder Erziehungsberechtigten, die das Kindeswohl gefährden, aber kaum je Institutionen oder die Schule selbst. Was ist das für ein Gesetz, wenn es nur auf eine Seite funktioniert? Was bedeuten überhaupt Kinderrechte, wie wurden sie ausgelegt und praktiziert? Wem gehört denn ein Kind?

Bereits vor Taminos zweiter Externistenprüfung im Folgejahr war klar, dass dies mit hoher Wahrscheinlichkeit seine letzte Prüfung sein würde. Wir hatten uns nur deshalb dazu entschieden, unseren Sohn noch einmal der Prüfung zuzuführen, weil wir eine wirklich tolle Schule in der Nähe meiner Eltern gefunden hatten. In dieser Schule saß ein sehr aufgeschlossener und entspannter Direktor, der kurz vor der

Pension stand. Er war offen für die Ideen alternativer Bildung und neugierig auf diese Kinder. Es gab dort keine Prüfung, sondern nur einen Schnuppertag für die Externisten.

Diesmal hatte Tamino ein Referat inklusive Poster und Quiz für die Schüler der Klasse vorbereitet, in der er den Schultag verbringen würde. Er hatte die Fotos selbst gemacht, hatte sich beim Gestalten des Posters voll ins Zeug gelegt und war - einmal wieder - sehr stolz auf das, was er da mit den Kindern und der Lehrerin zu teilen hatte.

Immer noch war er der Überzeugung, dass er als zukünftiger Bauer nicht lesen und schreiben musste. Einmal mehr hatten wir die Bücher der zweiten Klasse zwar versucht durchzuarbeiten, aber es hatte ihn ganz einfach null interessiert.

Wir verbrachten gemeinsam einen sehr angenehmen und interessanten Tag an der Schule. Wir konnten zusammen bleiben, Tamino hatte Spaß an den unterschiedlichen Fächern und nahm gern Teil an den verschiedenen Aktivitäten des Tages. In der Religionsstunde nahm uns die Lehrerin mit ins Lehrerzimmer und erklärte uns, dass sie ein paar Fragen an Tamino hatte. Er sollte ein paar Worte in Schreibschrift und ein paar Matheaufgaben auf den Zettel schreiben. Sehr langsam und besonders bemüht versuchte Tamino sein Bestes. Schreibschrift allerdings hatte er bis jetzt komplett verweigert.

Ich wies die Lehrerin darauf hin, dass die völlige Beherrschung der Schreibschrift nicht unbedingt Teil des Lehrplanes der zweiten Schulstufe sei. Sie meinte, sie wolle ja nur sehen, ob er das motorisch schon drauf hat. Nun gut.

Am Ende des Tages als alle Schüler bereits auf dem Heimweg waren, setzten wir uns gemeinsam auf die Bank vor der Schule.

Freundlich und sehr einfühlsam erklärte uns die Lehrerin, dass sie Tamino diesmal ein Genügend geben würde, denn seine Leistungen waren sehr dürftig. Sie war begeistert von seiner Person, wie er sich in die Gruppe eingefügt hatte, seiner sozialen Ader und was er ihr alles aus seinem Leben erzählt hatte. Er sei ein bemerkenswerter junger Mann. Aber: Sie warnte uns, dass es für die nächste Schulstufe nicht mehr ausreichen würde, wenn er sich nicht ins Zeug legen und üben würde.

Wir bedankten uns sehr herzlich für den schönen und entspannten Tag und die Gelegenheit, in ihre Klasse hinein schnuppern zu können. Ich drückte ihr meine Wertschätzung aus und betonte, wie gut es mir gefallen hat, wie sie uns diesen Tag über begleitet hatte. Ich erklärte ihr auch, dass es uns klar war, dass seine akademischen Leistungen nicht dem Standard der zweiten Schulstufe entsprechen würden. Aber dass wir darauf vertrauten, dass er sich in seinem Tempo entwickeln würde.

Für uns war diese Erfahrung eine Versöhnung zur ersten Prüfung und wir blicken gerne darauf zurück. Allerdings hat diese Schule mit der Pensionierung des aufgeschlossenen Direktors keine Externistenprüfungen mehr abgenommen. Auch viele andere Schulen, die den Freilernern positiv gegenüber standen, haben aufgrund von zunehmendem „Prüfungstourismus" ihre Bedingungen entweder verschärft, oder nur noch Kinder aus dem Bezirk zur Prüfung angenommen.

Eltern, die eine passende Prüfungsschule gefunden haben, teilen diese Information nur ungern mit anderen Eltern von Schülern im Häuslichen Unterricht. Verständlicherweise, denn sie wollen ja nicht, dass sie wieder eine andere Schule finden müssen, sollte „ihre" Schule es sich anders überlegen. Damit werden gute Tipps und aufgeschlossene Schulen nur hinter vorgehaltener Hand kommuniziert, anstatt eine gute Lösung für alle zu finden.

Für keinen der Beteiligten, nicht für die Direktoren, die Lehrer, die betroffenen Eltern und schon gar nicht für die Schüler selbst, ist diese Situation befriedigend. Deshalb hat das Netzwerk der Freilerner seit fast fünfzehn Jahren intensiv versucht, eine gute und für alle gangbare Lösung für das Dilemma der Externistenprüfungen zu finden. Es gibt wunderbar ausgearbeitete Konzepte. Ideen, wie es ohne großem finanziellen und organisatorischen Aufwand möglich sein könnte, die gesetzlich vorgeschriebenen Prüfungen kindgerecht gestalten zu können. Die beteiligten Familien wünschen sich ja in der Regel nicht weniger Überprüfung, sondern mehr Begleitung. Eine Stelle, an die man sich auch wenden kann, wenn man selbst Fragen hat oder unsicher ist.

Wir sind im Verein sogar von willigen Alternativschulen kontaktiert worden, die sehr gerne mit den „Freilernern" zusammenarbeiten wollten. Es gab ganz konkrete Bestrebungen, gegen einen Unkostenbeitrag ein Kind im HU an einer Alternativschule einzuschreiben, sodass es in regelmäßigen Abständen an Aktivitäten teilnehmen kann und so die zuständigen Lehrpersonen die altersgemäße Entwicklung verfolgen und dokumentieren können. All diese Bestrebungen wurden im Keim erstickt. Schulen, die mit den „Freilernern" kooperieren wollten, wurden mit dem Entzug des Öffentlichkeitsrechts bedroht. Es gab seitens des Ministeriums keinerlei Gesprächsbereitschaft und auch keine Antwort auf unsere Schreiben mit der Vorstellung unserer Konzepte.

Für uns war klar, dass wir unseren Weg aber trotz alledem weiter gehen mussten. Denn nur weil alle etwas tun oder weil irgendwann einmal ein Gesetz zu etwas herausgebracht wurde, heißt das noch lange nicht, dass es auch für allezeit wahr und richtig sein muss. Die Tötung von Juden im Nationalsozialismus war auch gesetzeskonform und legal - um einen radikalen Vergleich zu bemühen.

Aus unserer Sicht gibt es ein höheres Recht, das über dem von Menschen und Regierungen gemachten steht. Unser Recht als Mensch auf Unversehrtheit, auf Wahrung unserer Würde, Freiheit und Selbstbestimmung, steht für uns an oberster Stelle. Unsere Kinder brauchen uns als Erwachsene, um auch ihre Rechte zu wahren. Das und nichts anderes ist meine Aufgabe als Mutter.

(6)

Die Geschichte mit dem Nintendo

Warum es manchmal ganz gut ist,
wenn Wünsche nicht gleich in Erfüllung gehen

Ein positiver Aspekt unseres Lebensstils ist es, dass unsere Kinder selten den Versuchungen der Konsumgesellschaft ausgesetzt sind. Wir haben keinen Fernseher und bekommen in der Post keine Werbung. Sie haben keinen Bedarf an coolen und überteuerten Markenartikeln und unterliegen keinem Gruppendruck, immer das neueste Handy haben zu müssen. Aber natürlich leben sie nicht auf dem Mond. Sie verfolgen Trends und Modestile, Musikrichtungen und technische Entwicklungen, aber sie brauchen all das nicht unbedingt zum Glücklichsein.

Als Tamino noch relativ klein war, etwa sieben Jahre, da bekam sein bester Freund von Gegenüber einen Nintendo zu Weihnachten geschenkt. Das Ding kostete über dreihundert Euro und war fortan Taminos absoluter Traum. Es genügte ihm nicht, dass ihn sein Freund ab und an damit spielen ließ, oder dass sie gemeinsam zockten. Nein, er wollte seinen eigenen, unbedingt.

Nachdem wir als Familie darum bemüht sind, uns gegenseitig dabei zu unterstützen, das, was jemand wirklich, wirklich will, auch Wirklichkeit werden zu lassen, haben wir uns zusammen hingesetzt und ihm seine Möglichkeiten erklärt.

Eines war von Anfang an klar: Wir würden ihm so ein Gerät sicher nicht kaufen. Er konnte dieselben oder ähnliche Spiele auch am Laptop spielen und die Erfahrung hatte uns gelehrt, dass so ein Teil die ersten Wochen super interessant ist und dann in einer Ecke verstaubt. Wir fanden den Preis vollkommen unangemessen und überzogen.

Er konnte sein Geld sparen, die Verwandten und uns zu den verschiedenen Anlässen um Geldgeschenke bitten, und sich dann wenn er genug zusammen hatte, selbst einen Nintendo kaufen. Er rechnete sich aus, wie lange es dauern würde, bis er die Summe mit Taschengeld, kleinen Hilfsarbeiten im Garten und seinem Gewinn aus dem Verkauf der Eier zusammen haben würde. Es war eine unvorstellbar lange Zeit. Es waren unvorstellbar viele Eierkartons.

Oder aber er konnte auf den diversen Plattformen recherchieren, ob er gebraucht ein älteres, noch funktionsfähiges Gerät finden würde, das in seinem Budgetrahmen liegt. Er entschied sich für Letzteres.

Monatelang surfte er auf der Suche nach dem perfekten Gebrauchten durchs Netz. Dabei lernte er nicht nur flüssiger zu lesen, sondern auch Preise zu vergleichen, Informationen einzuholen, kritisch die Qualität und das Preis-Leistungs-Verhältnis zu bewerten und sich grundlegend über die technischen Vor- und Nachteile der dargebotenen Geräte zu informieren.

Aber alles, was in seinem Preissegment angeboten wurde, war entweder zu alt, zu uninteressant wegen langweiliger Spiele, oder aber irreparabel und zu kaputt. Er gab nicht auf (das tut er nie, wenn er sich was in den Kopf gesetzt hat).

Kurz vor seinem Geburtstag im Frühling rief mich meine Mutter an. Sie platzte fast vor Freude: Sie hatte eine Sonderedition in einer total coolen Farbe und Ausführung im Elektronikladen gefunden und mitgenommen.

Das würde eine Überraschung für Tamino werden!

Ich erklärte ihr, dass wir das als unangemessen teures Geschenk für so einen kleinen Jungen hielten. Wir wollten nicht, dass er mit sieben Jahren bereits solch unglaublich große Geschenke bekommen würde – wohin würde das führen? Bald wäre er mit gar nichts mehr zufrieden und wir enden im Taumel von „höher-größer-weiter". Wir wollten gerne, dass er den Wert der Dinge kennen lernte und verstand, was es bedeutet, dreihundert Euro für etwas auszugeben.

Ich bat sie, den Nintendo zurückzugeben. Ich verstand, dass sie ihm eine Freude machen wollte und es gut gemeint hatte, aber es gab dutzende andere Dinge, die sie ihm stattdessen schenken konnte, die dazu günstiger und sinnvoller waren. Sie akzeptierte dies. Ich weiß nicht mehr, was sie ihm stattdessen schlussendlich zum Geburtstag geschenkt hat, aber das tut auch nichts zur Sache.

Die Wochen verstrichen, der Sommer und der Herbst kamen und gingen. Das nächste Weihnachten kam und ging. Noch immer hatte er keinen eigenen Nintendo, noch immer war er auf der Suche, wenn auch mit weniger Elan und ein bisschen desillusioniert.

In den Weihnachtsferien besuchten wir Nikos Bruder in Deutschland. An den ersten Tagen des Neuen Jahres fuhren die Männer mit den Kindern auf einen nahen Flohmarkt. Als sie nach Hause kamen, lief mir ein aufgekratzer, glücklicher und strahlender Tamino entgegen. Er überschlug sich vor Begeisterung in seinen Erzählungen, was sie am Flohmarkt gefunden hatten: Einen Nintendo – für drei Euro! Zwar war es ein Vorgängermodell zu dem heiß ersehnten, dafür aber gab es gratis einen großen Sack an Spielen dazu. Eine Oma hatte wohl den Spielzeugfundus ihrer Enkel verkaufen wollen und gar nicht gewusst, was sie da verkaufte und was es wert war. „Kannst du dir das vorstellen Mama? Drei Euro!", sagte er, verschwand und ward tagelang nicht mehr zu sehen. Versunken im siebten Nintendo-Himmel.

Natürlich flaute auch diese Begeisterung allmählich ab und wie prognostiziert lag das Ding wirklich nach ein paar Wochen achtlos in der Ecke. Alle paar Jahre findet es eines der kleineren Kinder wieder und spielt ein bisschen damit. Und immer wenn es auftaucht zaubert es Tamino und uns ein Lächeln ins Gesicht.

Aber darum geht es gar nicht. Klar, wir hätten ihm den Nintendo von Vornherein schenken können, er hätte sich gefreut. Aber gerade weil er so lange darauf gewartet und so hart dafür gearbeitet hat, hatte das Ding einen ganz besonderen Wert für ihn. Außerdem wurden seine Ausdauer und seine Konsequenz im Endeffekt belohnt. Er hat in diesem Prozess so viel gelernt und für sich mitnehmen können, all das wäre verloren gegangen.

Das Gefühl, es ganz alleine und aus sich selbst heraus geschafft zu haben, ist unbezahlbar und kann mit keinem materiellen Geschenk der Welt „gelehrt" werden. Oft ist der einfachste Weg nicht der beste für uns. Und nicht alle Träume, die gleich in Erfüllung gehen, entpuppen sich als ein Gewinn.

Die Geschichte mit dem auf Bäume klettern

Wieso das mit dem Vertrauen die wichtigste und gleichzeitig schwierigste Sache von allen ist

Klar, die Platitüden zum Thema Vertrauen kennen wir alle. Auch gibt es genug weise Sprüche dazu. Aber was bedeutet es, wirklich im Vertrauen zu sein und was braucht es dazu?

Ohne Vertrauen in das Leben und die Welt, in der wir leben, wären wir nicht lebensfähig. Wir könnten keine Beziehungen eingehen und keine Pläne machen. Wir müssen sozusagen darauf vertrauen, dass es gut wird um überhaupt selbständig aktiv zu werden. Aber dies tun wir nicht von Anfang an.

Ich kann mich sehr gut daran erinnern, dass Tamino (so wie die anderen Drei) als Neugeborenes nicht voller Vertrauen in die neue Umgebung war. Im Gegenteil: Wenn wir uns zu schnell bewegt haben, dann hat er gezuckt. Wenn wir uns mit ihm am Arm hinunter gebeugt haben, dann streckte er seine kleinen Ärmchen in die Höhe, mit von Angst geweiteten Augen.

Wir lernen zu vertrauen, in dem wir erfahren, dass für uns gesorgt und auf unsere Bedürfnisse eingegangen wird, immer und immer wieder. Wenn ich weine, dann kommt da jemand. Wenn ich hungrig bin, dann werde ich gefüttert. Der Aufbau von Vertrauen braucht Zeit, nicht nur für ein Neugeborenes.

Wir sind als Gattung Mensch anfangs derart von unserer Umwelt abhängig, dass unsere Babys alleine für relativ lange Zeit nicht lebensfähig wären. Wir sind auf unsere soziale

Gruppe angewiesen, wir nehmen einander nur über unsere Bezugspersonen wahr. Wir lernen dabei, dass unsere Handlungen Konsequenzen haben und wir aktiv unsere Realität beeinflussen können. Das Vertrauen wächst, wenn alle Bedürfnisse abgedeckt werden und schwappt über auf einen weiteren sozialen Kreis und schließlich die ganze Lebensumwelt. Dieses Grundvertrauen übersetzt sich in ein gutes Selbstwertgefühl, das Gefühl von Sicherheit und Selbstbestimmung und schlussendlich den logischen Wunsch nach Unabhängigkeit.

Geschichten davon, dass man Babys mit zu viel Liebe und Aufmerksamkeit verwöhnen könnte, sie fürs Leben abhärten müsse und dass sie es mit einer Art Abrichtung leicht schaffen, sich alleine zu beruhigen, halten sich hartnäckig. In meinen Augen gibt es kein größeres Verbrechen an der Menschheit als die Suggestion, dass man Babys und Kleinkinder frühestmöglich dazu zwingen muss, entweder alleine oder in einem fremden Umfeld klar zu kommen.

Diese räumliche Trennung von der oder den Vertrauenspersonen wirkt sich darin aus, dass dieser Mensch sein Leben lang nach der absoluten Sicherheit und Geborgenheit und der „großen Mutter" suchen wird. Damit ist es diesem Menschen praktisch unmöglich, sich aus der ersten Stufe der Abhängigkeit zu befreien und ein selbstbestimmtes, erfülltes Leben zu leben, sich verbunden und als wichtig und richtig wahrzunehmen.

Ein Mensch, der dieses Grundvertrauen mitbekommen hat, ist nur schwer zu manipulieren. So jemand braucht keine Ersatzbefriedigung durch passives Konsumverhalten oder Ablenkung durch Parallelwelten zur Flucht aus der Realität. Ein verwurzelter, verbundener Mensch weiß um seinen Wert, denn er hat erfahren, dass er geliebt und einzigartig ist. Er strebt nicht nach Bestätigung im Außen und misst seinen Wert nicht an Äußerlichkeiten. Er weiß, er ist gut so, wie er ist. Er kann zum Schöpfer seines Daseins aufsteigen und seine Welt aktiv gestalten.

Ein junger Mensch braucht Liebe, Liebe und noch einmal Liebe. Daneben braucht er Zeit, Raum und Aufmerksamkeit, Menschen, die unumstößlich an ihn glauben und für ihn da sind. Ein junger Mensch braucht keine Eltern, die coole beste Freunde sind, sondern Vorbilder, Kratzbäume und Rahmengeber, um sich auszuprobieren. Innerhalb dieses Rahmens kann sich das Kind entfalten. Der Rahmen ist naturgemäß abhängig vom Alter des jungen Menschen genauso wie von seinem Charakter und den gegebenen Voraussetzungen. Ich werde einen Zweijährigen in den Straßen einer Großstadt wohl eher nicht frei und ohne Begleitung seine Umgebung erforschen lassen, zuhause im Garten aber wahrscheinlich schon. Je älter der junge Mensch wird, desto weiter wächst mit ihm der Rahmen, solange, bis dieser obsolet geworden ist.

Mit dem Vertrauen wächst auch die Eigenverantwortung. Ich dachte anfangs, ich müsste meinem Baby unablässig hinterher sein, damit es sich nicht weh tut oder in Gefahr gerät. Ich habe mich stark von Misstrauen und Angst leiten lassen. Es ist interessant, dass wir Menschen einem Babykätzchen mehr zutrauen als einem Menschenkind, denn bei Katzenkindern fürchten wir uns nicht davor, dass sie sich an jedem Abgrund in Gefahr begeben oder so dumm sein könnten, sich irgendwo freiwillig hinunter zu stürzen.

Auf Spielplätzen bekamen wir oft mahnende Blicke von anderen Eltern, wenn Tamino gerade wieder ganz oben auf dem Klettergerüst angekommen war – und wir nicht zitternd und flehend mit ausgebreiteten Armen darunter gestanden sind. Auch da hat unser Erstgeborener viele meiner Vorurteile über Bord geworfen und alte Wunden heilen lassen. Er war so unglaublich vorsichtig und sein Entdeckergeist war zugleich unaufhaltsam stark: Hatte er mit ein paar Monaten unablässig an einer einzigen Stufe das richtige rauf und runter Krabbeln geübt, so suchte er sich mit fortschreitendem Entwicklungsstand immer größere, höhere Hürden. Er hat sich IMMER nur so weit vor getraut, wie er sich das zugetraut hat, niemals ist er dabei über seine Grenzen gegangen. Wir haben ihm aber auch nie irgendwo hinauf geholfen, wo er selbst nicht hinauf gekommen wäre. Es war uns - und ist uns bis heute - sehr wichtig, dass er sich selbst einschätzen lernt. Sehr geholfen und bestärkt hat uns auf diesem Weg damals ein Kurs im Pikler-Spielraum. Einen Besuch dort können wir nur allen jungen Eltern ans Herz legen.

Bis heute klettert er auf die höchsten Bäume. Auch wenn es mir bei dem Anblick von Tamino in luftigen Höhen bis heute beinahe den Magen umdreht, so weiß ich doch, dass ich ihm vertrauen kann, denn er kennt seine Fähigkeiten, seine Stärken und Schwächen und hört auf sein Bauchgefühl. Er durfte sich selbst austesten und erfahren, auch mit gefährlichen Werkzeugen, Messern und Scheren. Wir haben immer darauf geachtet, dass wir den Kindern den Umgang mit Werkzeugen vermitteln und dabei nicht die Gefahr ausblenden. Denn die wahre Gefahr ist es, wenn Kinder dann aus Neugier, ohne ein Gefühl für die eigenen Fähigkeiten und den richtigen Umgang, auf eigene Faust z.B. heimlich die Kreissäge in Betrieb nehmen, oder über gut gemeinte Kindersicherungen klettern.

Natürlich gibt es auch hier Ausnahmen, wo ich mein Kind nicht einfach so sich selbst überlassen kann: Elektrizität und Straßenverkehr zum Beispiel sind für junge Menschen nicht abschätzbar. Genauso wenig wie die blanke Wasseroberfläche eines Pools. Die größten Gefahrenquellen lauern in unserer Zivilisation in den relativ neuen Errungenschaften. Daher ist es auch meine Aufgabe als Elternteil, solche Gefahrenquellen möglichst auszuschließen, immer und immer wieder den Umgang damit zu üben und altersgerecht gemeinsam darüber zu sprechen. Es ist ein Unterschied, ob ich mich nicht kümmere, oder ob ich achtsam und vertrauensvoll begleite.

Ich lasse aber meine Kinder in einem sicheren, von mir vorgegebenen Rahmen sehr wohl ihre eigenen Erfahrungen machen, bis sie so weit sind, dass sie sich ihren Rahmen selbst stecken können und wollen. Auch sollen sie ihre eigenen Entscheidungen treffen, denn nur so erfahren sie, wer sie sind und was ihre Schwächen und Stärken sind, was sie gerne tun. Aber auch, wie sie mit den Konsequenzen ihrer Entscheidungen umgehen lernen. Fehler gibt es nicht, nur Erfahrungen. Lösungen statt Probleme.

Als Elternteil bin ich nicht dafür da, um Lösungen vorzugeben oder meinen Nachwuchs vor allem „Schaden" zu bewahren, sondern um Prozesse zu begleiten. Ich bin immer dann da, wenn sie mich brauchen, aber respektiere auch, wenn sie es in dem Moment selbst herausfinden wollen. Ich gebe keine Antworten auf nicht gestellte Fragen, aber ich erkundige mich, ob sie eventuell meine Sicht der Dinge aus meiner Erfahrungswelt wissen wollen. Ich akzeptiere ihr Nein. Ich lasse sie sie selbst sein, denn sie gehören nur sich selbst.

Begleite ich meine Kinder nun individuell, respektvoll und bedürfnisorientiert, heißt das auch, sich selbst in dieser Hinsicht beständig im Loslassen zu üben. Das Endziel erfolgreicher Elternschaft ist schließlich ein selbständiger, eigenständig und unabhängig denkender Mensch.

Mein Weg ins absolute Vertrauen in meine Kinder führt zwangsweise ins Vertrauen in mich selbst. Dafür bin ich meinen Kindern unendlich dankbar, da sie dabei so manches Thema in mir aufgelöst haben. Einfach nur, weil sie sind, wie sie sind. Und damit musste ich darüber nachdenken, wer ich denn wirklich bin. Traurig, aber wahr: Es ist mir von Anfang an viel leichter gefallen, Vertrauen in meine Kinder zu haben, als in mich selbst. Aber wie kann ich wirkliche Liebe leben, wenn ich mich nicht gleichzeitig selbst liebe? Wie kann ich Vertrauen weitergeben, wenn ich kein Vertrauen in mich selbst habe? Auch da - und das zieht sich wie ein roter Faden durch dieses Buch - braucht es zuerst die Heilung meiner eigenen inneren Traumata, das Hinschauen, Bewusstmachen, die Rückeroberung der Eigenverantwortung des Erwachsenen.

Ein Kind ist noch viel näher dran an seinem Ursprung und hat noch nicht gelernt, sich anzupassen und zu verstellen. Das mag zuerst beschwerlich oder schmerzhaft scheinen. Man könnte denken, es sei leichter, seine eigenen Schatten einfach auszublenden. Aber deine Kinder sehen, fühlen und verstehen alles - unterschätze sie niemals, sie lesen dich wie ein offenes Buch! Sie werden sich fragen, wieso du Anteile von dir versteckst und denken, sie müssten dasselbe tun. Auf diese Weise reichen wir Traumata durch die Generationen. Wir alle aber sind genau so richtig und perfekt, wie wir sind. Inklusive aller „Schwächen, Fehler und Unzulänglichkeiten". Wir sind immer die perfekten Eltern für unsere Kinder, ganz besonders mit unseren ungeliebten Aspekten. Kinder urteilen nicht, sie lieben. Lasst uns danach streben, wie die Kinder zu sein: Voller Liebe, ganz im Moment und wertungsfrei, präsent.

Als die einzigartigen Wunder, die wir allesamt sind.

(7)

Die Geschichte mit dem blutigen T-Shirt

Unsere erste Alleingeburt und wieso dieses Erlebnis so anders war

Philomenas Geburtsreise ist mir bis heute ins Gedächtnis eingebrannt. Obwohl sie die dritte Geburt war, die ich miterlebt habe, war sie wohl in gewissem Sinne meine erste Geburt als wirklich selbstbestimmte Frau. Philomena war meine erste Alleingeburt, ohne Hebamme oder andere Geburtsbegleiter außer Niko.

Ganz so hatten wir es eigentlich ursprünglich nicht geplant. Wir dachten, nun wären wir ja bereits gut in Übung und ein eingespieltes Team mit unserer Hebamme. Entspannt nahmen wir also die Vorbesprechungstermine wahr und bereiteten routiniert alles für die bevorstehende Hausgeburt vor. Wie immer packte ich auch meinen Notfalls-Krankenhaus-Koffer, nur um auf Nummer Sicher zu gehen.

Ich hatte in dieser Schwangerschaft mehr als in den beiden vorhergehenden zugenommen und fühlte mich gegen Ende sehr schwerfällig. Sechs Tage vor dem Geburtstermin hatte ich die Nase gestrichen voll.

Am Abend bekam ich Schüttelfrost und alles krampfte sich zusammen. Sicherheitshalber rief ich die Hebamme, die meinte, dass das sehr wohl erste Anzeichen für die unmittelbar bevorstehende Geburt sein könnten. Ich schlief unruhig auf der Couch im Wohnzimmer ein, sie legte sich ins Gästezimmer, auf Abruf bereit. Nichts geschah.

Am nächsten Morgen wurde sie früh zu einer anderen Geburt gerufen und verließ uns mit der Anweisung, dass wir uns melden sollten, falls irgendeine Veränderung eintreten sollte. Sie dachte, es würde wohl dieses Mal noch schneller gehen als bei den ersten beiden Geburten und wir sollten uns frühestmöglich melden, damit sie es rechtzeitig zu uns schaffen würde. Bei Allegras Geburt hatte sie ja nur knapp zehn Minuten Vorlaufzeit gehabt, es würde also auch diesmal knapp werden.

Allegra war ein paar Tage bei meinen Eltern auf Besuch und ich rief meine Mutter an, um ihr mitzuteilen, dass das Baby wahrscheinlich sehr bald kommen würde und dass sie bitte Allegra nach Hause bringen sollte. Meine Mutter verweigerte meinen Wunsch. Sie war der Meinung, dass ein kleines Kind bei einer Geburt nichts zu suchen habe. Da wir da andere Erfahrungen gemacht hatten, waren wir naturgemäß anderer Ansicht. Ich war wütend und fühlte mich hilflos. Ich wollte, dass meine Familie vollständig versammelt war für das große Ereignis. Andererseits war es aber auch eine Erleichterung, denn so musste ich mir keine Gedanken machen, wer sich während der Geburt um Allegra kümmern sollte.

Um meine Wut loszuwerden und den Geburtsprozess ein wenig zu beschleunigen, beschlossen wir, eine kleine Waldrunde rund um unser Haus zu machen. Das Wetter war frühlingshaft mild und sonnig. Ich erinnere mich, wie ich die Licht- und Schattenspiele der Sonnenstrahlen zwischen den ersten zarten Blättern beobachtet habe. Wie plötzlich das ausgelassene Kinderlachen meines Sohnes und die ruhige Gelassenheit meines Mannes um mich waren, mich umfingen und wie ein Gefühl der Dankbarkeit mich durchströmte. Ich wusste in diesem Augenblick, dass alles gut werden würde.

Der Tag nahm seinen Lauf, die Wellen waren gleichbleibend sanft. Ich wurde müde - und ungeduldig. Um mir die Zeit zu vertreiben, begann ich ein aufwendiges Mittagessen zu kochen. Mitten unter dem Schneiden des Gemüses durchzog es mich wie ein Blitz und ich wusste: Jetzt ist es soweit. Es ging also wirklich los.

Ordnungsgemäß riefen wir die Hebamme an. „Oh, oh...", war die einzige Antwort, die sie uns auf unsere Informationen, dass sich nun alles verändert hatte, geben konnte. Sie war eineinhalb Stunden weit weg bei der zweiten Geburt des Tages. Diese würde noch mindestens eineinhalb Stunden dauern. Vor drei Stunden konnten wir also mit ihr nicht rechnen.

Sie bot uns an, eine Vertretung zu schicken. Ich lehnte ab. In dem Moment wusste ich, dass ich niemand anderen bei dieser Geburt mit dabei haben konnte und wollte. Wenn unsere Hebamme nicht hier sein konnte, dann auch kein anderer. Ich erzählte Niko von den neuen Plänen. Er war sofort einverstanden und begann in Ruhe alles vorzubereiten. Schließlich war auch er kein Neuling und hatte schon zwei Mal der Hebamme assistiert und beobachtet, wie und was sie alles macht.

Nichtsdestotrotz versuchte ich, den Bitten der Hebamme nachzukommen und mich zu entspannen und hinzulegen. Zuerst sah es auch ganz danach aus, als würde die horizontale Lage und das ruhige Atmen alles wieder zum Stillstand bringen.

Ich beobachtete aus meinem Schlafzimmerfenster, wie die letzten Sonnenstrahlen mit den Zweigen tanzten und Schatten an die Wand malten. Ich glaube, ich bin sogar ein wenig weg gedöst. Ich war vollkommen im Reinen, völlig im Hier und Jetzt.

Aber ich musste mal. Ich schaute auf die Uhr und dachte mir, dass die Hebamme jetzt eigentlich jederzeit ankommen musste. Also, dachte ich, könnte ich auch den Gang auf die Toilette riskieren.

Ich hörte Niko draußen mit dem Nachbarn von Gegenüber lachen. Von unten kamen die Computerspiel-Geräusche meines Sohnes.

Vorsichtig bewegte ich mich langsam auf den Thron. Als ich mich entspannte, gab es plötzlich einen Schub, die Fruchtblase platzte dass ich dachte, dass das Baby gleich mit rutschen würde. Ich war in Panik: Was, wenn mir das Kind ins Klo fällt? Wenn es sich da weh tut oder ertrinkt? In Gedanken beruhigte ich mich sofort und sprach mir selbst Mut zu. „Du kannst ja einfach die Hand darunter halten und das Baby auffangen. Alles kein Problem.“

Niko muss mich gehört haben, denn die Badezimmertür ging auf. Er fragte mich ob alles in Ordnung sei. Ich war außerstande ihm darauf irgendeine Antwort zu geben. Vielleicht habe ich gegrunzt. Die Türe schloss sich wieder. Hatte er denn nicht verstanden, dass es JETZT losging?

Ein wenig hilflos und überwältigt von der Intensität der Wehen hing ich auf dem Toilettensitz. Nichts war wohl (mal wieder) mit Entspannungsmusik, Geburt in der Badewanne und im romantischen Kerzenschein.

Kurz darauf ging dann doch wieder die Tür auf und meine ganz private, professionelle „Niko-Hebamme“ kam mit wasserdichten Unterlagen, heißem Wasser, diversen Gefäßen und Gerätschaften herein. Niko wirkte, als hätte er alles unter Kontrolle. Das beruhigte mich, denn der Gedanke, dass wir nun vollkommen auf uns allein gestellt sein würden, machte mir in diesem Moment Angst.

„Ich lass dir die Wanne ein!“, sagte mein Geburtsmanager. Das lebhafte Plätschern des Wasserstrahls übertönte meine unartikulierte Abwehrreaktion und beschleunigte die ohnehin sehr rapide Wehentätigkeit. Ja, ich hatte jetzt endlich eine große Badewanne, damit ich die oft erträumte Wassergeburt erleben konnte. Aber es war zu spät. Dieses Kind hatte keine Zeit mehr zu warten.

Schließlich wurde diese Tatsache auch meinem Mann klar und er zog mich unter Protest hoch und parkte mich mit den Händen am Badewannenrand. Halb stehend, halb kniend dauerte es keine zwei Presswehen und der Kopf war da. Kurz darauf flutschte auch der süße Rest hinter mir in Nikos Arme.

Ich sank zitternd auf die Knie. Die verflixte Nabelschnur war so kurz, dass kaum Raum zum Manövrieren blieb. Ich wollte unbedingt sehen, was da hinter meinem Rücken geschah, konnte mich aber nicht umdrehen. Das Einzige was ich hörte waren die Worte: „Atme! Atme!“. Na toll, jetzt ist die Hebamme nicht da und das Kind ist tot, dachte ich. Sekunden wurden zu Stunden und zogen sich ins Endlose. Ein Schrei, ein Lachen, Erleichterung. Sie war auf der Erde gelandet.

Niko reichte mir die Kleine wenig galant durch meine Oberschenkel hindurch und ich hob sie nach vorn. Ich musste mich hinsetzen, denn die Nabelschnur reichte einfach nicht aus, um sie gut halten zu können. Endlich! Ich konnte mein Kind sehen. „Zieh dein Oberteil aus, sie braucht Hautkontakt“, mischte sich da der besorgte - und umsichtige - frischgebackene Dreifachpapa ein. Ich wurstelte mich aus dem Shirt, wickelte sie ins bereitgelegte, gewärmte Handtuch und drückte sie fest an mich. Sofort begann sie gierig zu trinken, als hätte sie nur auf die Gelegenheit gewartet. Ich betrachtete sie. Sie sah aus wie eine exakte Baby-Kopie ihres Vaters: Ein dichter, schwarzer Haarschopf und dunkle Kulleraugen. Es war wirklich alles gut.

Niko rief Tamino, unseren Ältesten. Ganz schüchtern, aber sichtlich gerührt näherte er sich der Szene. Er hatte vorab bereits angekündigt, dass er zwar unbedingt zuhause sein wollte während der Geburt, aber nicht unmittelbar dabei sein wollte. Er hatte es sich mit dem Computer im Gästezimmer bequem gemacht, aber seine Ohren waren ganz nach oben Richtung Bad gerichtet und sein Spiel lief bereits seit Minuten ohne sein Zutun weiter.

Niko setzte mich auf eine Metallschüssel für die Nachgeburt. In dem Moment rief eine fröhliche Stimme von unten melodisch: „Ja, wo ist denn die Karin?“ „Hier! Und das Baby auch.“, rief ich zurück. Ungläubig kam sie ins Badezimmer und konnte nicht fassen, welches Bild sich ihr bot.

Die Veränderung der Verantwortlichkeit war spürbar wie ein Windhauch. Sobald unsere geliebte Spezialistin wieder da war, gaben wir auch einen Teil unserer Eigenverantwortung ab. „Komm, lass uns schnell alles erledigen“, sagte sie. Sie nahm die Schere und Tamino durfte die Nabelschnur durchtrennen. „Es ist wie Gummi schneiden“, sagte er dazu.

Ich presste noch einmal leicht und mit einem metallischen „Klonk“ fiel die Plazenta in die Schüssel. „Was war das?“, fragte die geschockte Hebamme. Ich rückte ein wenig zur Seite und zeigte ihr die vorbereitete Schüssel mit Inhalt. „Ich pack euch nicht.“, war ihre erstaunte Antwort – sie war wohl von der unter den Umständen sehr beeindruckenden Umsicht meines

Geburtscoachs beeindruckt. Elegant stellten wir die Schüssel zur späteren Untersuchung der Plazenta beiseite.

Ich stieg ins immer noch warme Badewannenwasser und ließ die Hebamme meine Beine von den Spuren der Geburt befreien. Sauber und frisch eingekleidet übersiedelten wir ins Schlafzimmer, wo wir uns ins Bett kuschelten.

„Wie wird sie denn heißen?“, fragte die Hebamme. „Philomena. Die der Liebe treu bleibt. Unser Hochzeitsnachtbaby.“ sagte ich.

Draußen hörten wir wieder die Nachbarstimme mit Niko scherzen und laut lachen. Als Niko im Schlafzimmer zurück war, musste er schmunzelnd erzählen, was so lustig gewesen war: Bei der letzten Zigarette hatte er sich rauchend über die Straße mit dem Nachbarn über dies und das unterhalten und ihm auch erzählt, dass das Baby wahrscheinlich bald kommen würde. Jetzt, keine halbe Stunde später, bei der nächsten Zigarettenpause, kam der Nachbar besorgt über die Straße gelaufen, um sich nach Nikos blutigem T-Shirt zu erkundigen. Wie beiläufig erzählte ihm Niko, dass Philomena bereits geboren war. Kopfschüttelnd gratulierte er Niko und bat ihn, doch seine Kleidung zu wechseln, denn man könnte sonst Schlimmes annehmen.

Tamino lief mit dem Nachbarn mit, um die frohe Botschaft seinem besten Freund von gegenüber mitzuteilen. Die Nachbarin hat später erzählt, dass er ganz schelmisch und nur nach mehrmaligem Nachfragen erzählt hat, dass er nun doppelt großer Bruder war. Sie ließ uns über Tamino fragen, ob sie das Baby gleich anschauen kommen konnten. Mir ging es blendend und ich freute mich über Besuch. Schließlich war es gerade mal später Nachmittag.

Als sie dann an unserem Bett saß, das Baby bewunderte und nach dieser außergewöhnlichen Geburtsreise inklusive blutigem Shirt fragte, kamen ihr die Tränen. Sie selbst hatte bei der Geburt ihres einzigen Kindes einen Kaiserschnitt gehabt und konnte ihr Baby erst Stunden nachher in die Arme nehmen. Sie hatte noch nie ein so neugeborenes Menschlein gesehen.

Wir riefen die Großeltern an, um ihnen die Neuigkeiten zu erzählen. Sie wollten am nächsten Tag Allegra zurück nach Hause bringen und auf Babybesuch kommen. Ich konnte es kaum abwarten, dass unsere Familie endlich wieder vereint war.

Ruhe kehrte ein. Wir aßen, genossen den Frieden und staunten über runde Wangen, kleine Fäustchen und glitzernde Schweißperlen auf der Knubbelnase. Wir stießen mit milchflussanregendem Sekt mit Goldflocken auf das Leben an.

Bei der Untersuchung der Nabelschnur meinte die Hebamme, sie hätte selten eine so regelmäßige Anordnung der Verdickungen gesehen. Philomenas Nabelschnur sah aus wie eine aufgefädelte Perlenkette. Die Hebamme meinte, dass ein Kind mit einer solchen Nabelschnur sicherlich auch später gerne Schmuck tragen würde – und sie sollte Recht behalten.

Langsam wurde es finster, wir schlossen ab und ließen die Welt da draußen einfach vor der Türe. Auch in mehrfacher Wiederholung verlor die Erfahrung einer Geburt nicht ihre Magie. Jedes Mal wieder war es einzigartig, immer wieder neu, immer außerhalb von Zeit und Raum – ein Wunder.

Doch dieses Mal fühlte ich mich anders. Hatte ich mich nach den beiden ersten Geburten auf Wolke Sieben gebeamt, war vor Glück davongeschwebt und hatte alles wie durch einen weichzeichnenden Hormon-Vorhang beobachtet, so war ich diesmal durchgehend wach und immer voll präsent. Ich konnte die Verantwortung in dem Moment der Geburt an niemanden abgeben, musste ganz bei mir sein, war gezwungen, bewusst die Meisterin des Prozesses zu bleiben. Gleichzeitig musste ich vollkommen loslassen, mich der Gewalt der Meereswellen hingeben, Vertrauen in die Urkraft, meine Kraft, üben.

Zuerst vermisste ich dieses Gefühl des absoluten Glücks, dieses Schweben, diesen Rausch. Doch dann kam etwas, das alles zuvor Dagewesene bei Weitem übertraf: Ich fühlte mich stark wie eine Löwin, stolz, unantastbar. Ich thronte wie eine Königin über meinem Kind, bereit, alles zu sein, alles zu geben für das, was wir da geschaffen hatten, was ich vollbracht hatte. Alleine und doch verbunden mit dem Urgrund, dem Urwissen aller Weiblichkeit, allen Generationen von Frauen vor und nach mir, mit der Quelle der Schöpfung.

Teil 2

Vision

Die Geschichte mit meiner Vision

Was Bullerbü mit dem MITANANDA H.O.F. zu tun hat

Am Anfang stand eine Vision, die ich eines Tages beim Autofahren hatte. Eine Vision so stark, so drängend und so wunderschön, dass seither kein Stein mehr auf dem anderen geblieben ist. Ich hatte die Idee, so etwas wie ein Bullerbü für Freilerner zu erschaffen. Eine kleine Gemeinschaft mit zwei bis drei Familien, deren Kinder allesamt nicht zur Schule gingen. Ein Ort, wo jeder sich entfalten kann und darf und seine Stärken und Träume leben kann. Etwas, wo man sich gegenseitig hilft und unterstützt, wo gemeinsam gekocht, gearbeitet und gefeiert wird. Eine romantische Utopie? Ich war überzeugt davon, dass es möglich war. Ich war motiviert genug, um es einfach mal zu versuchen.

Also gingen wir los. Wir begannen uns über Wohngemeinschaften und Gemeinschaftsfindung zu informieren. Wir nahmen an Treffen teil und veranstalteten ebensolche. Wir besuchten Communityfestivals und bestehende alternative Wohnprojekte. Wir führten viele Gespräche mit Menschen, die bereits reiche Erfahrung im organisierten Zusammenleben von Gruppen hatten.

Uns interessierte von Anfang an vor allem eine Frage: Was ist der „Kleber", der erfolgreiche Gemeinschaften zusammenhalten lässt? Warum bestehen manche Gruppen über viele Jahrzehnte und andere zerfallen schon nach wenigen Monaten?

Die Antwort ist, aus unserer Erfahrung: Eine Gemeinschaft braucht einen höheren Sinn, sei er religiös, weltanschaulich oder sonst wie. Aber ganz besonders braucht eine Gemeinschaft eines: Zeit. Ein Liebespaar wird auch nicht von heute auf morgen zu einer funktionierenden Partnerschaft. Eine Familie braucht viele Jahre, um als Gemeinschaft zu funktionieren.

Zeit ist aber nun leider etwas, das wir in unserer modernen Welt anscheinend nicht mehr haben. Alles muss schnell gehen, am besten wären „Instantlösungen" für alle Probleme. In meinem inneren Auge tauchen da immer die grauen Männer aus dem Buch „Momo" von Michael Ende auf und mit ihnen auch der liebe Beppo, der Straßenkehrer. Sein Gleichnis der langen Straße, die er zu kehren hat, und die er immer nur einen Schritt nach dem anderen, einen Besenstrich nach dem anderen, in Angriff nimmt, dies haben auch wir uns zu Herzen genommen.

Es ist irrelevant, wie lange etwas dauert, solange ich es mit Freude und Liebe tue. Ich schaue nicht auf den langen Weg, der noch vor mir liegt, sondern konzentriere mich auf das, was gerade jetzt im Moment ansteht. Irgendwann dann bin ich erstaunt, wenn ich zurückschaue und sehe, dass ich bereits die unendlich lang geglaubte Straße gekehrt habe.

In einer Dokumentation über Wohngemeinschaften habe ich mir einen Satz sehr zu Herzen genommen, der dort in einem Interview mit einer Frau gefallen ist, die selbst lange in Gemeinschaft gelebt hat. Sie sagte sinngemäß: Die meisten Menschen suchen nach einem Ort, wo sie so viel wie möglich für sich heraus holen können, anstatt eine Gemeinschaft zu suchen, wo sie so viel wie möglich von sich einbringen können. Dies erfordert eine radikale Umkehr in unseren gewohnten Denkweisen und doch ist dieser Gedanke so alt wie die Menschheit selbst und in fast allen Weltreligionen verwurzelt. Glück ist etwas das immer mehr wird, wenn ich es teile.

Das Geheimnis ist es, nicht nur das zu tun, was ich liebe, sondern ebenso alles zu lieben, was ich tue. Das hat viel mit Bewusstsein, Achtsamkeit, Respekt und vor allem auch Dankbarkeit zu tun. Dankbarkeit für das, was gerade jetzt da ist.

Lange konnte ich mit dem Begriff Demut nichts anfangen, aber je älter ich werde, desto wertvoller erscheint er mir. Wir sind es gewohnt, dass wir manche Betätigungen wichtiger nehmen, als andere. Wir werten und bewerten und reihen Arbeiten nach ihrem augenscheinlichen Ansehen. Sprich: Nie will einer die Klos putzen.

Auch in der Mikrozelle von Gemeinschaft, der Familie, ist es daher notwendig, dass jeder lernt, das zu tun, was gerade in dem Moment eben ansteht. Ohne mit dem Finger zu zeigen oder aufzurechnen, wer wie viel oder wie wenig getan hat. Ich vertraue darauf, dass jeder immer sein Bestmögliches gibt. Nur in diesem Vertrauen kann er zu einem wertvollen Teil der Gemeinschaft heranwachsen.

Diese Einstellung erfordert ständige Reflexion, die Bereitschaft zur offenen, friedvollen Kommunikation ohne Schuldzuweisung und Flexibilität auf allen Ebenen.

Wir haben gute Erfahrungen damit gemacht, aufzuhören andere für sich selbst verantwortlich zu machen. Wir alle sind aufgerufen, uns nicht hinter Opferrollen zu verstecken und uns auch nicht in Streitigkeiten über Gerechtigkeit und Ordnung zu verlieren. Dadurch drehen wir uns alle immer nur im Kreis und halten uns gegenseitig klein.

Der Mensch möchte von Natur aus Verantwortung übernehmen, ein wichtiger Teil eines Gefüges sein, gebraucht werden. Wenn wir einem Kind sein angeborenes Bedürfnis zu helfen nicht durch Misstrauen, Ungeduld und Angst vor möglichen „Fehlern" abtrainieren, dann wächst es ganz natürlich in seine Umgebung hinein. Aber das ist eine andere Geschichte.

Jetzt, viele Jahre nachdem meine Vision Wirklichkeit geworden ist und trotzdem ganz anders ist als in unseren Plänen und Vorstellungen, sind wir zu allererst sehr dankbar für all das, was wir auf diesem Weg über uns, die Menschen und das Leben erfahren durften.

Die Vision hat uns an einen ganz besonderen Ort geführt, der immer mehr zu unserem Zuhause wird. Je länger wir hier leben, desto stärker sehe ich mich als die Hüterin des Platzes und ich empfinde es als eine große Ehre, dafür auserkoren zu sein. Dies ist ein Ort mit einer Idee, die immer genauere Formen annimmt und ein Eigenleben entwickelt hat. Ein Platz, den viele Menschen als außerhalb von Raum und Zeit wahrnehmen, eine Oase an Ruhe und Kreativität, ein Ort des Lernens und Wachsens auf allen Ebenen. Etwas, das größer ist als die Summe seiner Teile. Ein Ort zum Sein und Tun.

(8)

Die Geschichte mit der Suche nach unserem Tribe

Was eine Gruppe von Gleichgesinnten für uns bedeutet und warum gerade junge Familien Verbündete brauchen

Als Niko und ich mit der Geburt von Tamino zu einer kleinen Familie wurden, wurde mir schlagartig bewusst, wie schwierig es in der Minimalbesetzung Papa-Mama-Kind ist, allen Bedürfnissen gerecht zu werden. Der Partner muss gleichzeitig immer alle seine Rollen ausfüllen. Wenn einer der beiden einmal ausfällt, durch Krankheit oder sonstiges, dann droht das wackelige Konstrukt bereits in sich zusammen zu fallen.

Bei den ersten beiden Kindern haben wir noch viel mit befreundeten Familien unternommen, wir haben uns sehr oft gegenseitig besucht. Als unsere Familie immer größer wurde, waren wir bald auch nicht mehr so flexibel und mobil. Trotzdem haben wir uns so etwas wie ein kleines unterstützendes Netzwerk aufgebaut, denn es war uns wichtig, dass die Kinder auch andere Ansprechpersonen haben, zu denen sie im Notfall Vertrauen hatten. Wir trafen uns zum gemeinsamen Kochen oder betreuten immer abwechselnd die Kinder, sodass auch für die Mamas mal ein kleiner Freiraum entstand.

Ich wusste, dass da noch viel mehr möglich war und sehnte mich insgeheim nach einer bunten Gruppe von Menschen, die sich gegenseitig halfen und unterstützten und sich so gegenseitig ein wenig den Rücken frei hielten. Schließlich waren bei uns die Kinder so gut wie immer zuhause, und Großeltern in unmittelbarer Nähe gab es auch nicht.

Durch die Lektüre von „Auf der Suche nach dem verlorenen Glück" und der damit verbundenen Bewegung des „Attachment Parenting" las ich in Foren und Blogs sehr viel über die Idee, dass wir Menschen eigentlich ursprünglich in kleinen Gruppen, sogenannten Tribes, zusammen lebten. Diese Idee sprach mich sofort an. Ich wollte mich auf die Suche nach meinem Tribe machen!

Die Sache stellte sich als nicht so einfach dar, wie gedacht. Viele junge Eltern befinden sich zwar in einer ähnlichen Situation und sind oftmals überfordert mit all den Ansprüchen der Gesellschaft und ihrer eigenen Vorstellungen, aber anstatt Selbsthilfegruppen mit befreundeten Familien zu gründen, geben die meisten Eltern lieber die Verantwortung ab und überlassen ihren Nachwuchs einer Fremdbetreuung. Das kam für uns aber definitiv nicht in Frage.

Mit unserer Suche nach Gemeinschaft schwang auch immer diese Sehnsucht nach einem Tribe, einer Gruppe von Gleichgesinnten, mit. Doch all unsere Bestrebungen und Ideen, wie wir das Thema Gemeinschaft vor Ort und da wo wir gerade waren, angehen könnten, verliefen im Sand. Wir dachten, vielleicht liegt es daran, dass wir allesamt nur Luftschlösser bauen, wenn wir uns rein theoretisch mit anderen zu diesem Thema austauschen.

Dass diese Hirngespinste zwar die Illusion erschaffen, wir alle wollten Dasselbe und wären uns in unseren Vorstellungen so ähnlich, aber dass diese Ideen einfach der Realität nicht standhalten können. Daher machten wir uns auf die Suche nach einem realen Ort für unsere Vision.

Wir hatten bestimmte Wünsche und Vorstellungen, Grundbedingungen an den Ort, gesammelt. Aber da, wo wir lebten, war Grund und Boden teuer, größere leistbare Objekte entweder vollkommen baufällig oder direkt neben der Autobahn. Ich war frustriert und desillusioniert.

Irgendwann sind wir dann im Sommer wieder auf Besuch zu lieben Freunden in die Südsteiermark gefahren und ich hab dort 'rumgejammert, dass sich nichts tut. Ein Blick hat genügt, und ich wusste, ich muss endlich mit dem Jammern aufhören und aktiv nach einer Lösung suchen. Also öffnete ich den Computer, gab in der Immobiliensuche „Südsteirische Weinstraße“ ein, die Fotos von unserem Objekt poppten auf und ich sagte: Das ist es!

Wir vereinbarten einen Besichtigungstermin für den nächsten Tag und haben uns haltlos verliebt. Es hat sich angefühlt, als hätte ich mir diesen Ort materialisiert, denn es war alles da, was wir uns erträumt hatten - und mehr. Ohne nachzudenken, was wir da taten, haben wir gekauft - ohne zu wissen, wo wir da gelandet waren und wie wir das Ganze stemmen sollten. Es hat sich einfach total richtig angefühlt, das war uns genug. In meinem Leben ist mir das nur zwei Mal passiert: Einmal, als ich Niko zum ersten Mal traf und das zweite Mal mit dem H.O.F. Ich war wochenlang so aufgeregt dass ich nicht schlafen konnte, bis alle Verträge endlich unter Dach und Fach waren.

Heute glaube ich fest daran, dass uns dieser Ort gerufen hat, auch auf die Gefahr hin, als esoterisch abgetan zu werden. Das Objekt war zehn Tage am Markt, wir waren die dritte Besichtigung, es gab weitere Kaufinteressenten, wir konnten den vollen Preis nicht leisten, aber das Schicksal - oder wer auch immer - wollte uns wohl einfach dort haben.

Kaum waren wir vor Ort, schon kamen ständig Menschen auf Besuch. Eine lange Reihe von Gemeinschafts-Interessierten kam und ging, aber die Meinungen waren immer dieselben: Zu weit weg, zu viel Arbeit, zu wenig Grund, zu wenig Wohnfläche, … Wir beschlossen, einfach alleine weiter zu machen.

Die ersten Jahre formten wir eine Art von Gemeinschaft mit den befreundeten Freilerner-Familien in der Region und gründeten den MITANANDA Verein. Die Kinder verstanden sich sehr gut, wir trafen uns oft, halfen einander im Garten, organisierten zusammen Veranstaltungen und feierten bei jeder Gelegenheit. Ich begrub meine Vision des Tribe ein wenig und dachte, dass unsere Gemeinschaft eben nicht zusammen lebt.

Später, als unser viertes Kind, Aeneas, geboren war, wurde er zum „Gemeinschaftsbaby" mit vielen lieben Bezugspersonen, denen ich absolut vertraute. Ich freute mich sehr, dass er mit dem sprichwörtlichen Dorf aufwachsen konnte. Ich dachte, wir wären am Ende unserer Suche angekommen, auch, wenn diese Gemeinschaft nicht wie geplant mit uns vor Ort wohnte.

Bis heute noch spielen all die Mitglieder des Vereins MITANANDA eine Rolle in unserem Leben, aber wir haben uns ein wenig entfernt voneinander. Wir sehen uns teilweise immer noch gerne, aber die Intervalle sind länger geworden. Alles im Leben hat wohl seine Zeit und wir sind sehr froh, dass unsere Eingewöhnungszeit in der Südsteiermark MITANANDA stattgefunden hat!

Die Geschichte mit dem Kinder-Garten

Warum Gärtnern ein Akt der Revolution ist

Seitdem uns Tamino zu Eltern gemacht hat, haben wir angefangen, mehr und mehr Dinge zu hinterfragen. Wir haben begonnen, bewusster einzukaufen und immer öfter Dinge entweder wieder zu verwenden oder zu reparieren. Das Thema Nachhaltigkeit wurde ein fixer Bestandteil unseres Lebens.

Ganz besonders war uns von Anfang an die Ernährung unserer kleinen Familie wichtig. Wir haben uns gefragt, wieso es ganz selbstverständlich ist, dass ich meinem Baby als erste feste Nahrung biologisches, möglichst natürliches Essen gebe, und wieso wir damit nicht gleich bei uns weiter machen. Wir sind, was wir zu uns nehmen. Dies gilt für die Lebensmittel genauso wie für Beziehungen und Medienkonsum. Sollten wir da dann nicht ganz genau schauen, was wir konsumieren, womit wir unsere Kinder und uns ernähren?

Also haben wir begonnen einen kleinen Garten anzulegen. Zu Beginn einfach nur aus Sentimentalität, denn ich hatte als Kind schon von einem Garten geträumt, aus dem ich frisches Gemüse, Beeren und Früchte naschen konnte. Ich wollte, dass auch unsere Kinder Freude daran haben und verstehen, was wirklich frische Nahrung bedeutet und wie anders und besser sie schmeckt.

Wir haben unendlich viele Fehler gemacht, aber die haben wir voller Enthusiasmus gemacht! Ich erinnere mich an eines der ersten Jahre in unserem ersten Zuhause in Niederösterreich, als wir am relativ schattigen Grundstückszaun entlang aus irgendwelchen Gründen, die sich mir heute nicht mehr erschließen, abwechselnd Radieschen und Zuckermais gepflanzt haben. Im Endeffekt war das Radieschenkraut dann mannshoch und der Mais war klein und kaum als solcher zu erkennen. Geerntet haben wir davon - nichts.

Niko hat sich daraufhin sehr intensiv mit diesem Thema beschäftigt, viel über Permakultur, Selbstversorgung und naturnahes Gärtnern gelesen und vieles davon gleich selbst ausprobiert. Der Höhepunkt davon war, dass wir unser kleines Grundstück schlussendlich vollgepflastert hatten mit Hochbeeten so dass keine Wiese zum Spielen für die Kinder mehr da war.

Wir haben erkennen dürfen, dass Selbstversorgung in allen Bereichen in unserem Rahmen für eine einzelne Familie einfach nicht machbar - und für uns auch nicht erstrebenswert ist. Wir hätten massiv mehr Grund dafür gebraucht, Maschinen, um Mais, Getreide und Kartoffel ausreichend für unsere sechsköpfige Familie pflanzen zu können und einen Tag, der 48 statt 24 Stunden hat.

Also haben wir uns eingependelt auf ein machbares Mittelmaß, das uns allen Freude bereitet. Wir haben einen sehr großen Gemüsegarten, der uns von Mai bis Oktober mit dem Großteil unserer Frischnahrung versorgt. Wir haben viele neue Obstbäume und Beerensträucher gepflanzt und machen davon Marmeladen, Saft und leckere Kuchen. Wir kochen ein, so viel wir schaffen. Es erfüllt uns mit Stolz, wenn wir unsere gefüllten Vorratsregale sehen und wissen, was genau in den Produkten drinnen steckt.

Ein Garten in der Form, wie wir ihn betreiben, ohne Ausrichtung auf Wirtschaftlichkeit und ohne das Aufbringen von künstlichen Düngemitteln zahlt sich finanziell niemals aus. Aber darum geht es auch gar nicht. Wir glauben daran, dass man die aufgebrachte Zeit, Aufmerksamkeit und Zuwendung, die in die Produktion dieser Lebensmittel geht, im Endeffekt nicht nur schmecken, sondern auch spüren kann. Diese Dinge haben ganz einfach eine andere Energie. Sie sind zu Lebensmitteln gewordene Liebe und Fürsorge – und das ist unbezahlbar.

So ganz nebenbei aber lehrt uns ein Garten auch Wertschätzung und die Achtsamkeit, denn auch hier ist nichts selbstverständlich. Von einer Minute auf die andere kann eine ganze Ernte zerstört sein, sei es durch Schädlinge oder Unwetter. Ein Garten lehrt uns aber auch, dass es für alles die richtige Zeit gibt, denn man kann nichts erzwingen. Ein Pflänzchen, an dem ich ziehe, wächst nicht schneller. Es geht eher zugrunde. Ein Garten lehrt uns Geduld und Demut.

Ein Garten bedeutet, dran zu bleiben, über einen langen Zeitraum hinweg sich beständig um etwas zu kümmern, ohne dass ich einen unmittelbaren Vorteil daraus ziehen kann. Ein Garten ist ein Sinnbild für das Vertrauen ins Leben selbst. Denn wenn ich nicht darauf vertraue, dass ich am Ende auch ernten kann, werde ich nichts pflanzen.

Von Anbeginn an waren alle unsere Kinder begeisterte kleine Gärtner. Die Idee spricht Kinder einfach an: das Buddeln in der Erde, die Spannung, wenn die ersten Triebblätter durch die Erde brechen, das Warten auf das Reifen der Früchte, das Sammeln und der Genuss beim Ernten. Es gibt kaum einen anderen Bereich, in dem junge Menschen mehr über so unterschiedliche Themen lernen können wie beim Anlegen, der Pflege und der Betreuung eines Gartens.

Alle unsere Kinder wollten bereits ganz früh Verantwortung für ihren eigenen Garten übernehmen. Die Großen haben dabei die Kleinen unter ihre Fittiche genommen. So gibt es heute am H.O.F. im Kinder-Garten einen „Bro-Garden“ und einen „Sis-Garden“ (also Brüder- und Schwesterngarten). Jedes Jahr machen sie Setzpläne und überlegen, welches Saatgut sie wo ausbringen - und wie. Wie auch in allen anderen Bereichen haben wir sie auch hier niemals dazu gezwungen, etwas zu tun. Die Initiative ist auch hier von ihnen selbst ausgegangen. Es passiert nur das, was sie wirklich wollen und wir unterstützen sie, wenn sie danach fragen.

Aber wir waren auch sehr streng mit ihnen, wenn sie sich nach dem Anlegen eines eigenen Gartens schlussendlich nicht um ihre Pflanzen gekümmert haben. Wie bei der Tierpflege auch, gibt es bei einem Garten die moralische Verpflichtung, sich darum zu kümmern. Das ist eine der natürlichen Konsequenzen einer einmal getroffenen Entscheidung. Nun ist zwar eine Pflanze natürlich nicht mit einem fühlenden Tier zu vergleichen, aber es ist trotzdem eine Misshandlung, eine Pflanze verkommen zu lassen, die man selbst gesetzt hat. Es ist eine Missachtung der Gesetze und Geschenke der Natur.

Mittlerweile haben alle vier unserer Kinder ein sehr gutes Verständnis dafür, wie ein Garten funktioniert, wie viel Arbeit und Zeit in die Produktion von Lebensmitteln geht und wie wertvoll diese sind. Sie alle haben darin und in der Verarbeitung der Ernte mehrere Jahre Erfahrung gesammelt. Wir wissen, dass sie eigenständig Lebensmittel ziehen können, genauso, wie sie wissen, welche Wildpflanzen essbar sind oder wie man Feuer macht. Wir sind überzeugt davon, dass diese Fähigkeiten überlebensnotwendig sind, auch, wenn wir zum Glück in unserer Wohlstandsgesellschaft derzeit nicht darauf angewiesen sind.

Wir glauben daran, dass Verschwendung, Wegwerfgesellschaft und das passive Konsumverhalten unserer heutigen Realität darauf zurück zu führen sind, dass wir so losgelöst sind von den natürlichen Prozessen um uns herum. Bin ich verbunden mit der Erde, mit den Pflanzen und Lebewesen um mich herum, erlebe ich diese im Einklang mit den Jahreszeiten, dann entwickle ich zwangsläufig eine Beziehung dazu, entwickle Ehrfurcht und übernehme Verantwortung.

Gleichzeitig eröffnet uns dieses Knowhow aber auch eine ungeahnte Freiheit und Selbstbestimmung. Unabhängigkeit. Das Vertrauen, dass ich für meinen Lebensunterhalt sorgen kann, gibt uns Selbstbewusstsein und Sicherheit. Ein Mensch, der sich selbst zu helfen weiß, lässt sich nicht so leicht von anderen leiten und ist nicht auf Hilfe anderer angewiesen. Das ist der wahre Akt der Revolution eines eigenen Gartens.

Mir ist bewusst, dass diese Zeilen auf manchen rückwärtsgewandt, realitätsfern und romantisierend wirken. Ein Bekenntnis zu Grund und Boden kann leicht in die falsche Kehle geraten. Des Öfteren schon sahen wir uns mit solchen Vorwürfen konfrontiert. Dasselbe kommt übrigens auch vor, wenn wir uns zum Wert der Familie bekennen.

Welche Verletzungen, welche Wut und Angst sich hinter solchen Anschuldigungen verbergen, kann ich nur erahnen. Wir alle tragen diese Wunden durch unser Leben. Aber genau jetzt ist es an der Zeit, sich zu erden, zu verbinden und in Beziehung mit einander zu gehen. Sich auf Wesentliches zu fokussieren. Daran ist nichts Braunes, Esoterisches und rückwärts Gewandtes, sondern das kann nur die einzig mögliche Konsequenz sein, um als Rasse Mensch weiterhin auf diesem kostbaren blauen Planeten zu leben, und zwar friedvoll, zusammen, in Harmonie mit der Natur.

Die Geschichte mit dem Sprachenlernen

Wieso unsere Kinder dreisprachig aufwachsen und wie das funktionieren kann

Unsere Kinder wachsen dreisprachig auf. Und auch wenn es jetzt etwas blöd klingen mag, wir haben das nie deswegen getan, damit sie später mal irgendeinen Vorteil daraus haben. Niko war es von Anfang an wichtig, dass seine Kinder die griechische Kultur seiner Vorfahren kennen- und lieben lernen würden. Seine Mutter ist Griechin und hat, als Niko Kind war, immer in ihrer Muttersprache mit ihm gesprochen. Daher spricht auch er ausschließlich Griechisch mit seinen Kindern.

Bei mir war die Sache nicht ganz so einfach. Niko und ich haben uns ja in New York City kennen gelernt, wir waren beide längere Zeit dort. Ich etwas mehr als zwei Jahre und er über acht. Ich habe in der South Bronx Englisch und Kunst unterrichtet und in Harlem gewohnt. Englisch ist die Sprache, in der ich lernen musste, mich durchzusetzen, klar zu sein, meine Grenzen zu wahren.

Als ich mit Tamino schwanger war, hat mich meine Schwägerin aus Alaska, die dieselbe Sprachkombination in ihrer Familie hat wie wir jetzt, gefragt, wie ich mit ihm wohl sprechen werde. Ich habe damals die Frage nicht verstanden, denn ich dachte, dass es wohl klar sei, dass ich in meiner Muttersprache Deutsch mit meinem Kind reden würde. Aber es hat mich zum Nachdenken gebracht. Ich habe beschlossen, dass ich einfach abwarten würde, was sich gut und richtig anfühlt und dementsprechend dann entscheide, wenn es soweit ist.

Als Tamino auf der Welt war, war es interessanterweise das Natürlichste mit ihm Englisch zu sprechen. Anfangs habe ich noch in Anwesenheit von Nicht-Englischsprechenden mit dem Baby Deutsch gesprochen. Bis ich erkannt habe, dass es ein wenig schräg ist, wenn ich mit dem Baby spreche und eigentlich wer anderer gemeint ist. Seitdem spreche ich ausschließlich Englisch mit allen Kindern, immer, ohne Ausnahme. Ich glaube, dass es wenig Sinn macht, wenn man in dieser Sache nicht konsequent ist, denn irgendwann wird sich dann eine Sprache durchsetzen.

Ich habe mich auf diese Mehrsprachigkeit in meiner ersten Schwangerschaft ein wenig vorbereitet, indem ich versucht habe, alle Studien zum Thema zu recherchieren. Ich habe damals interessante Dinge herausgefunden. So zum Beispiel, dass sich bei mehrsprachig aufwachsenden Menschen für jede Sprache ein eigenes Sprachzentrum im Gehirn bildet. Was auch erklärt, wieso es für diese Personen so einfach ist, zwischen den Sprachen zu wechseln.

Es war auch wirklich so, dass keines unserer Kinder uns je in der falschen Sprache angesprochen hätte. Klar, manchmal fehlt ihnen ein Wort in der passenden Sprache und dann sagen sie dieses in der Sprache, in der sie das Wort kennen. Aber sie hätten mich nie griechisch angesprochen.

Interessant ist auch die unterschiedliche Wertigkeit der Sprachen. Bei allen Vieren ist Deutsch mit Abstand die stärkste Sprache. Dies beweist einmal mehr, welch soziale Wesen wir eigentlich sind, die Umgebungssprache prägt uns am meisten, denn wir wollen ja in unserer sozialen Gruppe dazu gehören. Englisch, obwohl es per Definition ja ihre „Muttersprache“ ist, kommt da erst an zweiter Stelle, ist aber immer noch eine Sprache, mit der sie einfach viel Kontakt haben. Sie schauen fast ausschließlich englischsprachige Filme und Serien, viel ihrer Lieblingsmusik ist auf Englisch.

Griechisch landet an dritter Stelle. Ich glaube der Grund dafür ist es, dass es zwar ihre „Vatersprache" ist, aber sie im Alltag außer mit Niko damit nicht in Kontakt kommen. Alle Vier haben von Beginn an eigentlich immer auf Deutsch geantwortet, wenn Niko mit ihnen gesprochen hat. Aber sie alle verstehen natürlich, was er sagt.

Auch ich habe mit Tamino Griechisch gelernt. Davor gab es ein paar klägliche Versuche, mit Hilfe von CDs und Büchern die Sprache zu meistern, denn ich dachte von meinen schulischen Sprachlernerfahrungen her, dass dies eben der Weg sei. Als Tamino geboren wurde, konnte ich nur sehr wenige Worte und Phrasen, die ich bei unseren Besuchen in Griechenland aufgeschnappt hatte. Aber immer öfter machte das, was mein Mann zu meinem Sohn da sagte, Sinn für mich. Und so lernte ich auf diese natürliche Art und Weise, eben wie ein Kind auch, die Sprache einfach so nebenher. Irgendwann fiel es mir dann auf, dass ich immer mehr verstand. Leider musste ich ja nie wirklich Griechisch sprechen. Ich bin aber davon überzeugt, dass ich es innerhalb weniger Wochen fließend könnte, wenn ich es müsste. Niemals hätte ich als Sprachlehrerin je gedacht, dass ich einmal so etwas behaupten würde.

Spracherwerb ist leicht und schnell möglich, wenn man das Bedürfnis hat, die Sprache zu beherrschen. Ich denke, das ist auch eines der Hauptprobleme beim Sprachunterricht in Schulen. Viel zu oft fragen sich Schüler dort, wozu sie da jetzt endlos Vokabel pauken sollen, wenn sie die Sprache eh nicht anwenden können (und wollen). Heute denke ich, dass wir alles, was wir lernen WOLLEN, auch innerhalb kürzester Zeit lernen können. Wenn wir begeistert sind von einer Kultur, einem Land, oder verliebt in eine Person, die nur diese Sprache spricht, dann braucht es nicht lange und wir können uns verständigen. Oder wir BRAUCHEN die Sprache wirklich, weil wir sonst keine sozialen Kontakte schließen können. Auch dann gelingt es Menschen fast über Nacht in dieser Sprache zu kommunizieren. Sprachen lernen in Schulen ist wie Schwimmen lernen ohne Wasser. Langweilig und wenig sinnvoll.

Die Art und Weise allerdings, WIE unsere Kinder Sprachen gelernt haben, unterscheidet sich wie Tag und Nacht. Jeder hatte dabei seine eigene Herangehensweise, seine eigene Methode. Viele Menschen haben mir oft gesagt, dass sie wahrscheinlich durch die vielen Sprachen später zu sprechen angefangen haben. Das kann ich gar nicht bestätigen. Ich finde auch solche Studien, in denen so etwas behauptet wird, eher fragwürdig, denn woher will man wissen, wann ein Kind zu sprechen angefangen hätte, wenn es nur eine Sprache in der Familie gegeben hätte?

Tamino hat seinem Naturell entsprechend immer alle drei Sprachen fein säuberlich getrennt. Er hatte erste Worte in allen drei Sprachen. Er hat nie eine Sprache durcheinander gewürfelt und hat lieber nichts gesagt, als nicht richtig.

Allegra hat ebenso ganz ihrem Charakter nach ein wildes Durcheinander von Deutsch, Englisch und Griechisch gesprochen. Die ersten drei Lebensjahre konnten nur Niko und ich wirklich alles von dem verstehen, was sie da so von sich gegeben hat. Hauptsache, sie konnte sich mitteilen. Egal, ob sie dann dafür einen Dolmetscher gebraucht hat oder nicht. Zusätzlich hat sie dann, wenn ihr ein Wort in keiner Sprache eingefallen ist, noch Phantasieworte oder Mischungen aus mehreren Sprachen erfunden.

Philomena hingegen hat mit allen, ohne Ausnahme, Englisch gesprochen bis sie etwa vier Jahre alt war. Es war ihr nicht wichtig, ob die Person sie verstand oder nicht. Das erste Mal, als sie realisiert hat, dass sie vielleicht nicht verstanden werden könnte, war mit unserem ersten Helper, Leon aus Australien. Obwohl sie zu dem Zeitpunkt noch mit allen anderen immer Englisch gesprochen hat, hat sie mit ihm (der keine Fremdsprache konnte) ausschließlich Deutsch gesprochen. Wenn wir ihr gesagt haben, dass Leon sie nicht versteht, dann hat sie es ihm auf Deutsch gesagt, sich zu mir umgedreht, mir auf Englisch erzählt was sie ihm sagen will und mich gebeten, es ihm für sie zu sagen. Natürlich auf Englisch.

Unseren Jüngsten wiederum kann ich schwer beschreiben. Er spricht mit seinen fünfeinhalb Jahren immer noch sehr viel Englisch. Er ist auch der Einzige, der sich ab und zu mit deutschen Wörtern schwer tut, weil sie ihm einfach nicht einfallen. Ich bin neugierig, wie er sich später einmal entwickeln wird. Zurzeit würde ich meinen, dass er derjenige ist, der am wenigsten Feingefühl für die verschiedenen Sprachen hat. Aber das kann sich ja jederzeit auch wieder ändern.

Menschen, die uns nicht kennen, sind oft sehr beeindruckt von der Sprachleistung unserer Kinder und können es nicht fassen, dass ein kleiner Zwerg so mühelos zwischen mehreren Sprachen hin und her springen kann. Unsere Kinder sind ab und zu ein wenig genervt von dieser Aufmerksamkeit, denn für sie ist es absolut normal, sie kennen es ja auch nicht anders.

Ich erinnere mich gut an Taminos Einschulungsgespräch mit der Volksschuldirektorin. Sie musste damals die Schulreife feststellen und so mussten wir diesen Termin trotz Abmeldung zum Häuslichen Unterricht wahrnehmen. Sie hat Tamino damals gebeten, ihm verschiedene Worte in jeweils den drei Sprachen zu nennen. Das ist für die jüngeren Kinder bis heute ein Problem, denn die identifizieren die Sprachen nicht. Nicht nur haben alle drei Sprachen in allen drei Sprachen unterschiedliche Namen, wir haben sie nie so benannt. Es war immer wie selbstverständlich so wie die Mama, so wie der Papa oder so wie die Oma spricht. Das Sprachverständnis ist eben kein theoretisches, sondern ein ganz eigenes, emotional besetztes Feld.

Je älter die Kinder werden, desto bewusster wird ihnen das Privileg, sich fast überall wo sie hinkommen verständigen zu können. Wenn wir reisen, dann interessieren sie sich sehr für andere Sprachen und schnappen einzelne Worte wie nebenher auf. Eine Sprache zu lernen ist keine abstrakte Pflichterfüllung, sondern ein unmittelbares Bedürfnis für sie. Sie würden aber nicht dann später zuhause noch weiter mit interaktiven Sprachlernprogrammen (von denen wir viele zuhause haben) weiter üben, denn der Bedarf besteht ja nicht mehr unmittelbar.

Tamino hat vor ungefähr zwei Jahren begonnen, bewusst Griechisch zu sprechen, wenn wir in Griechenland sind, wenn er mit der griechischen Großmutter telefoniert oder in den letzten Monaten auch vermehrt im Gespräch mit seinem Vater. Ich denke, er wird sich immer stärker dieser kulturellen Verbindung bewusst. Als die beiden Großen letztes Jahr zum ersten Mal alleine bei der Oma waren, hat ihr Griechisch einen ganz ordentlichen Schub gemacht. Plötzlich wollten sie es auch lesen und schreiben können. Innerhalb von zwei Tagen konnten sie alle unsere griechischen Kinderbücher lesen, denn sie wollten sich ja im fremden Land zurechtfinden können.

Dass sie drei Sprachen können empfinde ich heute als großes Geschenk. Da die meisten Helper, die mit uns mit leben,

Englisch sprechen, hätten sie ohne Kenntnisse der Sprache niemals die intensiven Beziehungen zu ihnen aufbauen können. Wenn wir auf Reisen sind, dann profitieren sie immens davon, dass sie sich eigentlich immer verständigen können. Kultureller und menschlicher Austausch ist nun mal an Sprache gekoppelt. Ohne dieselbe Sprache zu sprechen, können wir uns nur schwer verstehen, austauschen und voneinander lernen.

Anfangs habe ich mir auch viele Gedanken darüber gemacht, ob wir ihnen eventuell ein verschwommenes, verwirrendes Kulturverständnis mitgeben würden. Heute sehe ich das alles viel entspannter. Sie sehen sich zu allererst als Menschen und sie treten in Kontakt mit anderen Menschen - nicht aufgrund ihrer Herkunft, Hautfarbe oder kulturellen Identität, sondern weil sie diese Menschen lustig, spannend oder interessant finden.

Wir geben ihnen unsere ganz eigenen Traditionen mit, teils verbunden mit der Region (die uns immer wichtiger wird), teils verbunden mit Kulturen, mit denen wir Kontakt hatten und haben. Die Identität eines Menschen setzt sich aus viel mehr Teilen zusammen als nur seiner Herkunft und überlieferten Traditionen. Wenn wir ein Menschenbild anstreben, das offen, interessiert und vorurteilsfrei mit anderen in Austausch tritt, dann dürfen wir Grenzen, vorgefertigte Meinungen und Beschränkungen aufbrechen und neue Wege gehen. Als Bewohner des Planeten Erde.

Die Geschichte mit den Familienkonferenzen

Wieso dieses Tool für uns als Familie so wertvoll ist

Man redet sich mit dem Partner zusammen, hat Besprechungen mit dem Chef, Konferenzen in der Firma. Überall, wo Dinge organisiert und geregelt gehören, nimmt man sich extra Zeit, um alle Beteiligten mit ins Boot zu holen. Warum eigentlich nicht in einer Familie?

Irgendwann habe ich in einem Buch darüber gelesen und war sogleich begeistert. Ich weiß noch, sogar die Kinder waren davor ganz aufgeregt. Wir suchten uns einen ruhigen, geschützten Ort und schauten vorab, dass alle gut versorgt waren.

Wir hatten uns wenige Grundregeln zurechtgelegt: Wir verwenden einen Redegegenstand, den der, der gerade dran ist in Händen hält während er redet, und er wird dabei von den anderen nicht unterbrochen, bis er den Redegegenstand weiter gibt. Wir sind immer respektvoll und hören einander zu. Jeder sagt ehrlich, wie er sich heute fühlt, was er gut gefunden hat seit der letzten Konferenz, was er gerne ändern möchte und ob er ein Anliegen hat. Wir sprechen bei der Gelegenheit auch gleich über Wünsche, Pläne und Ideen.

Eltern und Kinder sind in einer solchen Konferenz gleichberechtigt, alle werden gehört und machen mit. Die Kleinsten werden genauso aufgefordert, ihren Beitrag zu leisten. Meistens steigen sie aus, wenn es ihnen zu lange dauert oder sie kein Interesse mehr daran haben, aber die Regel lautet, dass auch sie nicht stören und unterbrechen. Sie ziehen sich dann halt zurück oder spielen ruhig daneben. Sie sind meistens ein guter Indikator dafür, ob wir uns kurz und knackig halten und unsere Anliegen auf den Punkt bringen.

Wir haben keine regelmäßigen Termine für unsere Zusammenkünfte. Aber wir setzen immer eine Familienkonferenz an, wenn ein Problem oder eine dringliche Frage im Raum steht. Manchmal berufe ich eine ein, wenn ich mit der derzeitigen Familiendynamik nicht zufrieden bin oder mich etwas ärgert und beschäftigt.

Man könnte natürlich auch ein Ritual daraus machen und zum Beispiel jeden Sonntag den Brunch dazu nutzen, um gleich eine kleine Konferenz daraus zu machen. Wichtig ist, dass die Hemmschwelle möglichst niedrig ist, es allen Beteiligten Spaß macht und niemand sich gezwungen fühlt. Wir Eltern sind auch in diesem Fall, wie überall, die Vorbilder: Kinder hören oft nicht, was wir sagen, aber sie spüren, was wir meinen und sehen immer, was wir tun.

Konferenzen sind nur ein Werkzeug, um miteinander in Kommunikation zu kommen, sie sollen nicht zur Folter werden. Die Erwachsenen sollten sie auch nicht für ihren vermeintlichen Erziehungsauftrag missbrauchen und ihre Kinder stundenlangen Vorträgen aussetzen.

Ich bin immer wieder erstaunt darüber, was eine solche Konferenz im Stande ist zu leisten. Nicht nur lernen die Kinder, sich auszudrücken, ihre Bedürfnisse und Anliegen zu formulieren, sie lernen auch, respektvoll mit ihren Mitmenschen umzugehen. Auch Kinder (und gerade Kinder!) möchten ganzheitlich gesehen und gehört werden, auf Augenhöhe mit Respekt behandelt werden. Sie wollen erleben, dass ihre Meinung wichtig ist, dass sie etwas bewirken können.

Und wollen wir das nicht alle?

Am spannendsten aber ist es für mich, ihre Standpunkte, Argumente, Gedankengänge und Meinungen zu hören. Es verbindet uns als Familie ungemein, wenn wir einander zeigen, was uns bewegt und beschäftigt und wo wir gerade stehen.

Sind die Söhne und Töchter erst einmal an diese Praktik gewöhnt und vertrauen dem Prozess, so geben sie den Eltern einen wunderbaren Einblick in ihre Welt. Sie haben oft Ideen, die uns niemals eingefallen wären und Lösungsvorschläge für vermeintliche Dilemmas, die mich immer aufs Neue erstaunen.

Zu Beginn haben wir bei den Konferenzen mitgeschrieben. Das hat die Kinder beeindruckt, sie wollten dann gerne die „Ergebnisse“ vorgelesen bekommen oder noch Punkte unbedingt „schriftlich festhalten“. Ich empfehle, wichtige Entscheidungen wirklich schriftlich zu fixieren. Wenn man sich ein hübsches Büchlein oder einen praktische Ringmappe dafür zurechtlegt, dann ist das später auch einmal eine schöne Erinnerung.

Für uns funktionieren diese Konferenzen am besten, wenn wir keinen Zwang ausüben und die Sache nicht allzu sehr verkomplizieren. Kinder sind erstaunlich schnell, wenn es um das Finden von sinnvollen Lösungen geht, die für alle passen.

Es kann vorkommen, dass eine Konferenz nur wenige Minuten dauert und alle froh und glücklich auf hüpfen, weil es so schnell und einfach ging. Wir unterbrechen selten einmal eine Konferenz, wenn wir merken, dass wir nur mehr im Kreis reden und keiner mehr wirklich bei der Sache ist. Manchmal hilft es auch, eine Entscheidung auf den nächsten Tag zu vertagen und darüber zu schlafen.

Erst als Mutter habe ich gelernt, dass ich nicht immer sofort Lösungen und Antworten auf alle Fragen und Probleme haben muss. Ich kann Dinge sagen wie: „Ich denke darüber nach und melde mich in ein paar Minuten bei dir.“, oder „Ich weiß es leider auch nicht. Hast du eine Idee, wer oder was uns helfen könnte?“

Dabei fällt mir weder ein Stein aus der Krone, noch unterwandert es meine Autorität. Im Gegenteil: Auch Eltern sind nur Menschen. Und ihre Kinder spüren sowieso so schnell was los ist, sodass es sinnlos ist, vor ihnen etwas verstecken zu wollen. Schließlich haben sie das ihr Leben lang geübt. Das Überleben und Wohlbefinden eines Babys hängt ja auch davon ab, wie gut es die Körpersprache seiner Bezugspersonen lesen kann. Authentisch und ehrlich zu sein, ist keine Schwäche, sondern eine menschliche Tugend. Den Kindern zu vermitteln, dass auch ihre Eltern manchmal nicht weiter wissen und um Hilfe bitten, ist in meinen Augen absolut notwendig.

Oft glauben frischgebackene Eltern, sie müssten von nun an unfehlbar sein, fast schon göttlich. Kinder brauchen aber keine perfekten, glatten und allwissenden Eltern. Sie müssen auch miterleben, dass wir zweifeln, straucheln und oft nicht wissen, wie es weiter gehen soll. Wir sollen ihnen ja auch nicht vermitteln, dass es im Leben keine Probleme gibt oder negative Emotionen, die nun mal einfach dazu gehören. Der Knackpunkt liegt ja darin, die Kinder erkennen zu lassen WIE ich mit Herausforderungen umgehe. DAS interessiert die Kinder und das ist meine Aufgabe als Elternteil. Genau da liegt auch meine Vorbildwirkung.

Deshalb ist es so unglaublich wichtig, mir Hilfe zu holen, mich selbstkritisch zu betrachten, immer danach zu streben, mich als Mensch weiterzuentwickeln. Ich kann nicht wollen, dass meine

Kinder zu liebevollen, selbstständigen, eigenverantwortlichen, interessierten, kritischen und empathischen Menschen werden, wenn ich nicht ständig selbst danach strebe. Dabei ist es irrelevant, ob mir das jedes Mal oder nur selten gelingt. Wichtig ist, dass meine Kinder mich dabei beobachten, dass ich es versuche. Das ist das Beste, was wir in dieser Hinsicht als Mensch je tun können.

(9)

Die Geschichte mit den lieben Verwandten

Wie man es trotz unterschiedlicher Auffassungen schaffen kann, ein gutes Verhältnis mit seiner Herkunftsfamilie zu haben

Als frisch gebackene Eltern wünscht man sich Unterstützung und Orientierung. Alles ist neu, ungewohnt und fordernd.

Vieles bringt einen an die eigenen Grenzen. Aber man möchte auch nicht ungefragt Ratschläge bekommen, wie dies oder das zu sein hätte.

Es liegt in der Natur der Sache, dass es da schnell zu Reibereien und Missverständnissen kommen kann. Die ältere Generation meint es doch nur gut, möchte ihre Erfahrungen teilen und helfen. Die jüngere aber hat oftmals andere Vorstellungen von Erziehung und der Begleitung des Nachwuchses. Nicht selten fühlen sich da die Großeltern angegriffen, wenn ihre Söhne und Töchter mit den Enkelkindern alles ganz anders machen, als sie damals.

In unserem Fall war das nicht unähnlich. Die Freude auf das erste Enkelkind war groß. Aber als dieses dann weder Kinderwagen, noch Schnuller oder Gitterbett hatte, kein Fläschchen bekam und keine Windeln an hatte, da war die Verunsicherung der Großeltern verständlicherweise groß.

Ich hatte viele gescheite Bücher gelesen zu all den mir wichtigen Themen: Attachment Parenting, Windelfrei, Familienbett, usw. Ich hatte mir gewünscht, dass meine Begeisterung über diese alternativen Wege ein wenig geteilt wird von meiner engeren Familie. Ich hätte mich über Anteilnahme gefreut, oder darüber, gefragt zu werden was meine Beweggründe waren, die Dinge anders anzugehen, und warum wir taten, was wir taten.

Anstelle dessen waren da einfach nur Unverständnis und eine große Unsicherheit mir und dem Baby gegenüber. War denn alles, was sie mit mir gemacht hatten, verkehrt gewesen? Wieso kann sie es denn nicht so machen wie es alle machen? Warum muss sie sich das alles „antun"? Irgendwie hatte ich den Eindruck, sie dachten, das würde alles vorüber ziehen wie das Wetter, und irgendwann würde ich „klein beigeben", aufgeben, und vernünftig werden.

Ich wollte kein Drama und keinen ständigen Streit. Ich habe anerkannt, dass ihre Motivation aus der Angst und der Sorge um ihre Enkelkinder und um ihre Tochter her rührte. Ich habe mein Verständnis dafür klar zum Ausdruck gebracht. Aber ebenso klar festgestellt, dass wir unseren Weg deshalb nicht ändern würden.

Ich war zwar sehr traurig darüber, dass unsere Ansichten so weit auseinander klafften, aber ich habe mir dann die ersehnte weibliche Unterstützung woanders geholt. Ich habe damit meinen Frieden geschlossen und auch verstanden, warum die Situation war, wie sie war. Ich habe nie jemandem Vorwürfe gemacht, aber Jahre gebraucht um zu lernen, wie ich damit umgehen kann.

Heute sehe ich diesen Prozess als meinen eigenen Wachstums- und Reifungsprozess an. Erst, als ich meine Mutter aus ihrer Mutterrolle bewusst entlassen habe, als ich mich bei ihr für alles, was sie je für mich getan hat, bedankt habe indem ich ihr einen Liebesbrief mit all den tollen Dingen geschrieben habe, für die ich ihr dankbar bin und die ich gut finde, erst dann konnte in unsere Beziehung Frieden einkehren. Erst, als ich meinen Groll über enttäuschte Erwartungen losgelassen habe, konnte meine Mutter mich als erwachsene Frau und Mutter wahrnehmen und respektieren. Seither hat sich alles verändert.

Es gab und gibt bei uns zuhause einfach andere Regeln und Umgangsformen als bei den Großeltern. Das finde ich vollkommen in Ordnung und heiße es auch gut, dass meine Kinder viele verschiedene Lebensmodelle kennenlernen. Ich habe versucht, mich bewusst nicht in die Beziehung zwischen den Großeltern und meinen Kindern einzumischen und habe ihnen keine Vorschriften gemacht, wie sie mit meinen Kindern umzugehen hätten. Es schadet ihnen nicht, wenn sie ab und zu bei Oma und Opa nach Strich und Faden verwöhnt werden, endlos fernsehen und wahllos Süßigkeiten in sich hinein stopfen. Sie wissen, es ist eine Ausnahme und das ist in Ordnung.

Ich bin sehr dankbar dafür, dass meine Kinder Großeltern haben, die sich kümmern und gerne Zeit mit ihnen verbringen. Ich weiß, das ist bei weitem nicht selbstverständlich. Die Rolle von Großeltern ist nun mal anders als die der Eltern. Unsere Kinder können ausgezeichnet damit umgehen, dass es eben bei Oma und Opa anders läuft als zuhause und sie lieben ihre Großeltern über alles.

Das war anfangs nicht immer einfach, denn meine Familie hatte das Gefühl, sie müssten mit den Kindern eine „ordentliche" Erziehung nachholen, die wir ihnen nicht geben würden. Also waren da ganz viele Verbote, Gebote und ganz viel „Nein". Sie haben versucht, dieselben Methoden an meinen Kindern anzuwenden, die sie bei mir verwendet hatten, nämlich Manipulation und ein „von hinten herum", ein bisschen wie psychologische Kriegsführung. Damit bissen sie allerdings bei Tamino auf Granit, denn er verträgt es bis heute nicht, wenn jemand so mit ihm umgeht. Bis er ungefähr zwei Jahre alt war, hat er daher kaum den Kontakt zu seinen Großeltern gesucht. Das war wiederum so verletzend für meine Familie, dass sie sich zwangsläufig ändern musste, um ihren Enkelsohn nicht zu verlieren.

Tamino war schon immer gnadenlos geradlinig und unfassbar konsequent, wenn er nicht mit Respekt auf Augenhöhe behandelt wurde.

Heute kann ich nachvollziehen, wie schwierig es damals für meine Familie gewesen sein muss. Heute, wo meine Kinder selbst langsam erwachsen werden, fällt es auch mir oft schwer, ihre anderen Ansichten und Meinungen anzunehmen und bedingungslos zu unterstützen. Aber ich habe mir vorgenommen, sie IMMER zuerst nach ihrer Motivation und ihren Gedankengängen zu fragen. Ihnen meine Meinung nicht als die einzig Wahre aufzuzwingen. Ihre Andersartigkeit zu akzeptieren und zu feiern.

Die Dynamik zwischen verschiedenen Generationen kommt mir manchmal vor wie ein Pendel, das hin und her schwingt und einmal in dem einen, dann in dem anderen Extrem verweilt.

Ich bin sehr neugierig, wie es sein wird, wenn sie wirklich flügge werden und beginnen, ihr ganz eigenes Leben zu leben. Ich wünsche ihnen und mir die Kraft und die Verbundenheit, trotz aller Unterschiedlichkeiten das Gemeinsame hervor zu streichen. Ich wünsche uns die Offenheit, um über verschiedene Standpunkte respektvoll diskutieren zu können und die Kraft, ihren ganz eigenen, andersartigen Weg zu beschreiten.

Ich freue mich schon jetzt darauf, was wir dann wiederum von ihnen lernen werden, und wohin uns alle diese Reise noch führen wird.

Ich bin meiner Familie sehr dankbar dafür, dass anfangs so viel Widerstand für unseren Weg da war. Dieser Widerstand hat uns dazu veranlasst, noch genauer hinzuschauen und noch stärker darüber nachzudenken, wie wir uns unser Familienleben vorstellen.

Die Zeit ist auf unserer Seite. Je älter die Kinder werden, desto mehr sehen unsere Verwandten, dass sie nicht zu sozialen Außenseitern und seltsamen, lebensfremden Eigenbrötlern werden. Mittlerweile ist klar geworden, dass keine der dunklen Prognosen über ihre vermeintlich düstere Zukunft eingetreten ist. Im Gegenteil: Sie sind sehr, sehr stolz auf ihre Enkel.

Auch heute noch ist die Elterngeneration die Stimme im Hintergrund, die mich immer wieder ganz genau reflektieren und überprüfen lässt, was unser nächster Schritt sein wird. Und damit haben sie wohl doch ihre Berater- und Ratgeber-Rolle erfüllt, die sie zu Beginn einnehmen wollten. Wenn auch auf ganz andere Weise als sie sich das ursprünglich vorgestellt hatten.

Ich danke euch.

Die Geschichte mit dem Haushalt

Wie wir es schaffen, dass jeder von uns seinen Teil beiträgt

Klar, zu Beginn haben naturgemäß Niko und ich den Haushalt erledigt. Von Anfang an allerdings waren die Kinder immer mit dabei. Sie durften alles ausprobieren, überall mithelfen.

Kleine Kinder wollen mitten im Leben sein, Verantwortung übernehmen und Teil des sie umgebenden Gefüges sein. Wenn die Eltern dies zulassen, Geduld haben und ihre eigenen Erwartungshaltungen herunter schrauben, dann dürfen die Kinder ihre eigenen Erfahrungen sammeln. Entscheidend ist, ihnen das auch zuzumuten und das Vertrauen zu haben, dass sie es auf ihre ganz eigene Art und Weise erledigen können. Vielleicht dauert es dreimal so lange, bis das Geschirr gespült ist, oder man muss eben noch einmal nachputzen bei den Fenstern, aber junge Kinder wollen von sich aus mitarbeiten, haben natur-gemäß eine große Freude daran.

Bevor jetzt der große Aufschrei kommt: Dies hat nichts mit Kinderarbeit zu tun. Was der Unterschied ist? Unsere Kinder haben immer die Wahl und können jederzeit nein sagen. Und wir beuten sie ja auch nicht im Streben nach möglichst großem finanziellem Gewinn unter lebensverachtenden Umständen aus. Im Gegenteil: Wir versuchen, ALLE Arbeiten mit Freude zu machen. Denn es genügt nicht, im Leben nur das zu tun, was man liebt (auch wenn das wichtig ist), sondern wir sollten danach streben, alles was wir tun auch zu lieben.

Ich muss dabei immer an Beppo, den Straßenkehrer denken, aus dem Buch „Momo“ von Michael Ende, der seinen Beruf liebt, egal ob der gesellschaftlich angesehen ist oder nicht.

Weil er weiß, das er wichtig ist. Er macht einen Schritt nach dem anderen, er denkt nicht an die lange Straße vor ihm. Er ist zufrieden, glücklich und klar im „ewigen Moment“, dem Hier und Jetzt.

Je älter die Kinder wurden, desto mehr haben sie auch übernommen. Wir beobachten bei vielen Familien mit Schulkindern, dass die Kinder oft nur wenig zuhause mithelfen. Die Kinder seien müde, hätten keine Lust und wären sowieso von der Schule zu sehr in Anspruch genommen. Die Schule ist ihr Beruf, daneben wird vieles entschuldigt. Wir finden das zwar nachvollziehbar, aber auch sehr schade. Denn so wird der Haushalt zur ungeliebten Pflichterfüllung, die keiner wirklich übernehmen möchte.

Ganz abgesehen davon, dass das ja auch lebenswichtige Fähigkeiten sind ein Haus ordentlich und sauber zu halten, Lebensmittel zu verarbeiten, gesunde Gerichte zubereiten zu können. Menschen können durchaus überleben, wenn sie das Reimmaß eines französischen Gedichts aus dem 18. Jahrhundert nicht benennen können, aber ohne die Fähigkeiten, den Alltag zu managen, sind sie aufgeschmissen.

Nicht immer verlief das reibungslos. Wir sind einen langen Prozess durchlaufen. Es gab viel „Versuch und Irrtum“. Wir sind auch auf der Nase gelandet, aber haben aus unseren Erfahrungen gelernt, sind gemeinsam gewachsen.

Auch heute noch gibt es Diskussionen und Familienkonferenzen, weil sich jemand übervorteilt fühlt, jemand die Mithilfe generell verweigert oder einfach nicht einsieht, warum er oder sie das jetzt tun soll. Aber unsere Familie ist ein Team, jeder leistet seinen Teil, damit das Werk am Laufen gehalten werden kann. Jeder tut das, was er kann, damit wir alle zusammen uns wohl fühlen können. Jeder nach seinen Stärken, Vorlieben und Kompetenzen. Und jeder wird gehört in seinen Argumenten und wir arbeiten an einer Lösung, die für alle passt. Oft braucht es viel Zeit, bis alles wieder läuft, aber wir sehen diese Investition als wichtige Möglichkeit des Lernens und Zusammenlebens an.

Genau das ist soziales Lernen für mich.

Seit ein paar Jahren haben wir einen Haushaltsplan erarbeitet. Wir haben eine Liste aller anfallenden Arbeiten im Haushalt erstellt. Von dieser Liste hat sich jeder individuell alle die Dinge herausgesucht, die er gerne macht und Dinge, die er machen kann. So können logischerweise nur Niko und ich das Einkaufen übernehmen, weil kein anderer einen Führerschein besitzt. Aber die Katzen zu füttern, den Müll raus zu bringen oder den Küchenboden zu kehren, das schaffen alle bis hin zum Jüngsten. Auf unserem Plan gibt es tägliche Aufgaben, wöchentliche und monatliche. Die Aufgaben wurden immer mal wieder getauscht und verändert, je nach den anfallenden Bedürfnissen. Die älteren Kinder haben meist zeitintensivere, die jüngeren meist einfachere Aufgaben.

Ja, ab und zu muss man sie an ihre „Chores“ (= Aufgabenlisten) erinnern und nicht immer läuft alles wie am Schnürchen. Wir haben die Regel aufgestellt, dass es erst abends „Screen time“, also Bildschirmzeit, geben kann, wenn jeder seine Pflichten erledigt hat. Aber je länger wir bei der Aufgabenteilung bleiben, desto einfacher wird es. Denn in einer Familie, wo immer mindestens sechs und meistens sieben oder acht Menschen zusammen leben, geht es nicht mehr, dass nur einer alles für die anderen tut. In einer Kleinfamilie kann ich als Elternteil noch viel kompensieren, aber ab einer gewissen Anzahl an Menschen ist das einfach nicht mehr machbar.

Ich als Einzelkind wurde da sehr verwöhnt, denn ich musste nur hin und wieder einmal Zimmer aufräumen. Wie man ein Badezimmer putzt, kocht oder Wäsche wäscht habe ich erst gelernt, als ich ausgezogen bin. Natürlich geht das dann auch irgendwie, wir Menschen sind ja sehr anpassungsfähig und können bei Bedarf ALLES innerhalb kürzester Zeit lernen.

In meiner eigenen Familie allerdings praktizieren wir dieses MITANANDA, in dem jeder ein wertvoller Teil eines größeren Ganzen ist, auch und vor allem im Haushalt.

Die Geschichte mit dem Medienkonsum

Wie wir mit Computer, Tablet und Co. umgehen

Unser Prozess, einen Weg zu finden, mit dem Medienkonsum unserer Kinder umzugehen, war bei uns ein sehr langer.

Tamino hat sich bereits sehr früh für Bildschirme aller Art zu interessieren begonnen. Da auch Niko ab und an gerne Computerspiele spielt, hat er bei ihm gesehen, was es da alles gibt. Wir haben ihm auch Lernspiele organisiert, die allerdings nie so interessant für ihn waren wie „Spaß-Spiele". Sehr bald haben wir bemerkt, dass Tamino vollkommen hineinkippt in diese Welt. Ich war verunsichert, denn ich hatte mich als Kind kaum je für solche Dinge interessiert. Außerdem hat man ja auch viel gelesen zum Thema. In den meisten Artikeln wird davor gewarnt. Es gibt extreme Ansätze, auf beiden Seiten: Man sollte seinen Kindern vor einem gewissen Alter gar keine Bildschirmzeit einräumen. Oder man sollte sie völlig frei lassen. Beides fühlte sich für mich nicht richtig an.

Der Computer (und somit auch Tablet, Smartphone, etc.) ist ein bedeutendes Werkzeug unserer Zeit. Um diesen Fakt kommen wir nicht herum. Ich finde es wichtig, dass Kinder damit umzugehen lernen wie mit jedem anderen Werkzeug auch. Der Haken daran: Das immens große Suchtpotenzial.

Aber von vorne: Wir haben uns also alle möglichen Systeme und Regeln einfallen lassen, um Taminos Medienkonsum zu regulieren. Ich hatte Angst, dass er die „wichtigen" Dinge und das wirkliche Leben nicht mehr lernt, wenn er sich nur noch vor dem Bildschirm vergräbt. Kurz und knackig: Ich war nicht im Vertrauen und verunsichert von all den unterschiedlichen Meinungen rund um uns herum.

Zuerst hatten wir die Idee mit Zeit-Gutscheinen. Ich habe einen Kalender gebastelt (und dabei gedacht, dass er dann auch den Umgang mit einem Kalender lernt) und auf jeden der Tage einen Zeitbon für 30 Minuten Spielzeit geklebt. Er konnte jeden Tag einen Gutschein einlösen, wann immer es gerade passte und er spielen wollte. Er konnte die Gutscheine aber auch zusammen sparen, um dann einmal länger als die halbe Stunde an einem Stück zu zocken.

Was nach einer ganz guten Idee klang, wurde nach relativ kurzer Zeit zur Qual: Ständig wurde diskutiert, ob er nicht doch noch spielen konnte, dass die Zeit ja noch nicht um sei, dass wir unfair waren, denn er musste ja mitten in einem Spiel aufhören und würde darin den Fortschritt verlieren… Ich war genervt, eine bessere Lösung musste her.

Wir stellten die Regel auf, dass Tamino (mit damals zirka fünf Jahren), erst ab zwölf Uhr mittags für eine halbe Stunde den Computer anmachen durfte. Wir wollten, dass zumindest am Vormittag Ruhe ist und er sich mit anderen Dingen und seinen Projekten beschäftigt. Das hatte zur Folge, dass er den gesamten Vormittag seit dem Aufstehen die Uhr anstarrte (gut, er lernte dabei die Uhr zu lesen), er wartete unermüdlich, dass die Zeiger auf zwölf Uhr wanderten. Um Punkt schaltete er den PC ein um dann gebannt seine dreißig Minuten bis aufs Letzte auszukosten. Nach dem Ausschalten wartete er bis zum nächsten Tag um zwölf Uhr. Alle seine Gedanken drehten sich darum. Es war schwer, ihn zu irgendetwas anderem zu motivieren, denn es könnte ja sein, dass er sonst seine „Screen Time“ versäumt.

Ich war sauer. So hatte ich mir das nicht vorgestellt. Der Höhepunkt war für mich, dass er sich mit fast sechs Jahren mitten in seiner Computerzeit anpinkelte, weil er keine Zeit hatte aufs Klo zu gehen. Damit war für mich das Fass voll. So wollte ich das ganz und gar nicht.

Ich habe mir den Kopf zerbrochen, wie wir dieses wirklich herausfordernde Thema für uns innerhalb der Familie lösen konnten. Ich dachte, es kann nur ein „Ganz oder gar nicht" sein. Sollten wir den Computer vollkommen aus unserem Leben verbannen? Aber wie sollte das gehen? Schließlich musste ich ja beruflich auch viel damit arbeiten.

Aber wenn es eine Hausregel in unserer Familie gibt, dann die: Wir sind alle gleichberechtigt. Das heißt, wenn es für mich gilt, dann gilt es auch für die Kinder. Ich wollte mich nicht heimlich verstecken, um meine Mails zu checken. Oder sagen, dass es zwar für mich in Ordnung war den PC zu nutzen, aber für die Kinder nicht.

Die andere Möglichkeit war, das Thema vollkommen frei zu lassen. Diese Option machte mir erst recht Angst. Konnten wir soweit loslassen und auf seine Selbstverantwortung zählen? War das unverantwortlich und waren wir schlechte Eltern, wenn wir ihn spielen ließen, so viel er wollte? In einigen Attachment Parenting Foren und auch Unschooling Gruppen hatte ich von Familien gelesen, die damit sehr gute Erfahrungen gemacht hatten. Ich dachte, dass es einen Versuch wert wäre.

Natürlich haben wir Tamino mit dieser Entscheidung nicht ins kalte Wasser geworfen. Ich glaube, dass ein so junges Kind Begleitung braucht, aber eben respektvoll, achtsam und auf Augenhöhe. Himmel, ich brauchte selbst Begleitung mit dem Thema, denn ich hatte die Hose gestrichen voll!

Wir haben uns in einer Familienkonferenz zusammengesetzt und ihm die Idee unterbreitet. Er sah uns nur ungläubig an – meinten wir das ernst?

Wir setzten gemeinsam einen Vertrag auf. Der erste Satz lautete: Tamino darf immer und überall Computer spielen so viel er möchte. Wow. Das schlug ein – bei ihm und bei mir.

Dann zählten wir die Ausnahmen auf: Er durfte nicht spielen, bevor er nicht seine Arbeiten erledigt hatte, sich um die Tiere gekümmert hat. Er musste fragen, wenn er irgendwo auf Besuch war, wie dort mit dem Thema umgegangen wird (zum Beispiel bei den Großeltern oder bei Freunden) und sich gegebenenfalls an die dortigen Regeln halten. Er musste uns bei jedem neuen Spiel fragen, ob er das spielen durfte und konnte nicht heimlich jedes x-beliebige Spiel herunterladen. Gespielt wird nur in Sichtweite von uns, er durfte – und darf – den Computer nicht mit in sein Zimmer nehmen.

Ich verankerte noch meine Grundvoraussetzung im Vertrag: Er musste immer mit mir darüber reden, wenn mir danach war. Schließlich ist Kommunikation in unserer Familie das Um und Auf.

Zusammen haben wir uns Konsequenzen überlegt, wenn er einen der Punkte des Vertrages bricht. Er war sehr streng mit sich selbst: Wenn er einmal einen Vertragsbruch begeht, dann hat er drei Tage Spielverbot. Bei zwei Mal sechs Tage, bei drei Mal neun Tage, usw.

Wir haben feierlich alles unterschrieben. Dann ging es los – sollte man meinen. Allerdings bekamen wir an dem Tag Besuch von einem von Taminos besten Freunden und hatten einen aufregenden Tag zusammen.

Die Gäste gingen so spät, dass es bereits Schlafenszeit war. Erst im Bett ist ihm aufgefallen, dass er vollkommen aufs Spielen vergessen hatte. Die nächsten beiden Tage ging es gleich weiter.

Natürlich hat er es im Laufe der folgenden Wochen und Monate auch immer mal wieder ausgenutzt, dass er spielen durfte. Meistens, wenn Schlechtwetter war, nichts los war oder er einfach müde und gestresst war. An solchen Tagen haben wir sehr viel über die Auswirkungen von solch übermäßigem Medienkonsum gesprochen, denn natürlich bemerkte er, was es mit ihm und seinem Körper tat, wenn er stundenlang vor dem Bildschirm saß. Wir sprachen über Suchtverhalten, Abhängigkeiten und körperliche und seelische Nebenwirkungen. Wir sprachen über gesellschaftlich akzeptierte Drogen wie Alkohol und Zigaretten und über illegale Drogen aller Art. Wir diskutierten, wann etwas zur Sucht wird, wie sich Sucht definiert und was die Aufgabe von Eltern ihren Kindern gegenüber ist. Wir sahen uns darüber altersgemäße Doku mentationen an.

Heute bin ich mehr als dankbar dafür, dass wir dieses Thema in einem verhältnismäßig jungen Alter so ausgiebig beleuchtet haben. Ich weiß, dass er sehr bewusst mit seinem Körper und seiner seelischen Gesundheit umgeht und sehr sensibel auf Suchtverhalten jeglicher Art reagiert. Wäre dieses Thema erst in der Pubertät aufgetaucht, wären die Grundvoraussetzungen ganz andere gewesen. Mit einem Sechsjährigen über diese Themen in einem relativ harmlosen Zusammenhang zu sprechen ist etwas anderes, als mit einem Vierzehnjährigen, der vielleicht bereits das erste Mal geraucht hat. In dem Alter war er für uns Eltern auch einfach noch viel greifbarer.

Die Zeit verging und die erste Begeisterung für die neugewonnene Freiheit ebbte ab. Ja, er hatte auch versucht, den ganzen Tag nichts anderes zu tun als vor dem Computer zu hängen. Ja, es gab auch Tage, da kam ich an die Grenzen meiner Toleranz. Aber es gab auch viele Tage, wo er vollkommen auf seine Privilegien vergessen hat. Weil das richtige Leben einfach viel spannender ist.

Ungefähr ein Jahr, nachdem wir unseren Vertrag aufgesetzt hatten, trafen wir uns mit Nikos gesamter Familie (25 Leute) zu einem wochenlangen Familientreffen. Fast hätte Tamino beim Einpacken auf den Laptop vergessen. Als er ihn ins Auto räumte, seufzte ich. Ich hatte gehofft, dass er ganz darauf verzichten würde, schließlich trafen sich dort zwölf Cousins und wir hatten viel abwechslungsreiches Programm geplant.

Ich hätte mir aber auch in diesem Fall, wie auch beim ganzen Thema Medienkonsum die Jahre vorher, keine Sorgen zu machen brauchen. Erst am vorletzten Tag fiel ihm sein Computer wieder ein, er holte ihn aus dem Auto und die Cousins lagen damit ein paar Stunden gemeinsam am Boden herum. Es regnete und alle waren müde und von den letzten intensiven Tagen geschafft. Es war vollkommen in Ordnung, dass sie mal „was Ruhiges“ machten.

Der Satz, der mir aus der Zeit am meisten in Erinnerung blieb, ist, als Tamino Folgendes sagte: „Mama, ich bin drauf gekommen, dass diese Spiele alle das Gleiche sind. Kennst du eines, kennst du alle. Auf Dauer wird das echt langweilig.“ Seine Erkenntnis war für mich wie ein Triumph, denn genau das wollte ich, dass er von sich aus lernt, auf seine Art und Weise.

Die virtuelle Welt kann wie eine Flucht aus der Wirklichkeit sein und birgt so einige Gefahren gerade für junge Menschen. Allerdings auch nur, wenn man mit seinem Leben und der

Wirklichkeit unzufrieden ist. Ein gesunder Mensch, der sicher sozial verankert ist, wird im Normalfall immer die reale der virtuellen Welt vorziehen.

Andererseits können wir uns eine Welt ohne all die Vorteile von Internet und technischen Gadgets nicht mehr vorstellen. Wahrscheinlich werden sich da in den kommenden Jahrzehnten noch viel mehr Möglichkeiten auftun, die wir uns derzeit noch gar nicht vorstellen können. Auch darauf gilt es die neue Generation vorzubereiten, ohne dabei zu vergessen, dass es auch Kompetenzen gibt, wo kein Computer mitkann.

Aber genau deswegen ist es meines Erachtens auch ganz besonders wichtig, ihnen die Tools dafür mitzugeben. Genauso, wie ich ihnen den Umgang mit einer Stichsäge zeige, die Gefahren bespreche, die Sicherheitsvorkehrungen und die Möglichkeiten, genauso finde ich es wichtig, die Vor- und die Nachteile von all den neuen Medien zu vermitteln.

Wir spulen mal in der Zeit um ein paar Jahre vor. Unsere Abmachungen mit der freien Einteilung der „Screen Time" funktionierte mit den beiden Mädchen wunderbar - beide kamen wohl nach mir und interessierten sich eher begrenzt für Computerspiele. Natürlich schauten auch sie ihre Kinderserien. Da war es uns wichtig, sie nicht unbegleitet zu lassen. Oft saßen wir daneben und besprachen, was dort vor sich ging.

Wir hatten nie einen Fernseher, aber wir haben Festplatten voll mit Kinderprogramm, Hörbüchern, Sprach- und Lernspielen und Filmen. Wir haben beobachtet, dass es für junge Kinder sehr wichtig ist, immer und immer wieder dieselbe Serien-Episode oder denselben Film zu wiederholen. Gerade die neueren Kinderfilme sind so schnell in ihrer Geschwindigkeit, mit dem Wechsel der Bilder und Szenen, da kommt ein

Erwachsener kaum mit. Oft haben sie erst nach mehrmaligem Schauen die Zusammenhänge verstanden.

Wir haben auch deswegen keinen Fernseher, weil wir zum einen die ewige Werbung nicht wollen. Es ist kein Zufall, dass es eine ganze Berufssparte an Psychologen und Werbefachleuten gibt, die unseren Kindern mit verführerischen Bildern Konsumverhalten „antrainieren" sollen. Kommen unsere Kinder von den Großeltern zurück, wollen sie plötzlich Barbie, Matchbox und Co., auch wenn sie das eigentlich noch nie interessiert hat.

Zum anderen ist im Fernsehen nie Schluss. Ist eine Sendung zu Ende, beginnt sofort anschließend eine neue. Kinder haben keine Zeit, das Gesehene irgendwie zu verarbeiten, sie sind überfordert. Von einem Kind zu erwarten, dass es da von selbst abschalten kann, ist illusorisch. Wer schon einmal seine Lieblingsserie im „bingewatching" geschaut hat, wird wissen, was ich meine. Hat man ein kleines Kind vor dem Bildschirm beobachtet, dann versteht man, wieso ein Fernseher auch kostenloser Babysitter genannt wird. Es sieht aus, als würde es hypnotisiert werden.

Ich sage nicht, dass der Fernseher schlecht und alle anderen Bildschirme gut sind. Auch YouTube zu schauen beinhaltet Werbung und man wird immer wieder motiviert, gleich noch weiter zu klicken und noch mehr zu schauen. Aber ich will darauf aufmerksam machen, dass es sehr wohl meine Verantwortung als Elternteil ist, ganz bewusst mit den Kindern, natürlich immer altersgerecht, über diesen Medienkonsum zu sprechen. Auch bewusst darüber zu reflektieren, WAS sie da konsumiert haben. Ich lasse mir zum Beispiel gerne Filme nacherzählen, die sie geschaut haben. Wir sprechen auch ab und an über Schnitttechnik und Filmkritik. Es liegt uns am

Herzen, dass sie ständig ALLES hinterfragen. Das gelingt aber nur, indem wir eine aktive Kommunikations-Kultur zu Hause leben und uns bewusst dafür Zeit nehmen.

Nachdem Aeneas, unser Jüngster, auf der Welt war, und die drei größeren Kinder schon ganz gut geübt im Umgang mit ihren Freiheiten im Medienkonsum waren, taten sich erneut Probleme auf. Aeneas war noch viel zu klein, um mit der Flut an Eindrücken umzugehen und ich wollte nicht, dass er dauernd die Sachen der Großen mit schaut.

Außerdem nervte es mich, dass sie, sobald nur ein Hauch von Langeweile auftauchte, sofort zum Handy oder Tablet griffen und sich gar keine Gedanken mehr machten, was sie sonst noch so tun könnten. Logischerweise war das ganz besonders im Winter Thema, wenn es am H.O.F. sehr ruhig ist und man naturgemäß weniger draußen ist.

Wieder beriefen wir eine Familienkonferenz ein, um gemeinsam Ideen und Lösungsvorschläge zu sammeln. Die Kinder sahen selbst ein, dass sie sich zu leicht von den Bildschirmen verführen ließen und waren zum Großteil selbst schon genervt davon. Also führten wir eine neue Regelung ein: Erst am Abend, ab fünf Uhr, ist drei Stunden „screen time“ für alle. Ihre „screen time“ können sie so verbringen und aufteilen, wie sie wollen, aber erst konsumieren, wenn sie alle ihre Arbeiten im Haushalt und mit den Tieren erledigt haben. Um acht Uhr ist Schluss, danach gibt es Abendessen, baden, vorlesen und „bettfertig“ machen, denn um neun Uhr ist bei uns Schlafenszeit. Beziehungsweise sollten sie ab neun Uhr in ihren Zimmern sein. Natürlich können sie dort lesen, plaudern oder Geschichten hören, aber dann ist zumindest einmal Ruhe. Das ist besonders für mich als Mutter für meine psychische Gesundheit wichtig. Jeden Tag den ganzen Tag mit der gesamten Familie zu verbringen kann auch fordernd sein, ab und zu brauche ich „Erwachsenenzeit".

Unsere Großen haben einen anderen Schlafbedarf als die Kleinen. In der Regel funktioniert das ganz gut so für uns.

Beim vierten Kind läuft vieles anders als noch beim ersten oder zweiten. Niemals hätte ich einem vierjährigen Tamino drei Stunden „screen time" gegeben. Aber wie soll ich Aeneas' Bildschirmzeit limitieren, wenn daneben drei ältere Geschwister sitzen, die alle irgendetwas schauen? Er würde sich einfach nur neben sie setzen und dann ihren Film oder was auch immer anschauen. Da ist es mir dann schon lieber, er sieht sich seine altersgerechten Serien an. Oft steht er auch dazwischen von selbst auf und macht Pause, isst etwas oder geht hinaus.

Ein uns sehr wichtiger Punkt ist es, auf allen Geräten, die ihnen zur Verfügung stehen, ein gutes „Parental Control" Programm zu installieren. Ganz besonders im Internet kommen sie sehr schnell von harmlosen Seiten auf gar nicht kinderfreundliche Sachen. Es ist sehr wichtig, sie vor pornographischen oder für Kinder ungeeigneten Inhalten zu schützen. Nachdem diese Programme aber leider alle nicht hundertprozentig dicht sind, gilt bis heute die Regel, dass sie nur im Erdgeschoß in unserem Beisein online sind.

Aktuell schauen die Kinder natürlich auch viel „Müll", wie YouTube Videos, in denen stundenlang mit Slime gespielt wird. Auch hier gilt: Wir vertrauen, dass sie dabei etwas für sich heraus bekommen, auch wenn uns das vielleicht nicht ersichtlich ist in dem Moment. Je älter sie werden, desto mehr schauen sie aber auch Dokumentationen, fachspezifische Sendungen (zum Beispiel zum Thema fischen) und wissenschaftliche Beiträge. Klar, nicht alles im Internet ist immer hieb- und stichfest und sein Wissen rein aus Wikipedia und YouTube zu beziehen ist zu einseitig. Aber sie haben viele wertvolle Informationen sehr wohl aus dem Internet bezogen und viel davon gelernt. Oft bin ich ganz erstaunt, was sie alles kennen und können, ohne zu wissen, woher sie das eigentlich haben.

Alles in allem bin ich mit der derzeitigen Regelung zufrieden, was nicht heißt, dass sich das nicht irgendwann einmal wieder ändern wird. Die beiden Großen haben unlängst eingebracht, dass sie ihre Bildschirmzeit lieber auf zwei statt drei Stunden limitieren wollen, weil sie das Gefühl haben, es nimmt ihnen zu viel Zeit weg. Da waren allerdings die zwei Kleinen noch dagegen. Mal sehen, wohin uns die Reise mit den Medien noch bringen wird.

Eines weiß ich aber mit Sicherheit: Es war eine der besten Entscheidungen, auch in diesem heiß diskutierten und heiklen Bereich, sich auf unser Bauchgefühl zu verlassen und den Kindern zu vertrauen. Es ist ein spannender Weg und immer wieder neu, manches Mal braucht es viel Geduld, Zeit und Empathie, aber immer wieder lohnt es sich. Für meine eigene Entwicklung genauso wie die der Kinder und den Zusammenhalt innerhalb unserer Familie.

(10)

Die Geschichte mit der Kinderarbeit

Warum unsere Kinder mithelfen wollen
und wieso das keine Kinderarbeit ist

Erst vor gar nicht so langer Zeit, hat uns doch tatsächlich jemand beim Jugendamt angezeigt. Einer der Haupt-"Anklagepunkte" in der Anzeige war, dass unsere Kinder bei uns arbeiten müssten. Zum Glück haben wir ein wirklich gutes Verhältnis zu den Vertretern unseres Jugendamts. Wir schätzen ihre Arbeit sehr und ziehen unseren Hut vor ihrem Engagement, ihrer Professionalität und Menschlichkeit.

Ja, unsere Kinder helfen am H.O.F. mit. Und nein, das ist keine Kinderarbeit. Der entscheidende Unterschied liegt in der Tatsache, dass wir sie nie zwingen, mit anzupacken. Oder aus ihrer Hilfe Profit schlagen. Sie haben immer die freie Wahl, ob sie uns bei anfallenden Arbeiten unter die Arme greifen oder nicht. Wie alle Bauernhöfe seitdem es Bauern gibt, sind auch wir aber sehr dankbar für jede helfende Hand. Teilweise sind wir darauf sogar wirklich angewiesen. Unsere Kinder finden es gut, dass sie gebraucht werden, wertvoller Teil eines größeren Ganzen sind. Und der Schlüssel: Sie WOLLEN das!

Schon von klein auf wollten sie uns helfen. Geschirr waschen, Tiere füttern, Fenster putzen. Wer einmal ein Kleinkind in seiner Begeisterung für die Hausarbeit begleitet hat, der weiß, dass dieses Bedürfnis ganz tief aus ihm herauskommt.

Wir haben auch den kleinen Kindern Verantwortung übertragen, aber nur so viel, wie sie übernehmen wollten. Wir haben sie begleitet, eine passende Umgebung vorbereitet, sie unterstützt und immer viel darüber kommuniziert. Wir haben ihnen bei scheinbar gefährlichen Dingen vertraut, denn sie konnten damit umgehen, weil wir ihnen den Umgang damit vermittelt haben. Und weil sie ihre eigenen Grenzen kannten und wahrten.

Das hat rein gar nichts mit Überforderung zu tun, sondern genau das ist soziales, sinnvolles Lernen im Leben. Vorwürfe, wir würden unseren Kindern zu viel zumuten, kann ich nur mit einem Lächeln beantworten: Sie sind diejenigen, die immer mehr übernehmen wollen. Es kommt vor, dass wir uns Sorgen machen, dass es zu viel sein könnte. Diese Sorgen haben sich noch nie bestätigt.

Wenn man ein kleines Kind helfen lässt, dann wächst es hinein in das familiäre, soziale System um es herum. Man muss es später dann nicht mehr dazu zwingen, seinen Platz aufzuräumen (gut, okay, manchmal brauchen sie eine Erinnerung – das Ordnungsverständnis eines jungen Menschen scheint anders als das eines Erwachsenen zu sein).

Das tiefste Bedürfnis eines Menschen ist es, einer sozialen Gruppe anzugehören und von dieser wertgeschätzt und gebraucht zu werden. Die Erfolgsgeschichte der Menschheit basiert auf diesem sozialen Grundbedürfnis.

Vor langer Zeit habe ich in einer Montessori-Schule in Wien gearbeitet. Damals habe ich mich viel mit den Originalschriften von Maria Montessori auseinander gesetzt. Unter anderem habe ich von ihrem Erdkinderplan erfahren. Der Erdkinderplan ist Montessoris Entwurf für eine weiterführende Bildung und Ausbildung von Jugendlichen ab ungefähr zwölf bis vierzehn Jahren, den sie nie ausformulieren konnte, da sie leider vorher verstorben ist.

Die Idee ist so simpel wie genial: Die Jugendlichen kommen an einem Ort zusammen, an dem es einen Bauernhof mit Viehzucht und Garten gibt, einen Beherbergungsbetrieb mit Restaurant und einem Hofladen. Sie verbringen in jedem der Bereiche Zeit und lernen dabei, wie man mit Tieren umgeht, einen Garten versorgt, kocht, mit Gästen umgeht, sauber macht, verkauft, präsentiert und mit Geld umgeht.

Sie können alles ausprobieren und erfahren im Laufe der Zeit, wo ihre Stärken liegen. Dabei sollen sie eigenständig wirtschaften und investieren. Begleitet werden sie von kompetenten Menschen, die viel Erfahrung und Herzblut mitbringen und für ihre Berufung leben.

Diese Idee hat mich nicht mehr losgelassen, ich war fasziniert. Alle in unseren Augen lebensnotwendigen Kompetenzen waren darin vereint. Zwar gefiel mir der Punkt nicht so gut, dass die jungen Menschen all dies fernab ihrer Herkunftsfamilien machen sollten, aber schließlich basierte vieles von Montessoris Ideen auch auf ihrer Arbeit mit Waisenkindern.

In zahllosen Vorträgen und Artikeln habe ich den Menschen davon erzählt – viele Montessori-Lehrer kennen dieses Konzept nicht einmal. Ich habe online Recherchen durchgeführt, um herauszufinden, ob es so etwas in der Praxis bereits irgendwo gibt. Leider konnte ich damals – und vielleicht ist das heute schon anders – nichts finden, wo der Erdkinderplan wirklich gelebt wird. Es gibt verschiedene Versuche, Aspekte dieser Idee in ein schulisches Setting zu integrieren. Aber es ist auch schwierig, dies mit den rechtlichen Bestimmungen und Grundlagen des heutigen Schulsystems in Einklang zu bringen.

Vor einigen Jahren dann, mitten in einem Vortrag, in dem ich wieder begeistert vom Erdkinderplan gesprochen hatte, meldete sich eine liebe Bekannte zu Wort. Sie meinte, dass wir doch bei uns am H.O.F. schon längst so etwas leben würden.

Ihre Worte schlugen bei mir ein wie ein Blitz. Genau, sie hatte Recht! Wir haben am H.O.F. einen kleinen Bauernhof mit Tieren, um die sich die Kinder eigenständig kümmern. Wir haben einen Garten, den sie mit uns gemeinsam bewirtschaften. Sie helfen beim Verarbeiten der Ernte und der Produktion unserer Lebensmittel. Sie tauschen die Produkte mit anderen Bekannten und Freunden. Wir haben einen kleinen H.O.F.-Laden mit der Keramik, wo sie in meiner Abwesenheit verkaufen lernen. Sie betreuen unsere Gäste und helfen mit bei der Versorgung, kochen, backen und servieren. Sie sind involviert in der Veranstaltungsorganisation und -durchführung.

Die Kinder erwerben dabei unschätzbar wertvolle Kompetenzen, die sie zu unabhängigen, vielseitig gebildeten und interessierten Menschen machen. Wenn wir schon einen Unterrichtsauftrag an unsere Kinder haben, dann wäre das bei uns genau das.

Ich mache mir um die Zukunft meiner Kinder keine Sorgen, denn sie haben das Handwerkszeug mitbekommen, überall erfolgreich sein zu können. Sie haben Einblick in so viele Bereiche gewonnen, sich orientiert, haben erfahren, was ihnen liegt und was nicht. Sie können alles schaffen, wozu sie sich entscheiden.

Sie stehen mitten im Leben, sind Teil eines sozialen und wirtschaftlichen Gefüges, tragen bei zu einem großen Ganzen. Sie sind verbunden mit sich, ihrer Familie, der Erde und ihrer Nachbarschaft und Region. Sie wissen sich zu helfen. Sie helfen anderen.

Ich glaube, wir sollten in Zukunft den Begriff „Arbeit“ überdenken. Arbeit ist ein grundlegendes Bedürfnis eines Menschen und keine Strafe. Die negative Bedeutung, die in diesem Begriff mitschwingt, ist eine relativ neue Idee unserer Zivilisation.

Arbeit ist das, was gerade zu tun ist, das, was ansteht. Es gibt keine bessere oder minderwertige Arbeit. Auch hier dürfen wir unsere antrainierte Wertung loslassen. Jede Arbeit ist richtig und wichtig, sofern sie einem Ziel dient, sie uns dient. Jeder ist Teil eines Gefüges, wichtiges Rädchen in einer großen Maschine.

Der wichtige Knackpunkt dabei ist meine innere Haltung: Sobald ich etwas mit Liebe tue, tue ich es mit Freude. Es wird unwichtig, WAS es ist, denn es ist mit dieser Haltung am Ende immer gut. Diese Haltung üben wir tagtäglich, denn auch wir haben einen sprichwörtlichen fiesen inneren Schweinehund, der manchen Arbeiten gerne ausweichen würde. Aber ich kann mir nicht nur die Rosinen aus dem Kuchen picken, alles im Leben ist miteinander verbunden. Selbst, wenn ich nur das mache, was ich wirklich liebe, dann sind da automatisch Dinge dabei, die ich nicht so gerne machen möchte.

Alles ist immer miteinander verbunden. Daher kann ich von Anfang an gleich meine Wertung loslassen und erkennen, dass richtig und falsch oft im Auge des Betrachters liegt und es eine darüber liegende Wahrheit gibt, in der wir uns treffen können.

Es ist immer meine Entscheidung, WIE ich etwas sehen will und WAS ich daraus mache. Jeden Tag.

(11)

Die Geschichte mit der Me-Time

Warum Auszeiten so wichtig sind

Je älter ich werde und je länger ich Mutter bin, desto wichtiger werden mir meine kleinen Auszeiten. Zeit nur für mich. Wenn es mir gut geht, geht es allen gut. Und während ich diese Zeilen schreibe, sitze ich als Hundesitterin in einem süßen Appartement an einem der schönsten Seen Österreichs. Ich habe mir eine Woche „familienfrei" genommen, weil mir dieses Buchbaby wichtig ist UND weil ich mir wichtig bin.

Es muss aber gar nicht gleich eine Woche Mama-Urlaub sein, auch im Alltag lassen sich kleine Fenster finden, wo man sich Gutes tun kann. Gerade Frauen tendieren sehr stark dazu, sich als Person aufzugeben, sobald sie Mütter werden. Gerade am Anfang, wenn einen die kleinen Würmer noch so stark brauchen, gehen wir als einzelner Mensch verloren. Eltern, die sich mit „Mama" und „Papa" anreden, Mütter, die sich selbst als „die Mama" bezeichnen – es wirkt fast grotesk. Ich verstehe das, denn die Hormone sind mächtig und die „Babyblase" ist zäh. Das alles, nämlich die Mutter emotional und körperlich an den Nachwuchs zu binden, hat ja auch einen Sinn, nämlich den, das Überleben des Neugeborenen zu sichern.

Oft fragen mich Eltern, wie sie es schaffen können, trotz Baby ihre Auszeiten zu haben. Ich glaube, dass man in dieser Zeit seine Erwartungen runterschrauben sollte. Ein Wellnessurlaub mit Freundinnen oder ein Romantikhotel mit dem Partner wird zumindest für die erste Zeit nicht drin sein. Sehr wohl aber kann man sich diese Mini-Urlaube, diese kleinen Auszeiten, gönnen – man muss das sogar, um sich als Elternteil seine geistige und körperliche Gesundheit zu erhalten.

Der Schlüssel dazu ist es, Hilfe anzunehmen. Das Baby einmal mit der Nachbarstochter auf einen Spaziergang schicken. Die Großeltern einkaufen lassen. Den Partner den Arzttermin fürs Kind wahrnehmen lassen.

Hilfe anzunehmen bedeutet aber auch loszulassen und seine eigenen Ansprüche und Vorstellungen anzupassen. Ich gehe mit meinem Baby so um, wie ich das für richtig empfinde, die anderen machen das auf ihre Art und Weise (natürlich immer nur unter der Voraussetzung, dass sie dem Kind nicht schaden). Es ist absolut in Ordnung, dass andere Menschen ANDERS mit meinem Kind umgehen. Es ist sogar nur zum Vorteil des Kindes, wenn es möglichst viele verschiedene Menschen, Situationen und Regeln kennen lernt. Natürlich würde ich mein Kind nicht jedem beliebigen Menschen mitgeben und niemals gegen seinen Willen.

Genau deswegen ist es so wichtig, sich ein Netzwerk zu schaffen, Menschen in sein Leben zu lassen, denen das Kind vertraut und mit denen es gerne zusammen ist. Das können Familienmitglieder sein, aber auch Freundinnen oder Bekannte. Es gibt viele verschiedene Möglichkeiten sich eine „Nutzgemeinschaft" aufzubauen. Auch Mutter-Kind-Beratungsstellen oder Spieltreffen sind gute Anlaufstellen.

Zeitfenster lassen sich nutzen, während das Kind schläft. Der Haushalt kann warten, mein Wohlbefinden nicht. Dem Kind es ist vollkommen egal, ob die Wohnung sauber und ordentlich ist und ich bin deshalb keine schlechte Mutter. Es lassen sich auch Lösungen finden, nicht unbedingt nötige Aufgaben abzugeben, zu delegieren oder auszulagern. Oder einfach mal seine eigenen Ansprüche an sich selbst herunter zu schrauben. Man muss nicht perfekt sein, dieser Anspruch per se ist bereits zum Scheitern verurteilt. Für mich war es ein langer Lernprozess, mich an die erste Stelle zu stellen. Das hat nichts mit Egoismus zu tun, sondern mit Wertschätzung und Selbstliebe, die sich auf die Menschen um mich übertragen.

Ohne mich selbst mit all meinen Mängeln, Fehlern und Unvollkommenheiten anzunehmen, kann ich niemanden wirklich bedingungslos lieben. Auch meine Kinder nicht.

Als die Kinder älter geworden sind und Kommunikation über unsere Bedürfnisse möglich war, haben wir immer über unser ALLER Bedürfnisse gesprochen. Auch über meine als Mutter. Sie akzeptieren es nicht nur, dass ich auch einmal etwas ohne sie machen möchte oder bei meiner Arbeit nicht gestört werden möchte, sie schicken mich auch öfters mal runter in die Werkstatt, wenn sie merken, ich brauche das gerade (weil ich dann unausstehlich werde). Gerade wenn die Kinder vierundzwanzig Stunden lang um einen sind, weil sie ja nicht fremd betreut werden, brauchen auch wir Eltern einmal Zeit OHNE sie.

In unserer Familie bin ich diejenige, die das definitiv mehr braucht als mein Mann. Meine Aufgabe ist es aber dann auch, mir diese Zeiten wirklich zu nehmen.

Nur allzu schnell gehe ich in die Falle des schlechten Gewissens. Oder ich habe Angst, mir zu viel heraus zu nehmen. Aber ich muss mich für niemanden aufopfern. Was zeige ich denn damit meinen Kindern, wenn ich mich als Person und Mensch total vernachlässige? Wenn ich meine Wünsche, Bedürfnisse und Träume immer hintan stelle? Welche Botschaft gebe ich da insbesondere meinen Töchtern mit? Welche meinen Söhnen? Ich glaube, sie müssen unbedingt erfahren, dass auch Eltern Bedürfnisse haben, erleben, dass wir uns gut um uns selbst kümmern. Damit sie das für sich auch tun und lernen, ihre Grenzen zu wahren. Wir Menschen sind nicht dazu gemacht, uns in der Rolle der Mutter oder des Vaters vollkommen aufzulösen. Kinder erwarten das auch gar nicht. Sie wollen ja Teil eines lebenswerten Lebens sein.

Wenn sich das Leben der Erwachsenen nur um die Kinder dreht und es keinen anderen Lebensinhalt mehr gibt, an welchem Beispiel lernen dann die Kinder, wie das Leben als Erwachsener funktioniert? Nicht nur werden wir durch diese Selbstaufgabe für unseren Partner, für potenzielle Arbeitgeber und auch unsere Freunde langweilig, wir langweilen uns mit uns selbst!

Aber auch das umgekehrte Bild, das oft von der Gesellschaft vermittelt wird, wie eine moderne Mutter zu sein hat, setzt uns alle unter Dauerstress. Wir sollen alles in einem sein: Mutter, Karrierefrau, Freundin, Geliebte, und, und, und. Das kann nicht gut gehen. Schon gar nicht, wenn wir meinen, wir müssten als Frau zusätzlich noch „unseren Mann stehen".

Ich bin davon überzeugt, dass wir wieder in unsere Kraft als Frau kommen müssen, unsere Stärken leben sollen. ABER wir sind kein Mann und wir werden auch keiner. Und das ist gut so – sehr sogar! Lasst uns nach Herzenslust weiblich, warm, rund und versorgend sein, aufeinander aufpassen, uns gegenseitig unterstützen und aus ganzen Herzen FRAU sein. Lasst uns unseren Töchtern – und Söhnen! - Rollenvorbilder nach authentischer, echter Art sein, jenseits von Feminismus, Genderwahn und auch jenseits vom Heimchen am Herd.

Die Zeit ist reif dafür, dass Jeder und Jede sein darf, wie er oder sie ist, ohne sich dauernd beweisen oder dafür rechtfertigen zu müssen. Wir haben das große Glück, in einer Gesellschaft zu leben, in der wir uns aussuchen können, was und wie wir sein wollen. Nutzen wir diese Chance!

Die Geschichte mit der Mappe

*Der Moment, an dem ich wusste,
dass es so nicht mehr weiter gehen kann*

Als ich noch in einem Gymnasium in einer Kleinstadt als Kunsterzieherin gearbeitet habe, hatte ich eine Klasse, die mir besonders am Herzen gelegen ist. Wahrscheinlich hat jeder Lehrer so eine ganz spezielle Klasse. Bei mir war es diejenige, die ich von der ersten bis zur letzten Klasse begleitet habe, das erste Mal in meiner Laufbahn.

In dieser Klasse gab es ein Mädchen namens Nicole. Nicole war außergewöhnlich künstlerisch begabt und besonders interessiert im Unterricht. Jedes Jahr zeigte sie mir ihre Mappe mit Arbeiten, die in einem Nachmittags-Kunstprogramm in der Stadt entstanden sind. Und jedes Jahr unterhielten wir uns angeregt über ihren Fortschritt. Ich freute mich jedes Mal auf diesen Austausch.

In der vorletzten Klasse schließlich, ein Jahr vor dem Schulabschluss, fiel mir auf, dass sie mir schon lange ihre Mappe nicht mehr gezeigt hatte. Ich sprach sie darauf an.

Ihre Antwort war simpel: Sie hatte keine Zeit mehr dafür. Sie musste ja für die Schule lernen und jetzt, so kurz vor dem Abschluss, musste sie sich auf die wirklich wichtigen Dinge konzentrieren. Daher ging sie nicht mehr in den Kunstkurs.

Ich war betroffen und traurig. Dann dachte ich darüber nach, was sie mir da mitgeteilt hatte. Und es fiel mir wie Schuppen von den Augen: Dieses Missverständnis zog sich durch das gesamte Bildungssystem! Wir zäumen reihenweise die sprichwörtlichen Pferde von hinten auf! Anstatt sich auf die Stärken der jungen Menschen zu fokussieren, füllen wir sie ab mit einer immer größeren Last an zumeist unnützem Wissen, ungeachtet von individuellen Stärken und Interessen.

Wir beschäftigen sie so sehr damit, „Allgemeinbildung" zu erhalten und erzählen ihnen, dass sie nur dann eine Chance auf eine gute Karriere hätten, wenn sie möglichst viel auswendig lernen würden und Fakten abspeichern. Sie sind so sehr im Stress, all diesen Anforderungen gerecht zu werden, dass sie dabei gar keine Zeit mehr haben, sich selbst zu spüren. Wer bin ich eigentlich, was will ich mit meinem Leben anfangen, was macht mir Freude, was kann ich gut? Das sind Fragen, für die heute in der Schule kaum Zeit bleibt.

Wenn die Schule dann endlich beendet ist, erwarten wir von denselben jungen Menschen, dass sie wissen, was sie wollen und dies zielstrebig verfolgen. Dass sie verantwortungsbewusst sind, sich selbst gut kennen und ohne Umwege an ihr „Ziel" kommen.

Ich frage: Wie soll ein Mensch wissen, wer er ist und was er will, wenn er dies nie erfahren oder erforschen durfte? Wie soll ich Eigenverantwortung übernehmen und ein selbstbestimmtes Leben führen können, wenn mir dies für den Großteil meiner Entwicklung abgesprochen wurde?

Wie kann es sein, dass ein Mensch, der ganz offensichtliche Begabungen hat, diese nicht ausleben kann und darf, weil er ja „lernen" muss – wofür?

Ich sehe bei meinen Kindern, was geschieht, wenn wir uns erst gar nicht von uns selbst entfernen, uns selbst niemals verlieren.

Wir als Familie bieten uns hiermit den Bildungswissenschaftlern als „Versuchskaninchen“ an. Wäre es nicht spannend zu erforschen, wie anders ein Gehirn funktioniert, wenn es immer intrinsisch motiviert wird?

Diese Absurdität unseres veralteten Schulsystems konnte ich irgendwann nicht mehr mittragen. „Ein kaputtes Auto kann man nicht reparieren, indem man drin sitzen bleibt“, sagte ich mir. Seitdem ich draußen bin, habe ich auch den Blick von außen und sehe darin etwas, das immer weniger Sinn macht, je länger ich unsere Kinder auf unserem selbstbestimmten Weg begleiten darf.

Ich kann „schulisch“ sprechen und „freilernerisch“, ich glaube dass es meine Aufgabe ist, diese beiden nach außen so augenscheinlichen Gegenpole zu vereinen, zusammen zu bringen um zu zeigen, dass wir immer alles sind: Schüler und Lehrer, Lehrende und Lernende. Dass wir so viel mehr voneinander profitieren könnten, wenn wir nur die antrainierten Vorurteile loslassen würden.

Welche Welt wäre möglich, wenn wir alle gemeinsam, „MITANANDA“, lernen und wachsen würden?

Die Geschichte mit dem friedlichen Widerstand

Wie wir mit Behörden umgehen
und wieso die innere Haltung dabei so wichtig ist

Ich stelle gleich vorweg: Wir haben ein gutes Verhältnis mit den zuständigen Behörden und dem Jugendamt. Wir schätzen ihre Arbeit und erkennen an, dass diese mit Sicherheit nicht immer einfach ist.

Das ist allerdings kein Zufall, denn wir haben sehr bewusst an diesen Beziehungen gearbeitet. Wir halten nichts von der Strategie, den Kopf in den Sand zu stecken und darauf zu hoffen, dass man uns nicht sieht, oder dass der Sturm an uns vorüber zieht.

Wir waren von Anfang an sehr aktiv darum bemüht, mit allen Beteiligten ein gutes Auskommen zu haben, haben sehr bewusst um Gesprächstermine gebeten und die Zuständigen zu uns nach Hause eingeladen. Es ist uns wirklich wichtig, dass alle sehen können, dass es unseren Kindern in ihrem Zuhause gut geht.

Unsere innere Haltung dabei ist immer geprägt von Liebe, Vertrauen und Wertschätzung. Wir weigern uns, Konflikt zu suchen oder Kontra zu bieten. Stattdessen unterstreichen wir Gemeinsamkeiten und betonen unsere Kompromiss- und Gesprächsbereitschaft. Es geht ja immer allen um das Wohl des einzelnen Kindes, zumindest sollte es so sein.

Ich persönlich bin sehr dankbar, dass es Institutionen gibt, die die Rechte der Kinder schützen. Das Problem dabei ist möglicherweise nur, dass Kinderrechte leider sehr schwammig formuliert sind und verschieden ausgelegt werden können, aber das ist eine andere Geschichte.

Mir hilft es, mir ins Bewusstsein zu rufen, wieso es all diese Institutionen überhaupt gibt und woraus sie entstanden sind: nämlich aus dem Bedürfnis, das Leben zu vereinfachen und sinnvolle Regeln für alle zu finden. Dementsprechend dürfen sich diese Institutionen auch weiter entwickeln und sich an veränderte Bedürfnisse anpassen, denn sie sind ja aus dem Bewusstsein entstanden, den Menschen zu helfen.

In meinen Augen brauchen wir eine Revolution der Kindheit, genauso, wie wir die Revolution der Frau vor über hundertfünfzig Jahren gebraucht und begonnen haben. Der Unterschied hier ist nur, dass die Kinder das nicht ganz alleine schaffen werden, sie brauchen dazu unsere Unterstützung. Ich sehe dies als eine der wichtigsten Aufgaben in diesem Leben.

Manchmal kommt an dieser Stelle dann der Vorwurf des Elitären, der Privilegs. Ich gebe den Zweiflern da gerne Recht, gerade weil ich in einer privilegierten Situation bin, habe ich die Pflicht aufzustehen, wenn ich Veränderungen für nötig halte, und so meine Überzeugungen zu leben.

Die Wichtigkeit der Haltung des friedlichen Widerstandes anstelle der aggressiven Konfrontation kann nicht oft genug betont werden. Ich biete dem Gegenüber kein Kontra, sondern begegne ihm mit Empathie, Verständnis und Gesprächsbereitschaft. Aber so gewaltfrei wir im Konfliktfall auch vorgehen mögen, irgendwann kommen wir zu einem Punkt, an dem unser NEIN unumstößlich ist.

Für uns war dieser Punkt gekommen, als Tamino acht Jahre alt war und wir im konkreten Fall die Absurdität der Externistenprüfung aus tiefster Überzeugung heraus nicht mehr mitmachen konnten. Wir wollten positive Begleitung statt strenger Überprüfung, Beziehung statt punktuelle Wissensabfrage, wir möchten einen ganzheitlichen Ansatz, der den gesamten Menschen und dessen Fähigkeiten wahrnimmt.

Wir wollten auch unser Recht auf freie Bildungswahl für unsere Kinder einfordern. Dazu haben wir zahlreiche Lösungsansätze ausgearbeitet, Konzepte erstellt, wir haben kooperationsbereite Partnerschulen gefunden und Menschen, die ihr Herzblut dafür gegeben haben, eine für alle passende, unkomplizierte und kostengünstige Lösung zu finden.

Als wir erkennen mussten, dass von Seiten der Behörden weder Interesse noch Kooperationsbereitschaft kam, haben wir uns bewusst zu unserem NEIN bekannt.

Wir haben alle Aspekte dieser Entscheidung gewissenhaft beleuchtet und unserer damit verbundenen Angst, unseren Dämonen, ins Gesicht gesehen. Wir wussten damals ganz klar, dass es dann keinen Weg zurück geben wird, wir würden nicht umkehren auf Kosten der Integrität und Würde unserer Kinder.

Wir haben es uns dabei keineswegs leicht gemacht, schließlich ist die größte Angst jedes Elternteils, dass einem jemand als letzte Konsequenz die Kinder wegnehmen könnte. Wir haben uns Hilfe geholt, uns zusammengesetzt, haben diesen Weg gemeinsam mit Gleichgesinnten beschritten.

In dieser Situation nicht alleine zu sein, hat besonders mir sehr geholfen. Denn wenn die Angst mich wieder einmal übermannt hatte, konnte ich jemanden kontaktieren, der wusste, wie es mir geht. Netzwerken ist auch deshalb ein so wichtiger Punkt in dieser Revolution der Bildung - und der Lebensgestaltung.

Es gibt mittlerweile wunderbare Zusammenschlüsse von eigenverantwortlich lebenden Familien in ganz Europa, wie zum Beispiel das Netzwerk der Freilerner in Österreich oder den BVNL in Deutschland. Ich freue mich, zum Aufbau einiger dieser Netzwerke beigetragen zu haben, um es für nachfolgende Elterngenerationen leichter zu machen, gestärkt und gemeinsam ihren Weg zu gehen.

Eigentlich dürfte es uns in der Form gar nicht geben. Wir fallen durch alle gesellschaftlichen Raster und passen in keine Schublade. In Kontakt mit Behörden treffen wir oft auf Fassungslosigkeit gepaart mit ein wenig Hilflosigkeit. Wir sehen es als eine unserer Aufgaben, die Menschen, mit denen wir in Kontakt kommen, freundlich ein wenig aufzurütteln und zum Nachdenken anzuregen.

Es geht hier nicht darum zu entscheiden, wer Recht und wer Unrecht hat, sondern darum, sich manche Dinge bewusst zu machen, Gewohntes zu hinterfragen, und nicht immer vorgeformte Meinungen kritiklos zu übernehmen.

Wir haben aufgehört zu warten, dass uns jemand eine fertige Lösung am Silbertablett serviert. Wir haben uns stattdessen selbstständig grundlegend informiert, in Gesetzestexte eingelesen und alle Möglichkeiten sondiert. Wir finden, dass es essentiell ist, sich so gut wie nur möglich über seine tatsächlichen Rechte und im Recht formulierte Pflichten zu informieren. Denn erst, wenn ich weiß, was meine Optionen in juristischer Hinsicht sind, kann ich eine informierte, bewusste Entscheidung treffen.

Im Zusammentreffen mit den Behörden hat diese friedliche, kooperationsbereite Haltung, gepaart mit dem Bewusstsein, dass ich über die Fakten informiert bin, Wunder gewirkt.

Wir haben uns ganz bewusst dazu entschieden, in jedem, der uns auf diesem langen Weg begegnet, den Menschen hinter seiner Rolle zu sehen und diesen anzusprechen. Es gibt so gesehen DIE Behörde nicht, auch nicht DEN Staat. Es gibt immer nur Menschen, die einen Auftrag haben, den es zu erfüllen gilt. Und es entscheidet schlussendlich immer der Mensch selbst, WIE er diesen Auftrag ausführt.

Unser ziviler Ungehorsam ist besonders mir anfangs sehr, sehr schwer gefallen. War ich doch mein Leben lang das brave Mädchen, das nicht anecken wollte. Plötzlich stand ich als Mutter wie in einer Auslage - war ich gut genug? Plötzlich waren wir so etwas wie illegal, dadurch, dass wir uns außer Stande sahen, die Kinder weiterhin den vorgeschriebenen Gleichwertigkeitsfeststellungen, sprich Externistenprüfungen, zuzuführen.

Plötzlich war da dieses unendlich große NEIN, das unumstößlich war. Wir wollten nicht mehr, dass unsere Kinder so behandelt wurden. Sie haben das Recht, als vollwertige Menschen gesehen zu werden und ihr Recht auf Unversehrtheit zu behalten. Sie haben ebenso das Recht, sich weiterhin selbstbestimmt zu bilden, ihre Neugier und Begeisterung zu leben und artgerecht zu lernen.

Wo ist denn der Schaden, wenn eine Familie diesen Weg wählt? In unseren Augen gibt es da weder einen physischen, noch psychischen, weder einen finanziellen noch sonst irgendeinen Schaden. Und wer hat das Recht, mir etwas zu verbieten, das weder mir noch jemand anderem Schaden zufügt?

Was in den letzten sieben Jahren seitdem geschehen ist, geht „auf keine Kuhhaut", wie man bei uns sagt. Bis heute haben wir unseren ursprünglichen Wunsch, mit den obersten zuständigen Behörden auf Augenhöhe ins Gespräch zu kommen, um Lösungen zu diskutieren, nicht erreicht. Die von uns vorbereiteten Fakten und Studien zum Thema wurden ignoriert, umfassende Konzepte, wie in Zukunft eine andere Art der Gleichwertigkeits-Überprüfung möglich sein kann, einfach abgewiesen. Stattdessen gab es Entscheidungen aller beteiligten Gerichtshöfe, dass unser Anliegen weder relevant noch gerechtfertigt sei. Keine persönliche Anhörung. Stattdessen gab es Beschlüsse, die auf undifferenzierten Annahmen fundierten, dass ein Nicht-Schulbesuch für die Zukunft von jungen Menschen ein Nachteil wäre.

Anstatt das tatsächliche Kindeswohl an die erste Stelle zu stellen, gab es nichts weiter als Drohungen, Strafen und psychologischen Druck auf intakte, liebevolle und engagierte Familien. Ich habe Jahre gebraucht, um mit der Erkenntnis umgehen zu lernen, dass es diesbezüglich keine hilfreiche Rechtsprechung in diesem Land gibt. Das Recht steht hier nicht auf der Seite einer Minderheit, sondern folgt irgendwelchen macht- oder wirtschaftspolitischen Interessen.

Ich verstehe mittlerweile, wieso in diesem Bereich eine Veränderung nur von unten kommen kann. Ich glaube fest daran, dass immer mehr Familien bei den immer verrückter werdenden Bedingungen innerhalb des Schulsystems nicht mehr mitmachen wollen und können. Immer mehr der neuen Kinder verweigern dieses Spiel und beharren auf ihrer Selbstbestimmung. Ich habe mich dazu entschieden, diese Hoffnung und den Glauben an das Gute bis zur letzten Konsequenz zu leben.

Ich verstehe auch, wieso sich die beteiligten Vertreter der Behörden diese Sache nicht wirklich anschauen wollen, denn es stellt ihr gesamtes Weltbild und Lebenskonzept in Frage. Es kann Angst machen, hinter den Vorhang zu schauen. Daher können wir von dieser Seite keine Veränderungen erwarten.

Das System ist träge und keiner der Beteiligten will Ärger oder Mehraufwand haben. Das kann ich nur zu gut nachvollziehen. Diese Menschen wollen ja auch nur in Ruhe ihr Leben führen und den Weg des geringsten Widerstandes gehen. Ich fühle manchmal so etwas wie Eifersucht, dass wir da nicht mehr mitspielen können. Aber ein Blick in die leuchtenden Augen der Kinder sagt mir, dass kein Weg zurückführt.

Um nicht falsch verstanden zu werden: Hiermit betone ich zum wiederholten Male, dass wir nicht gegen die Idee von Schule per se sind und dass Schule auch für viele Familien gut passt. In Extremfällen ist Schule sogar die einzige Rettung und ein Sprungbrett für junge Menschen aus sozial benachteiligten Familien. Das durfte ich als Lehrerin in der South Bronx in NYC erleben. Aber es muss darüber hinaus möglich sein, den für das jeweilige Kind passenden Weg zu gehen. Familien müssen ihre Optionen kennen, denn Bildung ist etwas sehr Intimes, Individuelles. Kein Bildungskonzept der Welt kann für alle gleich passend sein.

Fakt ist, dass wir bis heute konsequent unseren Weg gehen. Ob das mit Glück zu tun hat oder ob es ein Resultat aus unserer Haltung gepaart mit dem progressiven Verhalten gegenüber allen beteiligten Behörden ist – ich weiß es nicht. Nach außen hin hilft bestimmt, dass ich offiziell Lehrerin bin, und natürlich auch, dass wir eine liebevolle, intakte Familie sind und uns und den Kindern ein Lebensumfeld geschaffen haben, das sehr förderlich und daher schwer angreifbar ist.

Viele Argumente gegen diesen Weg prallen an uns ab, da wir kein aktives Kontra bieten.

Auch unseren Umgang mit der Privatsphäre und den Medien haben wir sehr bewusst gewählt. Es ist ein wenig wie der Tanz auf dem Drahtseil, den wir da vollbringen. Ein Tanz zwischen der Wahrung der Intimsphäre, Würde und Integrität unserer Kinder, unseres Privatlebens und auf der anderen Seite der Offenheit, dem Vertrauen und dem inneren Drang zu zeigen, dass Alternativen möglich sind, dass es möglich ist, seinen eigenen Weg zu gehen.

Wir versuchen, dies bewusst ohne erhobenen Zeigefinger zu tun, ich möchte auch nicht, dass wir als heile, perfekte Welt in einer realitätsfremden Blase gesehen werden. Wir wagen diesen Versuch der Authentizität, wir zeigen uns als die, die wir sind. Immer im Vertrauen, dass das gut ist, aber niemals naiv oder ohne uns grundlegend zu informieren und über Konsequenzen nachzudenken, denn das wäre einfach nur dumm.

Auch dieses Buch ist ein Versuch, uns nackt und ehrlich zu zeigen. Nicht nur einmal im Laufe seiner Entstehung haben mich Zweifel, Sorgen und Ängste überkommen. Wir machen uns angreifbar, verletzbar, wir bieten eine Projektionsfläche, denn wir stehen mit den Segeln im Wind.

Ich habe überlegt, was ich denn überhaupt von unseren Erfahrungen preisgeben darf, ohne dass es uns Schaden zufügt. Gleichzeitig aber weiß ich, ich kann und darf mich von der Angst nicht leiten lassen, denn der Weg geht nur in und durch die Liebe. Ich darf auch hier vertrauen, dass alles einem größeren Plan folgt und dass es zu unserem Besten geschieht.

Ich beobachte mit Sorge die politischen Entwicklungen der letzten Wochen und Monate. Die Beschneidung von persönlicher Freiheit und die Eingriffe in die Privatsphäre von Familien machen mir Angst. Der Ton ist rau geworden, der Wind stärker. Aber gerade deshalb, trotzdem, gerade weil es so ist, wie es ist, sehe ich es als meine Pflicht an, unserem Weg treu zu bleiben und darauf zu vertrauen, dass wir alle im Innersten spüren können, wenn etwas wahr und gut ist. Hierzu habe ich immer das Bild, das ich gerade jetzt mein Licht leuchten lasse, es hoch halte, damit alle, die bereit sind es zu sehen, es auch wahrnehmen können. Ich will niemanden mehr bekehren oder überzeugen, ich glaube, dass diejenigen, die dazu bereit sind, das Licht sehen werden. Und wir werden immer mehr.

Was wir hier tun, scheint auf den ersten Blick klein und unscheinbar: ein paar Verrückte, die sich gegen den Mainstream stellen. In Wahrheit ist das was wir tun höchst politisch und gesellschaftlich revolutionär. Es ist Teil einer Revolution der Kindheit, der Bildung und der gesamten Menschheit. Ein Zurück in die Eigenverantwortung, ins MITANANDA, eine Rückeroberung unserer Freiheit und Selbstbestimmung, eine Besinnung auf das Wesentliche. In diesem Buch geht es nur am Rande um Bildung, um Erziehung und wie man als Familie zusammenleben kann. Es geht hier um das Recht auf ein glückliches Dasein – für uns alle.

Teil 3

MITANANDA H.O.F.

Die Geschichte mit dem Geschenk

Wie Aeneas in unserer zweiten Alleingeburt bei uns angekommen ist

Meine erste wirklich fix geplante Alleingeburt war gleichzeitig meine letzte. Zu Beginn der Schwangerschaft dachte ich noch, ich würde vielleicht meine Hebamme aus Niederösterreich irgendwie mit dabei haben können. Oder eine andere dieser weisen Frauen aus der Nähe. Nach einigen Telefonaten und einem Reality Check allerdings wurde immer klarer, dass die Entfernungen einfach zu weit waren. Besonders im Winter - Aeneas` errechneter Geburtstermin war der 31.12. Im ganzen Bezirk gab es keine freiberufliche Hebamme mehr. Es gibt nicht mal eine Geburtenstation im nächstgelegenen Krankenhaus.

Somit kristallisierte sich immer mehr heraus, dass es ein „Ganz oder gar nicht" sein würde. Ich konnte mich ja nicht einmal, wie bei den drei vorangegangenen Geburten, sicherheitshalber in einem nahen Krankenhaus anmelden. Die Wegzeit von einer ganzen Stunde bis nach Graz oder Deutschlandsberg machte es einfach vollkommen unrealistisch. Vor allem da ich weiß, wie eilig es meine ersten drei Kinder hatten. Trotzdem wollte ich gerne jemanden Erfahrenen haben, der - nachdem das Baby bereits da war - nachschauen würde, ob mit dem Baby – und mit mir – alles in Ordnung war.

Noch bevor wir in die Südsteiermark umgezogen waren, relativ frisch schwanger, hatte ich allerdings bei meinen Recherchen herausgefunden, dass es hier sehr wohl eine Hausgeburts-Hebamme gab, nicht einmal fünf Minuten von uns entfernt. Allerdings war diese bereits offiziell in Pension und machte nur noch Schwangerenyoga-Kurse und Beratungen. Ich hatte sogar kurz mit ihr telefoniert, allerdings eine klare Absage erhalten.

Als wir dann bereits hier wohnten, dachte ich mir, dass ich doch einfach mal zu ihrem Yogakurs schauen könnte. Ein bisschen Zeit für mich tut immer gut. Als ich den Raum betrat, drehte sie sich um und sagte: „Ah, Karin, ich dachte mir schon, dass wir uns bald sehen würden."

Verdattert wusste ich darauf keine Antwort.

Nach dem Kurs nahm ich mir ein Herz und sprach sie an. Erzählte ihr von meinem Spießrutenlauf, den Telefonaten mit allen in Frage kommenden Hebammen bis nördlich von Graz und meinem Wunsch, dass ich dieses Mal vollkommen alleine und selbstbestimmt gebären wollte. Aber mir eben auch eine Nachkontrolle wünschte. Im Idealfall jemanden, der kurz vorbeikommt, checkt ob alles gut ist und gleich wieder geht.

Ich erzählte ihr auch, wie sehr ich den Beruf der Hausgeburtshebamme zu schätzen weiß, welche große Rolle in meinem Mutter- und auch Frausein die Hebamme der drei ersten Kinder gespielt hatte, zeigte Verständnis dafür, dass sie bereits in Ruhestand war und auch, dass sie als Hebamme einer Alleingeburt eigentlich nicht zustimmen kann. Ich versicherte ihr, dass wir jegliche Verantwortung selbst übernehmen werden und wollen, komme was wolle.

Sie ließ sich weich klopfen. Ein paar Wochen später saß sie bei uns am Küchentisch und wir besprachen die Details. Wie und womit klemmt man eine Nabelschnur ab? Ab wann ist die Nabelschnur wirklich auspulsiert? Was ist zu tun, wenn das Kind nicht zu atmen beginnt? Kann ich im Notfall nach Maribor ins (nächstgelegene) Krankenhaus fahren?

Wir vereinbarten, dass wir sie nur dann rufen würden, wenn wir ein schlechtes Gefühl hätten. Und dass wir ihr eine

Nachricht schicken würden, um auf Nummer sicher zu gehen, dass sie dann auch zuhause war.

Schlussendlich hat sich unser Baby in den Zahlen geirrt. Der heiß ersehnte Silvestertermin war noch ganze zweieinhalb Wochen hin, allerdings wusste ich intuitiv, dass es nicht mehr so lange dauern konnte. Ich fühlte mich wie ein Walross, watschelte keuchend wie eine Ente mit der Hand unter meinem Bauch herum und wünschte mir nichts sehnlicher, als dass ich einmal wieder auf dem Bauch liegen konnte.

Am 13.12., dem Fest der Hl. Luzia, war bereits beim Aufstehen klar, dass heute irgendetwas anders war. Ich rief Joya an, die Freundin, die sich bereit erklärt hatte, während der Geburt für die Kinder verantwortlich zu sein. Ich bat sie, ob sie sich meiner Lieben annehmen konnte, denn ich dachte, ich sollte mich einfach mal hinlegen und ausruhen, damit die leichten Kontraktionen dann auch wieder nachlassen. Ich habe die Bande also zum Einkaufen und auf Besuch bei Joya geschickt und mich mit meinem Laptop ins Bett gelegt. Nach einem Schläfchen habe ich dann hoch motiviert an einem Artikel für ein neues Buch zum Thema selbstbestimmte Bildung geschrieben. Währenddessen habe ich auch mit der Herausgeberin gechattet. Als ich ihr erklärte, dass ich bereits Wehen hatte, aber den Artikel einfach unbedingt noch fertig machen möchte, sagte sie mir, dass ich verrückt sei.

Kurz habe ich darüber nachgedacht, einfach niemandem Bescheid zu geben, dass die Wehen konstant stärker wurden. Dass ich einfach ganz alleine zuhause mein viertes, mein letztes Baby, in Empfang nehmen würde. Ich schlich mich ins Badezimmer und bereitete alles vor. Legte Unterlagen auf den Boden, kleidete das Bidet, das ich mir aus Geburtshocker auserkoren hatte, mit flauschigen Handtüchern aus. Legte alles bereit, von der hausgemachten Kordel zum Durchtrennen der Nabelschnur bis zu den „sexy“ Netzhöschen und den riesigen Inkontinenz-Einlagen für mich.

Als ich fertig war und die Szene vor mir betrachtete, überkamen mich Zweifel. Die drei Großen freuten sich so sehr auf das Baby. Mein Mann war jedes Mal ein hervorragender Geburtshelfer und würde es mir wahrscheinlich schwer verzeihen, wenn er bei seinem vierten Kind nicht anwesend sein konnte. Hatte ich das Recht, ihnen diese Erfahrung vorzuenthalten?

Also rief ich bei Joya an, teilte ihr mit, dass alles bereit war und sie nun bitte allesamt nach Hause kommen sollten, denn die Geburt war voll im Gange.

Um halb sieben sind sie alle zuhause gewesen, hungrig, verschwitzt und müde. Ich hab ihnen die frisch gewaschene Badewanne eingelassen, eine Pizza in den Ofen geschoben und Niko hat ihnen einen Film heraus gesucht. Kurz bin ich noch mit allen auf der Couch gesessen und habe den Anfang mit geschaut. Dann allerdings musste ich die Wellen bereits veratmen und habe mich ins Badezimmer zurückgezogen.

An dem kleinen Mäuerchen zwischen Eingangstüre und WC stehend und mich daran festhaltend, begann unser Tanz ins neue Leben. Dieses Mal habe ich ausprobiert, wie es sich anfühlt, mit und in den Wehen das Becken zu bewegen, um dem kleinen Wurm zu helfen, den Weg ins Licht zu finden.

Brummend und immer lauter veratmend wiegte ich mich und ihn sanft hin und her, versuchte dabei so entspannt und gelassen wie möglich zu bleiben und ganz bei mir zu sein.

Niko war in der ganzen Zeit mein Türwächter, der hinter dem Mäuerchen an der Tür gesessen ist und mich nur hören konnte. Das war mir dieses Mal genug.

Als ich nach einigen starken Wehen meine Hand zwischen die Beine führte, um zu fühlen, ob ich das Köpfchen bereits spüren konnte, wollte mir Niko nicht glauben, dass es schon so weit sein konnte. Doch, ja, da war ein nasser Haarschopf und ein weiches rundes Etwas zu spüren!

In meiner Vorstellung hatte ich mir ausgemalt, wie ich, wenn die Blase platzt, auf der Toilette bin, damit das keine Sauerei macht. Und wie ich danach dann mich rüber aufs Bidet schwinge, um das Kind in dem gemütlichen Nest aufzufangen, das ich dort gebaut hatte.

Im Endeffekt hat dieser Plan fast funktioniert. Allerdings aber ist die Fruchtblase so spät geplatzt, dass ich dann doch schon auf dem Bidet war. Halb stehend und halb rittlings darauf sitzend, glitt Aeneas Dorian zur besten Sendezeit, um 20.15 Uhr, in meine Hände.

Die Kinder und auch Joya hatten von alldem nichts mitbekommen, zu sehr waren sie immer noch im Bann des Films. In aller Ruhe klemmten wir die Nabelschnur ab, durchtrennten sie mit der Schere. Ich ging in die Dusche und zog mich an, Niko begrüßte seinen zweiten Sohn und wickelte ihn in rote Tücher. Wir hatten sogar daran gedacht, auf die Uhr zu schauen, damit wir der Hebamme die Geburtszeit sagen konnten.

Als ich schlussendlich die Kinder rief, murrten sie zuerst widerwillig, denn das Ende des Films war sehr spannend. Als ich aber dann darauf bestand, dass sie doch mal schauen kommen sollten, kamen alle drei gelaufen. Der Ausbruch an Freude, Emotionen und Begeisterungsstürmen, der darauf folgte, bleibt mir bis heute unvergesslich.

Erst als Joya nach ein paar Minuten fragte, was es denn nun sei, unser neues Baby, erfuhren auch die anderen Kinder, dass sie einen kleinen Bruder bekommen hatten. Tamino meinte dazu nur, dass er das so und so geahnt hatte, konnte aber trotzdem die Tränen nicht zurückhalten. Im Laufe des restlichen Abends weinte er vor Freude immer wieder und sagte wiederholt: „Ich habe einen Bruder!“ Allegra hingegen konnte vor Aufregung einfach nicht still halten, sprang wie ein Gummiball auf und ab und quietschte vor Freude. Philomena wusste nicht so recht, was sie mit der Situation anfangen sollte und war schließlich auch wirklich schon müde. Aber auch sie ließ sich von der Freude anstecken und tanzte mit den anderen durchs Wohnzimmer.

Kurz nach 21 Uhr kam die verständigte Hebamme, untersuchte wie ausgemacht mich und das Baby. Sie trug alle Informationen und Daten in den Mutterkindpass ein und wiegte und vermaß unseren Sohn. Ein halbe Stunde später waren wir zum ersten Mal als frischgebackene sechsköpfige Familie alleine. Die Hebamme und auch Joya waren nach Hause gefahren und wir gingen ins Bett. Philomena übergab großzügig ihren Platz am Bettrand ihrem neuen Bruder und wanderte zwischen Niko und mich. Es dauerte keine zwei Minuten, da schliefen sowohl der Bruder, als auch die Schwester selig.

Mein Hunger meldete sich und Niko taute eines der Gerichte auf, die ich für das Wochenbett vorgekocht hatte. Friedlich saßen wir beide am Ende der Stufen, in diesem ruhigen, dreihundert Jahre alten Haus, in dem jetzt vier Kinder friedlich schlummerten und löffelten genüsslich unser Abendmahl.

Ich fühlte mich unbesiegbar, wie eine Königin, voller Kraft, Stolz und Macht. Und gleichzeitig so voller Liebe, dass ich hätte platzen können.

Dieses Mal habe ich es sogar geschafft, nur wenige Stunden wach zu liegen, bevor ich mich mit den Anderen ins Land der Träume begeben habe. Ein unbeschreibliches Gefühl von Vollkommenheit machte sich tief in mir Raum. Dieses Leben, dieses Kind, war ein unfassbares Geschenk.

Jetzt war unsere Familie perfekt.

Die Geschichte von der "Initiative Freilernen 2013"

Warum wir alle aufgerufen sind, für unsere Überzeugungen aufzustehen und einen Unterschied zu machen

Wir hatten bereits einige Jahre immer wieder ohne ersichtlichen Erfolg versucht, mit den zuständigen Schulbehörden in Kontakt zu kommen um ihnen unsere Ideen zu einem für alle Seiten gangbaren Weg im Umgang mit der gesetzlich vorgeschriebenen Externistenprüfung zu präsentieren. Unzählige Anrufe und Schreiben ergingen privat sowie über den Verein „Netzwerk der Freilerner", allesamt ohne Ergebnis.

Frustriert und zugegebenermaßen auch ein wenig wütend, habe ich dann 2012 im Internetforum auf freilerner.at zum „zivilen Ungehorsam" aufgerufen.

Wir wollten keine Revolution vom Zaun brechen, aber es war uns wichtig, dass unsere Anliegen gehört und gesehen werden. Schließlich gab es immer mehr Familien, für die das oft schwierige Prozedere der Gleichwertigkeitsfeststellung problematisch war.

Naiv habe ich damals gedacht, dass es vielleicht helfen würde, wenn wir uns zusammenschließen und dann gemeinsam mit möglichst vielen anderen Familien aus ganz Österreich geschlossen die Kinder nicht zur Prüfung schicken. Denn dann wären ja die Vertreter der Bildungsbehörde gezwungen, sich dieses Problem anzusehen und könnten nicht weiter unser Anliegen ignorieren, eine gute Lösung für alle Beteiligten zu finden.

Wir trafen uns also mit mehreren langjährigen Wegbegleitern im Sommer 2013 im „Garten der Generationen" in Niederösterreich, um uns, in Begleitung eines der Gründer der Lernwerkstatt Pottenbrunn, zur „Initiative Freilernen 2013" zusammenzuschließen. Wir wollten die Bedingungen der Externistenprüfung für unsere Söhne und Töchter verbessern und einen allgemein gültigen Standard dafür finden.

Zusammen schrieben wir erneut zahlreiche Briefe und baten nochmals um Gesprächstermine. Nachdem fast das gesamte Schuljahr vergangen war, ohne dass wir eine zufriedenstellende Antwort bekommen hätten, gaben wir bekannt, dass unsere Kinder, wie beschlossen, die Prüfungen nicht ablegen würden.

Das Nichtablegen der Externistenprüfung an sich ist in Österreich nicht strafbar. Die Nichtbeschulung der betroffenen Kinder im darauffolgenden Herbst allerdings sehr wohl. Daher machten wir uns darauf gefasst, in den kommenden Wochen und Monaten Verwaltungsstrafen wegen der Nichteinhaltung der Schulbesuchspflicht zu erhalten, die auch prompt im Laufe des Herbstes eintrudelten. Das Prozedere war klar: Wir würden zuerst über den Verwaltungsgerichtshof gehen müssen, um dann hoffentlich über den Verfassungsgerichtshof eine Lösung zu finden.

Im Laufe dieses Prozesses, als wir Anwälte suchten und Papiere aufsetzten, hat Europas bekanntester Freilerner André Stern über eine an der Initiative beteiligte Mutter zu uns gefunden und begonnen, die Initiative zu unterstützen.

Im Laufe der kommenden Jahre hat André insgesamt drei große Veranstaltungen zugunsten unserer Initiative organisiert und uns großzügigerweise den Hauptteil der Einnahmen zur Verfügung gestellt. Mit diesem Geld wiederum haben wir die

Rechtsanwaltskosten zur Gänze abdecken können, sodass wir keinen Cent Privatgeld in die Sache stecken mussten.

Zusätzlich bot er uns damit aber auch die Gelegenheit, unser Anliegen, die Legalisierung des selbstbestimmten Lernens als eigenen Bildungsweg, einem breiteren Publikum vorzustellen.

Aeneas war gerade drei Monate alt, als wir in Graz in Kooperation mit der Österreichischen Hochschülerschaft einen Vortrag von André organisieren durften. Die Zusammenarbeit mit der ÖH stellte sich als sehr fruchtbringend heraus. Sie stellte dreihundert Tickets für die Veranstaltung kostenfrei an Lehramtskandidaten zur Verfügung – es würden also schon mal fix dreihundert zukünftige Lehrer und Lehrerinnen von unserem Anliegen erfahren.

Diese Veranstaltung war innerhalb von zehn Tagen vollkommen ausverkauft. Wir füllten nicht nur das Audimax der Grazer Uni, sondern übertrugen auch noch via Video-wall in den zweitgrößten Hörsaal. Insgesamt erreichten wir an diesem Abend über siebenhundert Menschen, die sich für alternative Wege in der Bildung interessierten.

Untertags hatten wir einen intensiven Workshop mit André auf die Beine gestellt, bei dem weitere hundert Personen mit dabei waren. Auch dort konnten wir unser Anliegen vorstellen und viele wertvolle Gespräche mit Interessierten führen. Es gab zu Mittag ein wundervolles Buffet für alle Teilnehmer, zu dem jeder von uns einen kleinen Teil beigesteuert hatte. Einer alleine wäre damit restlos überfordert gewesen.

Zufälligerweise war dieser Tag auch noch Philomenas dritter Geburtstag. Natürlich wollte sie eine Torte und eine Feier. Also haben wir kurzerhand die Torte auf die Uni mitgenommen und mit der gesamten Gruppe der Initiative 2013 gefeiert. Diese Feierlichkeiten wurden - sowie der gesamte Tag mit André - sogar in einer Dokumentation festgehalten, denn auch der ORF war mit einem Team der Sendung „Am Schauplatz" gegenwärtig. Wir wurden also den ganzen Tag über von Kameras begleitet. Besonders für die Kinder war dies natürlich ein großartiges Erlebnis.

Der Höhepunkt dieses Tages aber war für mich der Moment, als eine andere Mutter der Initiative und ich vor den versammelten siebenhundert Menschen auf der Bühne standen und erzählen durften, was uns dazu bewegt hatte, diesen Weg einzuschlagen, welche Konzepte und Lösungsvorschläge wir hatten und worum es uns überhaupt ging. Wir leiteten über zu Andrés Vortrag und als er die Bühne betrat und wir sie verließen, standen mir vor Rührung die Tränen in den Augen.

Ich war berührt davon, was eine solch kleine Gruppe von entschlossenen Menschen bewegen konnte, was geschah, wenn man sich zusammen tat und eine Entscheidung mit allen Konsequenzen gemeinsam trug.

Was den Familien in den Jahren nach der Prüfungsverweigerung alles passierte, ist so unterschiedlich und vielfältig, dass ich in diesem Buch nicht im Detail darauf eingehen kann. Wir waren in dieser Zeit in fast allen österreichischen Medien vertreten und auch über die Landesgrenzen hinaus.

Wir haben 56 Seiten hieb- und stichfeste Argumente vorgebracht, die sich auf Menschen- und Kinderrechte sowie auf den Gleichheitsgrundsatz beziehen. Trotzdem hat kein Gerichtshof eine endgültige Entscheidung dazu getroffen. Wir sind nach wie vor fest davon überzeugt, dass es sehr wichtig ist, informiert, klar, bestimmt und dennoch empathisch aufzutreten. Wir sind beständig an Austausch, Kommunikation und gemeinsamen Lösungen interessiert und glauben daran, dass wir einen guten Weg für alle finden werden.

So viele Eltern hatten mir in zahllosen Gesprächen erzählt, wie unzufrieden sie mit der Prüfungssituation im Häuslichen Unterricht waren, wie sehr sie sich eine gute Lösung für ihre Kinder wünschten. Aber auch die Unzufriedenheit der Familien im ganz normalen Schulsystem nahm beständig zu. Als wir ernst machten und uns zu dieser Initiative zusammenschlossen, blieben von all den Begeisterten nur elf Familien übrig. Mir war die Zahl von Anfang an nie wichtig, denn ich wusste, dass ich diesen Weg des friedlichen Widerstands auf jeden Fall nicht alleine gehen wollte.

Aber ob bei dieser Bewegung hundert, tausend oder hunderttausend Menschen mit dabei waren, war mir egal. Veränderung ist im Laufe der Geschichte niemals von der breiten Masse ausgegangen, immer nur von ein paar wenigen, als „Grassroot-Bewegung" von unten.

Wenn ich darauf warte, dass die Mehrheit für mein Anliegen ist, dann kann ich bis in alle Ewigkeit sitzen und darauf warten, dass eine Veränderung eintritt. Wenn ich etwas wirklich will, dann muss ich aufstehen und meinen Allerwertesten bewegen. Alleine eine Revolution zu visualisieren hat noch nie etwas bewirkt. Wir sind die, auf die wir gewartet haben, im Hier und Jetzt. Genauso habe ich mich damals gefühlt - und spüre das heute noch tief in mir drin.

Heute bin ich für all die gemeinsamen Erfahrungen, die wir im Laufe des Bestehens der „Initiative Freilernen 2013" machen durften, mehr als nur dankbar. Sie haben uns als Gruppe zusammengeschweißt, aber auch als Individuen so sehr wachsen lassen. Auch, wenn wir heute mit vielen der Familien gar keinen Kontakt mehr haben, so werden wir doch immer miteinander verbunden sein.

Ob wir mit unseren Bestrebungen gescheitert sind, wage ich aus heutiger Sicht nicht zu beurteilen. Für mich ist es insofern schon ein Gewinn, Teil dieser Initiative gewesen zu sein, als ich selbst dabei sehr viel lernen durfte. Sie hat mich aber auch bestärkt in meinem Glauben, dass JEDE Initiative wichtig ist und es jeder Mensch in seiner Macht hat, etwas in die Wege zu leiten, Änderungen zu bewirken.

Im Jahre 2015 hat sich dann die "Initiative Freilernen 2013", zwei Jahre nach ihrem Austritt, wieder in den nun neu aufgestellten Verein „Netzwerk der Freilerner" eingegliedert und die Ziele unserer Initiative wurden zum Großteil zu den Zielen des Vereins erklärt. Damals hat sich diese „Wiedervereinigung" für mich sehr gut und richtig angefühlt. Ich wurde einstimmig in den Leitungskreis des neuen Vereins gewählt und habe mich danach vier Jahre lang intensiv im Verein eingebracht und engagiert. Ganz besonders interessant war es für mich, mehr über soziokratische Organisationsstrukturen zu erfahren und diese gleich selbst in der Praxis im Verein auszuprobieren.

Im Jahr 2019 dann habe ich beschlossen, zumindest einmal eine eineinhalbjährige Pause einzulegen. Einerseits, um mich voll auf die KREATIVwerkstatt und den MITANANDA H.O.F. fokussieren zu können - in der Zwischenzeit stand der Verein nämlich auf breiten Beinen - denn unsere eigenen Projekte konnten nicht ohne mich bestehen. Andererseits aber auch, weil es sich für mich ab einem gewissen Punkt einfach nicht mehr richtig angefühlt hat, sich gegen alle möglichen Gruppierungen innerhalb außerschulischer Bildungsinitiativen abzugrenzen.

Heute, zum Zeitpunkt der Fertigstellung dieses Buches, bin ich neugierig, wohin diese Reise noch gehen wird. Nach über eineinhalb Jahren des „Alleingangs“ merke ich, wie ich mir wieder eine „Gesinnungs-Gemeinschaft“ wünsche, wie sehr mir die Kraft gebende Unterstützung von Gleichgesinnten dann doch auch fehlt.

Ich bin ganz besonders neugierig, über den Tellerrand der Landesgrenzen zu schauen und verstärkt auf europäischem Bereich zusammen zu arbeiten. Ganz speziell deshalb, weil in vielen Ländern die Voraussetzungen für einen selbstbestimmten Bildungsweg leider immer schwieriger werden.

Mir erscheint es notwendig und sinnvoll, die Gemeinsamkeiten zu unterstreichen und hervorzuheben und sich darauf zu konzentrieren, worum es uns allen, egal ob Schulbehörde, Lehrpersonen, Eltern oder alternativen Lerngruppen geht. In meinen Augen ist der kleinste gemeinsame Nenner das Kindeswohl.

Genau darum ging und geht es uns mit der „Initiative Freilernen 2013“ und darüber hinaus. Familien sollen eine freie Wahlmöglichkeit haben, wie sie ihre Kinder begleiten möchten, ohne Angst vor Repressalien - zum Wohle jedes Einzelnen und zur Stärkung der Keimzelle unserer Gesellschaft, der Familie.

Die Geschichte mit der KREATIVwerkstatt

Was mein Lebenstraum mit unserem Gesamtprojekt zu tun hat

Lange Jahre lang habe ich an diversen Schulen im In- und Ausland, an privaten und öffentlichen Schulen Kunst unterrichtet. Seit jeher hatte ich dabei bei der Benotung immer ein mieses Bauchgefühl: Wie kann man denn Kreativität wirklich bewerten? Ich habe damals immer einen Notausgang verwendet, indem ich einfach diverse Punkte rund um die eigentlichen Arbeiten benotet habe, wie zum Beispiel, ob sich der junge Mensch bemüht hat, ob er seine Materialien immer mit hatte, usw. Eigentlich aber habe ich tief drinnen gespürt, dass eine Benotung des kreativen Ausdrucks eines Menschen gleichzeitig seiner Kreativität ein Ende setzt.

Ebenso ging es mir damit, dass ich im schulischen Rahmen alle dazu zwingen musste, stets zur gleichen Zeit kreativ zu sein. Und nicht nur das. Ich brachte auch alle Schüler einer Klasse zur gleichen Zeit dazu an demselben Thema mit denselben Techniken zu arbeiten. Dies schien mir das Absurdeste von allem, denn anstatt zu erfahren was es heißt, sich auszudrücken und stolz zu sein, was da aus dem tiefsten Innersten heraus kommt, wurden diese jungen Menschen gleichgerichtet. Und ich war die Gleichrichterin.

Aber genau das wollte ich nie sein, habe ich mir doch bereits als Schülerin und später im Studium viele Gedanken dazu gemacht, wie es anders gehen könnte. Lange Zeit war ich überzeugt davon, dass ich das System von innen heraus verändern könnte. Ich dachte, wenn die Schüler nur erfahren, dass es auch menschlich geht, respektvoll und achtsam, dann würde es etwas an ihrer Schulerfahrung ändern. Sie würden sich gesehen und angenommen fühlen und das würde vielleicht positiv ausufern in andere Fächer. Im Nachhinein erscheint mir mein Anspruch naiv und vielleicht war ich auch zu jung und zu feige, um ihn wirklich durchzuziehen. Aber es hat jedenfalls nicht funktioniert.

Kann ja auch gar nicht, denn wenn ich in einem Druckkochtopf an einer Stelle den Druck rauslasse, dann pfeift es mir genau dort um die Ohren. Die Schüler waren gar nicht bereit, meine „lockeren Zügel" als Chance zu sehen, sondern haben meine Gutmütigkeit naturgemäß ausgenutzt.

Ich war so viele Jahre lang mit Herzblut und Begeisterung Lehrerin. Wenn, ja wenn da nicht das immer nagendere Gefühl gewesen wäre, dass ich jedes Mal, wenn ich in die Schule gegangen bin, eine Maske aufsetzen würde: das Gefühl, dass das nicht ich bin, die da mahnt, droht und so tut, als würde sie Noten gut und wichtig finden. Der Spagat zwischen unserem Familienleben zuhause und meiner Realität in der Schule wurde täglich größer. Ich hatte das Gefühl, ich konnte mir im Spiegel nicht mehr in die Augen schauen.

Welches Vorbild bin ich für meine Kinder, wenn ich solche Kompromisse eingehe? Ist es das sichere Einkommen und das relativ gute Gehalt wirklich wert, seine Ideale, Träume und Ziele zu begraben?

Als Philomena geboren wurde und ich ein Jahr mit ihr zuhause war, habe ich schließlich Nägel mit Köpfen gemacht und habe begonnen, aus unserem Wohnzimmer heraus die KREATIVwerkstatt (KWS) zu betreiben. Von Anfang an war klar: Das ist mein Lebenstraum! Menschen aller Altersstufen kommen freiwillig zu mir, um kreativ zu sein. Ich muss sie weder bewerten noch benoten. Meine Aufgabe besteht darin, einen möglichst wertungsfreien, inspirierenden Raum zu schaffen, in dem jeder sich erfahren kann.

Bis heute bin ich überzeugt davon, dass es eine der wichtigsten Erfahrungen im Leben ist, zu erkennen, dass ich mit meinen beiden Händen ALLES erschaffen kann. Das Strahlen in den Augen der Besucher der KWS ist für mich wie eine Droge. Ich liebe es einfach zu beobachten, wie ein Mensch etwas aus sich heraus kreiert. Viele können bei Übergabe ihrer Arbeiten oft gar nicht fassen, dass wirklich sie selbst so etwas Schönes gemacht haben.

Diese Erfahrung übersetzt sich in alle anderen Bereiche des Lebens. Menschen, die erfahren haben, dass sie selbst etwas schaffen können, versuchen das auszuweiten. Sie vertrauen in ihre Fähigkeiten und probieren das auch in anderen Bereichen. Es stärkt mein Selbstwertgefühl, wenn ich erfahre, dass das, was da tief aus mir heraus gekommen ist, gut ist. Es zeigt mir, dass ich selbst gut bin, so, wie ich bin.

Jede Handschrift ist anders und genau so ist kein Werk je gleich wie das eines Anderen. Abschauen, kopieren und nachahmen ist in der KREATIVwerkstatt nicht verpönt, sondern ein natürliches Hilfsmittel, um seinen eigenen Weg zu finden. Es gibt nur eine einzige Regel in der Werkstatt: Wir bewerten weder unsere eigenen Arbeiten noch die der anderen, noch machen wir unsere eigenen schlecht. Alles darf sein, nichts muss.

Als wir auf den H.O.F. gezogen sind, war das Renovieren und Herrichten meiner Werkstatt unsere erste bauliche Handlung. Ich werde niemals das Gefühl vergessen, plötzlich vor meinem materialisierten Traum zu stehen. Vor sortierten Regalen mit

Künstlermaterialien, stabilen Arbeitstischen und einem ganzen großen Raum nur für mich und meine Ideen. Wow.

Ich habe mich bewusst gegen mein Lehrerdasein in der Schule entschieden und meinen Beruf „an den Nagel gehängt". Die ersten Jahre nach meinem Ausstieg habe ich vehement verneint, wenn mich jemand gefragt hat, ob ich Lehrerin sei. Ich sagte: Das war ich einmal.

Heute weiß ich, ich werde immer Lehrerin sein, es ist ein großer Teil von mir. Aber auf andere Weise. Ich habe das tiefe Bedürfnis, Menschen zu inspirieren, ihnen Raum zu geben, gemeinsam etwas zu erschaffen. Das wird mit Sicherheit nicht aufhören. Aber heute ist mir bewusst, dass wir alle immer gleichzeitig Lehrer und Lernende sind und dies in einem fortwährenden Tanz mit allem und jedem, der uns begegnet.

Die ersten Jahre waren hart. Man kannte uns in der Region nicht. Alle meine Bestrebungen, die KWS in die Köpfe der Betriebe der Südsteiermark zu bringen, schienen nicht zu fruchten. Es lief zäh, die Einnahmen tröpfelten bloß vor sich hin.

Im Nachhinein gesehen denke ich, dass ich damals auch gar nicht bereit gewesen wäre, voll mit der KWS durchzustarten. Schließlich hatte ich noch Aeneas als Baby bzw. Kleinkind zu versorgen, wir hatten zugleich eine Dauerbaustelle am H.O.F., der Garten brauchte meine Aufmerksamkeit und wir waren mit unseren Gemeinschaftsprojekten rundum beschäftigt.

Vor ein paar Jahren stand ich dann an einem Punkt, an dem es kein Zurück gab. Ich wusste, dass ich mich nun endlich vollkommen dieser Idee hingeben musste, oder es besser sein lasse. Ich habe erkannt, dass ich nur dann authentisch rüber komme, wenn ich das, was ich predige auch lebe.

Also habe ich begonnen, meine neue Liebe für die Keramik auszuleben. Ich war jeden Tag in der Werkstatt, ich habe stundenlang geübt, ausprobiert und zum ersten Mal in meinem Leben etwas wirklich selbstbestimmt gelernt. Erst nach dieser Erfahrung kann ich sagen, dass ich verstehe, wie freies Lernen wirklich funktioniert. Es ist messy, frustrierend, mit vielen Rückschlägen verbunden, aber es gibt nichts Vergleichbares auf der Welt! Das Gefühl, dran zu bleiben, nicht aufzugeben, aus seinen eigenen Fehlern zu lernen und seinen ganz eigenen Weg zu gehen, ist unbezahlbar. Es ist beglückend, tatsächlich nachhaltig und lebensverändernd. Man könnte sagen, es hat beinahe Suchtpotenzial.

Seitdem habe ich begonnen, mich als Künstlerin zu zeigen und mich nicht mehr hinter meiner Arbeit als Lehrerin zu verstecken. Ich habe einen Keramik-Hofladen und verkaufe meine Arbeiten auch in meinem Webshop. Seitdem ich dieses Commitment mir und meinem Traum gegenüber gemacht habe, läuft es immer besser. Ich habe eine Entscheidung für etwas getroffen, das ich selbst trage.

Gleichzeitig habe ich auch begonnen, Dinge und Menschen, die mir und meiner Idee nicht dienlich waren, aus meinem Leben ziehen zu lassen. Das mag radikal klingen, aber ich kann und will meine kostbare Zeit auf diesem Planeten nicht mehr mit halbwarmen Kompromissen verschwenden. Das ist nicht gegen diese Menschen, sondern für mich.

Ich habe gelernt was es heißt, seinen Fokus immer und immer wieder auf das wirklich Wichtige zurück zu richten, immer und immer wieder aufzustehen. Der Unterschied zwischen erfolgreichen und erfolglosen Menschen ist, dass die Erfolgreichen immer wieder aufstehen und weitermachen.

Dabei ist für mich der finanzielle Erfolg niemals das Ziel, allenfalls eine willkommene Konsequenz aus meiner Tätigkeit. Ich habe aber auch gelernt, dass Selbstwert durchaus an finanziellen Erfolg gekoppelt sein kann. Geld ist ein Transportmittel, ein Energieausgleich wie jeder andere und nichts Böses.

Früher tat ich mir sehr schwer damit, den Wert meiner Werke zu bestimmen. Wenn jemand ein Kunstwerk von mir kaufen wollte, dann habe ich mich so gefreut, dass ich es ihm am liebsten geschenkt hätte. Ich habe sehr gezweifelt und mit mir gehadert, was meine Arbeit denn wert sei.

Heute weiß ich: Meine Werke sind so viel wert, wie sie mir wert sind. Wenn jemand den Preis meiner Arbeiten nicht zahlen will, dann sagt das nichts aus über meinen Wert als Person.

Warum schreibe ich also nun in diesem Buch so ausführlich über mein eigenes Projekt? Die Antwort ist, dass alles zusammenhängt und ein buntes, rundes Bild macht. Die KWS ist genauso Teil der H.O.F.-Idee wie der Garten, der Gemeinschaftsraum oder die Vielzahl der Baustellen.

Die Werkstatt ist auch für unsere Kinder ein unglaublich wichtiger Teil ihrer Erfahrungen. Nicht nur, dass sie bei Lust und Laune gerne mit mir in der Werkstatt arbeiten und dabei viel lernen, sie sehen und erfahren auch was es heißt, einen Traum zu haben und dafür zu arbeiten. Es ist für sie so wichtig zu sehen, dass auch ihre Mutter Fehler macht, hinfällt, scheitert. Aber genauso und noch wichtiger ist es, dass sie miterleben, wie sie aufsteht, sich abbürstet und weiter geht.

Selbstbestimmtes Lernen und Leben kann nur dann für junge Menschen funktionieren, wenn sie es zuhause auch vorgelebt bekommen. Unsere Kinder merken sich nicht, was wir ihnen bloß sagen. Aber sie sehen und spüren alles, was wir tun und das werden sie nachahmen. Erst wenn ich als Mutter in meiner Eigenverantwortung stehe, alle Ausreden fallen lasse, erst dann haben meine Kinder den Raum, ihren eigenen Weg zu gehen und sich zu entfalten. Sie können erst dann in ihre eigene Größe kommen, wenn auch ich das tue. André Stern sagte dazu einmal: „Mein Vater war so sehr er selbst, dass auch ich die Freiheit hatte, ganz ich selbst zu sein."

Ja, dieser Weg ist steinig, mühsam und schwer. Ja, ich war mehrere hundert Male kurz davor, alles hinzuschmeißen. Ja, es ist weit einfacher und kostet weniger Energie, irgendeinen Job zu machen, der die Rechnungen bezahlt. Auch das ist eine Entscheidung, die in Ordnung ist.

Aber hören wir doch auf zu jammern und uns als Opfer zu sehen. Wir haben täglich die Wahl, wie wir leben wollen und alle unsere Entscheidungen haben Konsequenzen.

Wir sind die Meister unseres Daseins. Niemand sonst.

(12)

Die Geschichte rund um die Namensfindung

Was MITANANDA H.O.F. bedeutet und wie es dazu kam

Als wir am H.O.F. angekommen waren, uns eingelebt hatten und als es immer klarer wurde, was wir hier vorhaben, wollten wir natürlich auch einen passenden Namen für unser Projekt finden. Dies sollte sich allerdings als schwerer und langwieriger herausstellen, als wir angenommen hatten.

Anfangs suchten wir nach alten Hausnamen, denn vielleicht gab es ja für unser über dreihundert Jahre altes Haus einen in der Region traditionellen Vulgo-Namen, der passend sein könnte. Leider konnten wir darüber nicht wirklich viel in Erfahrung bringen und unsere Bemühungen verliefen im Sand.

Dann luden wir eine liebe Freundin ein, mit uns gemeinsam ein Namens-Brainstorming zu machen. Wir listeten alle uns wichtigen Schlagwörter auf, erstellten ein Visionboard dazu, versuchten abzuklären, welche Bereiche uns am meisten am Herzen lagen und was wir genau mit dem Namen aussagen wollten. Dieser Versuch hat uns zwar keine direkten Ergebnisse gebracht, aber zumindest wurde unsere Vision dabei ein wenig klarer. Wir näherten uns an.

Niko wollte dann unbedingt so etwas wie „Da Vinci Hof", weil ihm die Vielseitigkeit, der Erfindergeist und die Einzigartigkeit dieses Universalgenies am Herzen lagen. Mit dem Namen konnte dann wiederum ich nicht wirklich etwas anfangen, er schien mir zu technisch, zu aufgesetzt, und passte nicht zu uns.

Bei einem gemütlichen Abendessen mit Freunden tauchte dann der Begriff „Miteinander“ auf. Schon zuvor ist mir dieser immer wieder durch den Kopf gespukt. Zuerst dachte ich an das Wort „gemeinsam“, aber darin verbergen sich zwei negative Begriffe, „gemein“ und „einsam“. Das sollte auf keinen Fall mitschwingen. Wir kamen an diesem Abend bis „Gut Mit`nand“, aber waren immer noch nicht so recht zufrieden mit dem Klang. Auch gab es da einen sehr ähnlichen Namen einer bestehenden Gemeinschaft in Österreich.

In dieser Phase entstand dann in einem Telefonat mit Joya der Begriff “MITANANDA“. Ich sagte: „Ein Wortspiel mit dem Begriff Ananda (das bedeutet Glückseligkeit) ist witzig. Aber ist das nicht irgendwie zu kitschig? Dann könnten wir schreiben: Willkommen im MITANANDA! - das wäre cool.“ Dazu sagte sie dann: „Das finde ich großartig, das nehmen wir für unseren gemeinsamen Verein MITANANDA - L(i)ebenswert und Lebensfreu(n)de, was hältst du davon?“ Gesagt, getan. Kurz darauf standen Logo, Font und Facebookseite. Wenn's passt, dann flutscht es und alles fällt leicht.

Irgendwie hat es mich fast traurig gemacht, dass „MITANANDA“ jetzt bereits an einen anderen Aspekt unseres Wirkens vergeben war, und zwar an den Verein, über den wir unsere gemeinsamen Aktivitäten mit Freunden organisieren wollten, und nicht an unseren Hof. Denn der Begriff wuchs mir immer stärker ans Herz.

MITANANDA hat nicht nur eine schöne Sprachmelodie, auch die Bedeutung des Gemeinsamen hatte es mir angetan, das Wortspiel mit Glückseligkeit und Freude, und auch die Tatsache, dass man das Wort „miteinander“ in Österreich umgangssprachlich tatsächlich „mitananda“ ausspricht, denn das betont zusätzlich noch die Regionalität.

Niko war wie immer pragmatisch. Er meinte, das passte ja wunderbar, wir würden einfach das MITANANDA nehmen, denn wir sind als Unterverein des MITANANDA Vereins sowieso Teil desselben. Und wir sollten doch einfach „Hof" dazu hängen, denn schließlich waren wir das ja auch. Aber noch etwas: Er hatte erst kurz vorher ein originelles Wortspiel zu „Hof" gesehen, deshalb wollte er, dass wir zwischen die Buchstaben jeweils einen Punkt setzen sollten: „H.O.F." war dann nämlich die Abkürzung von „House Of Freedom" und die passte ausgezeichnet sowohl zu Nikos Baustellen, als auch zu unserer Haltung, es versprach Heimeligkeit und gleichzeitig Freiheit.

Mir gefiel diese Bedeutungsschwere von Anfang an, denn der Name sagt sehr viel über uns aus. Immer, wenn ich ihn verwende, freue ich mich. Egal, ob uns Leute kennen oder nicht, sie hören den Namen und haben positive Assoziationen dazu.

Somit hatten wir also diesen Namen gemeinsam geboren, mein Teil war das MITANANDA, Nikos Teil der H.O.F. Das alles unterstützt von uns sehr wichtigen Menschen und lieben Freunden. Was will man mehr?

Es hat allerdings in der Region noch ein paar Jahre gedauert, bis der Name wirklich auch zu greifen begann und in das Bewusstsein der Nachbarschaft eingedrungen ist. Lange Zeit waren wir immer noch die „Griechen beim Trojan unten" (Niko ist nämlich Grieche). Kein Wunder auch, hatte unser verstorbener Vorbesitzer und Glaskünstler Willi Trojan doch lange Zeit die Geschicke unseres Ortes bestimmt und war über die regionalen Grenzen hinaus bekannt gewesen.

Je länger wir den Namen MITANANDA H.O.F tragen, je mehr er auf Flyern, Webseiten und Hinweistafeln auftaucht, desto glücklicher werde ich damit. Für uns hatten Namen schon immer eine ganz besondere Bedeutung und wir glauben, dass unser Platz sich diesen Namen irgendwie ausgesucht hat. Genauso, wie sich unsere Kinder ihre Namen ausgewählt haben.

Nun wachsen wir also langsam zusammen, der H.O.F. und wir, wachsen hinein in diesen großen Namen, diese fröhliche und liebevolle Bedeutung. Die lange Elefantengeburt drumherum ist heute fast vergessen, aber die ewige Schwangerschaft von mehreren Jahren hat sich für uns jedenfalls gelohnt.

Heute sage ich zu jedem Besucher voller Dankbarkeit: Willkommen am MITANANDA H.O.F.!

Die Geschichte mit der Sandkiste

Wie es Philomena im Kindergarten erging
und wieso sie kein Kindergartenkind wurde

Nachdem sowohl ihr großer Bruder wie auch ihre große Schwester bereits eigene Erfahrungen im Bildungssystem gemacht hatten, wollte auch Philomena im Kindergarten schnuppern. Sie war damals fünf Jahre alt und bereit für neue Freunde und Abenteuer.

Der Kindergarten ist mit der Volksschule gemeinsam im selben Gebäude, nur wenige Kilometer von uns die Straße runter. Sie sah jedes Mal beim Vorbeifahren die vielen spielenden Kinder im Garten und war neugierig.

Als eine Einladung zum Schnuppertag im Kindergarten für das in Österreich verpflichtende Kindergartenjahr ins Haus flatterte, war sie Feuer und Flamme. Als der sehnlichst erwartete Tag endlich da war, eroberte sie in Windeseile nicht nur sämtliche Räumlichkeiten, sondern zog auch die Kindergartenleitung begeistert hinter sich her. Auf einer dieser Runden raunte mir diese ins Ohr: „Schüchtern ist sie nicht, oder?“

Wir vereinbarten, dass Philomena eine ganze Woche im Kindergarten mit dabei sein durfte. Sie freute sich unbändig. Begeistert packte sie Jausenbox, Kindergarten- und Turnbeutel und legte ihre Kleidung am Abend für den kommenden Tag zurecht. Sie sprach nur noch von Kindergartenregeln, Morgenkreisen und Arbeitsblättern.

Im Laufe der Woche wurde das morgendliche Aufstehen zwar immer beschwerlicher für unsere eingefleischte Langschläferin, aber sie bestand trotzdem darauf, so früh als möglich in ihrem Kindergarten zu sein. Am Freitag war sie am Weg dorthin sehr traurig, dass es schon der letzte Tag war.

Als ich sie dann zu Mittag abholte, stand sie schmollend und vor Wut stampfend in einer Ecke des Gartens. „Mom, let`s go home immediately. Now!", sagte sie. Was war denn geschehen? Die Kindergartenleiterin erzählte mir unter vier Augen kurz und bündig, was vorgefallen war. Beim Spielen in der Sandkiste hatte Philomena einem anderen Kind unabsichtlich Sand in die Haare geschaufelt. Schreiend und weinend stand sie Philomena gegenüber, alle Augen auf die beiden gerichtet. Die Kindergartenleitung, wie es ihr Job ist und wie es sich einer guten Pädagogin gehört, versuchte professionell zu intervenieren. Ich vermute, sie war aufgrund ihres Wissens um diese für sie ungewohnte Art der Begleitung unserer Kinder ein wenig verunsichert. Sie wusste nicht so recht, wie wir mit solchen Situationen umgingen und wollte Philomena klar machen, welche Verhaltensregeln es in solchen Fällen im Kindergarten gab.

Geduldig erklärte sie meiner Tochter, dass sie sich zu entschuldigen habe, denn es war unangenehm, Sand in Haaren und Augen zu haben. Sie nahm ihre Hand, führte sie zu der Hand des anderen Mädchens und zeigte ihr, wie man richtig die Hand schüttelt, wenn man sich entschuldigt.

Nachdem ich bei dieser Szene nicht dabei war, kann ich mir nur aus den zahlreichen ähnlichen Situationen in anderem Umfeld denken, wie Philomena darauf reagiert hatte, und warum.

Kein Mensch möchte vor den Augen seiner sozialen Gruppe bloßgestellt werden oder in solch peinliche Situationen kommen. Sie wusste, dass sie einen „Fehler" gemacht hatte und es tat ihr leid, aber sie war in der Situation auch überfordert von ihren eigenen Emotionen und ihrem schlechten Gewissen. Sie wusste, dass sie dem Mädchen nicht absichtlich Schaden zugefügt hatte und war es gewohnt, dass ihr vertraut wurde, in solchen Situationen ihre eigenen Lösungswege zu finden, in ihrer eigenen Zeit.

Daher hat sie die einzige für sie in dem Moment mögliche Strategie verfolgt: Sie wollte sich aus dem Geschehen ziehen, damit sie nicht noch weiter im Mittelpunkt der Aufmerksamkeit stand. Sie wollte nach Hause. Ich finde das eine reife Entscheidung von ihr. Natürlich sah das die Kindergärtnerin anders.

Wir hatten einen Termin zur Nachbesprechung für Montagnachmittag ausgemacht. Ich war neugierig zu hören, welche Erfahrungen die Kindergartenmitarbeiterinnen mit unserer Tochter gemacht hatten und freute mich auf ihr Feedback zu ihrer gemeinsam verbrachten Woche. Das ganze Wochenende beschäftigte mich aber der Vorfall in der Sandkiste und ich fragte mich, wieso ich mich darüber so ärgern musste, was mich daran so aufbrachte, dass ich nicht schlafen konnte.

Irgendwann in der Nacht hatte ich dann eine kleine Erleuchtung. Ich stellte mir vor, wie derselbe Vorfall bei uns daheim abgelaufen wäre. Schließlich passieren auch bei uns täglich kleine Unfälle, bei denen mehr oder weniger unabsichtlich andere zu Schaden kommen.

Und auch bei uns gibt es die Regel, dass wir uns für unsere Handlungen entschuldigen, sofern sie jemand anderen verletzen. Was war dann der gravierende Unterschied? In unserer kleinen sozialen Gruppe von maximal sechs Menschen konnte ich individuell auf die betroffenen Menschen eingehen.

Ich musste keine „Instantlösungen" finden, ich konnte jedem die Zeit und den Raum geben, den sie brauchten.

Hätte Philomena Aeneas Sand in die Haare geschaufelt, dann hätte wahrscheinlich auch er lautstark protestiert. Aber ich wäre nur dann eingeschritten, wenn sie mich um Hilfe gebeten hätten. Wenn er weinend zu mir gelaufen wäre, hätte ich ihn getröstet und versorgt. Aber ich hätte Philomena nicht gezwungen, sich sofort zu entschuldigen. Ich vertraue darauf, dass meine Kinder auf eine angemessene und individuelle Art und Weise Lösungen finden und Verantwortung für ihre Handlungen übernehmen.

Ein Kind handelt niemals mit bösen Absichten - es sei denn, es ist darauf konditioniert worden. Selbst kleine Kinder, die Konsequenzen ihrer Handlungen noch nicht abschätzen können, handeln niemals bösartig, um jemand anderen zu verletzen. Das Kind, das unabsichtlich jemandem Schaden zugefügt hat, weiß unmittelbar, dass es falsch gehandelt hat. Es braucht genauso viel Zuwendung, Mitgefühl und Aufmerksamkeit wie das Kind, dem Schaden zugefügt wurde. Es muss fühlen und erkennen, dass es auch weiterhin geliebt wird, egal was es getan hat. Es muss verinnerlichen, dass Bezugspersonen es bedingungslos lieben und an das Kind glauben, ihm vertrauen, dass es seine eigenen, richtigen Entscheidungen treffen kann. Dass es sich hilfesuchend einem Erwachsenen anvertrauen kann, ohne dafür verurteilt zu werden. Dass es immer richtig ist, so wie es ist.

Vielleicht wäre Philomena eine halbe Stunde später mit einer Zeichnung in der Hand auf Aeneas zugegangen, hätte ihn umarmt und ihm ihr Geschenk überreicht. Als Zeichen der Wiedergutmachung. Vielleicht hätte sie sich aber auch erst am kommenden Morgen beim Frühstück entschuldigt und ihm erklärt, dass Unfälle leider manchmal passieren und sie ihm nicht absichtlich wehgetan hat. Vielleicht aber wären ihr noch viel wundervollere Möglichkeiten eingefallen, wie sie ihren Konflikt mit ihrem kleinen Bruder hätte lösen können. Ich weiß, dass es irgendeine dieser Möglichkeiten gewesen wäre und es wäre ganz egal gewesen, ob es gleich oder später zu einer Lösung gekommen wäre, denn es war ihre ganz EIGENE Lösung.

Ich bin nicht diejenige, die vorgefertigte Schablonen unreflektiert weiter reicht, sondern ich bin da, um zuzuhören, zu trösten, zu halten und einfach nur ganz DA zu sein. Ich bin der Fels in der Brandung, der Anker, zu dem sie immer zurückkehren können, ich gebe Halt und Liebe, aber keine vorgefertigten Antworten. Ich ermächtige, ich begleite, ich unterstütze und ich beobachte. Vor allem aber vertraue ich, immer und immer wieder.

All das ist in einem Umfeld wie in einer durchschnittlichen Kindergartengruppe von zwanzig und mehr Kindern einfach nicht machbar. Ich kann den Kindern keine Zeit lassen, denn ich habe keine Zeit. Ich brauche unmittelbare Lösungen, denn in einer solch großen Gruppe kann ich mir keine Zeit für jeden einzelnen nehmen. All die wohlklingenden Konzepte, all die von Bildungs- und Erziehungsexperten erarbeiteten Methoden verpuffen in einer Arbeitsrealität, die keinen Raum lässt. Ich klage hiermit nicht die engagierten Kindergärtnerinnen an, im Gegenteil. Ich möchte meinen Hut ziehen vor ihrem Durchhaltevermögen, ihrer Hingabe und ihrer Liebe für ihren Beruf, der fast immer Berufung ist.

Ich sehe, wie sehr sich die Arbeitslast in den letzten Jahrzehnten gesteigert hat. Zusätzlich zur Arbeit mit immer größeren Gruppen mit immer mehr Kindern mit sonderpädagogischem Förderbedarf oder besonderen Bedürfnissen werden immer mehr Ansprüche an die Pädagoginnen gestellt: Leistungsbeurteilungen, Dokumentationen aller Art, Arbeitsmappen, Elterngespräche, und vieles mehr. Es braucht schon viel Liebe zu Kindern, um all dies und noch einiges mehr jahrzehntelang auszuhalten und nicht an dem stetig steigenden Leistungsdruck auszubrennen.

Aber gerade weil die Situation so ist wie sie ist, haben wir Philomena entgegen ihrem Willen nicht in den Kindergarten geschickt. Dies ist kein Aufbegehren gegen ein in großen Teilen überholtes, unzeitgemäßes System, sondern eine bewusste Entscheidung für das Wohl meines Kindes.

Echtes soziales Lernen kommt aus einem Bedürfnis, das tief im Inneren jedes Menschen wurzelt und ist niemals von außen aufgezwungene Theorie. Sozialisation passiert, indem ich gewünschte soziale Handlungen authentisch vorlebe, indem das Kind organischer Teil einer Gruppe ist, und hinein wächst in seine Position und Aufgabe innerhalb dieses Systems.

Wieso trennen wir Familienmitglieder systematisch voneinander? Warum ist es uns nicht möglich, einen Weg MITANANDA zu finden, wo Mütter ihre Kinder ganz selbstverständlich auf ihren Arbeitsplatz mitnehmen können? Einen Weg, auf dem Kinder nicht als Störfaktor gesehen werden, sondern als wertvoller Teil unserer Gesellschaft? Wir haben längst die technischen Möglichkeiten dazu. Alles, was es braucht ist ein radikales Umdenken. Eine Bereitschaft, gemeinsame Lösungen zu finden und zu leben. Wir müssen aufhören, junge und alte Menschen weg zu sperren und „aufzubewahren" und neue Wege finden, auf denen Menschen aller Altersgruppen integriert sind und voneinander profitieren und lernen können.

Die Geschichte mit den H.O.F.-Mates

Unsere Erfahrungen mit gelebter Gemeinschaft und was wir daraus gelernt haben

Als ich mich nach unserem Umzug und intensiven Gemeinschaftsgesprächen mit der Idee abgefunden hatte, dass wir weiterhin alleine am H.O.F. sein würden, stand plötzlich eine Frau mit ihrer Tochter im Teenager-Alter vor uns. Sie war wegen der bestehenden Schulpflicht aus Deutschland geflüchtet und brauchte dringend einen Wohnort. Wir boten ihr an, sich das ehemalige Ausstellungsgebäude am H.O.F. mit unserer Hilfe herzurichten und wollten als Gegenleistung von ihr Mitarbeit. Wir trafen also eine ähnliche Vereinbarung wie mit den Helpern (von denen ich später berichten werde).

Zu dem Zeitpunkt dachten wir, dass ein Zusammenleben mit jedem Menschen möglich sei, weil wir doch alle irgendeine Macke haben und mehr oder weniger schwierig sind.

Wir durften in den Monaten, in denen wir uns den H.O.F. mit den beiden Frauen teilten, lernen, dass es eben nicht ganz egal ist, mit wem man zusammen lebt. Menschen, die nicht in ihrer Eigenverantwortung stehen, die sich immer als Opfer sehen und die Schuld bei den anderen suchen, sind nicht gemeinschaftsfähig. Das Problem ist, dass Menschen, die wissen, was sie mit ihrem Leben anstellen wollen und aktiv Verantwortung übernehmen, kaum je in eine bestehende Gemeinschaft wollen, sondern selbst etwas auf die Beine stellen. Aber das wussten wir damals noch nicht und haben die Hoffnung noch mehrere Jahre lang nicht aufgegeben. Schließlich haben wir uns einvernehmlich "getrennt".

Als wir danach wieder alleine am H.O.F. waren und noch keinerlei Umbauarbeiten am ehemaligen Ausstellungsgebäude (dem heutigen kleinen Gästehaus) begonnen hatten, beschlossen wir, mal wieder alle vorherigen Pläne über den Haufen zu werfen und stattdessen die Wohnung im Kellerstöckl (dem dritten Gebäude am Gelände) zu sanieren. Wir dachten, wenn wir nur bereits fertigen Wohnraum zur Verfügung stellen konnten, dann würden wohl auch die passenden Menschen zu uns finden. Voller Energie warfen wir uns in die Planungsarbeiten und bald schon rissen wir Wände ein, versetzten Türen, erneuerten Fenster und verlegten den Eingang. Mitten in den massiven Umbauarbeiten veröffentlichten wir einen Text, in dem wir der Welt mitteilten, dass wir auf der Suche nach einer passenden Familie waren, die in die fertiggestellte Wohnung einziehen sollte.

Wir hatten uns im Vorfeld viele Gedanken gemacht, wie wir unser Zusammenleben rechtlich organisieren wollten. Da wir bei vielen Gemeinschaften sahen, welchen immensen Erfolgs- und Leistungsdruck eine finanzielle Investition auf die noch zarten Beziehungen ausübt, beschlossen wir eine Art Probezeit. Wir wollten erst einmal zwei Jahre mit einem ganz normalen Mietvertrag zusammen wohnen, uns in der Zeit kennenlernen und ausloten, wie es danach organisatorisch weiter gehen kann. Damit, so dachten wir, würden wir das Risiko für beide Seiten optimal minimieren.

Wieder kamen sehr viele Menschen zu uns, um sich den H.O.F. und die neue Wohnung anzuschauen. Das Gemeinschaftsthema trifft für viele den Nerv der Zeit. Ich erledigte unzählige Gespräche, Emails und Skype-Telefonate. Ich würde sagen, 80 Prozent derjenigen, die sich meldeten, waren nicht wirklich ernsthaft interessiert, sondern eher neugierig auf uns und verliebt in die Idee. Am Ende, als wir schon fast aufgeben wollten, stand plötzlich eine Patchwork-Familie aus Wien vor uns, mit einem Sohn in Allegras Alter, und die Frau war hoch schwanger. Es war Liebe auf den ersten Blick, am Abend stand es fest, das waren unsere neuen Mitbewohner!

Wir vereinbarten, dass sie im Sommer einziehen würden und hatten somit eine Deadline, bis wann die Wohnung im Kellerstöckl bezugsfertig sein musste.

Wie immer war es natürlich auch diesmal so: die berechnete Zeit war zu knapp, und so mischten sich Ende Juli Umzugskartons mit Baumaterialien, aber wir waren ganz verknallt in das mittlerweile wenige Wochen alte Baby. Ganz besonders Aeneas mit seinen eineinhalb Jahren entwickelte sich zum Beschützer und besonderen Vertrauten unseres neuen „H.O.F.-Babys".

Der Mann half Niko ein paar Tage die Woche, um Erfahrungen auf der Baustelle zu sammeln und sich am H.O.F. einzubringen. Ich genoss es, eine zweite Frau am H.O.F. zu haben, zum Kochen, plaudern und Teilen von Sorgen. Die Kinder fanden einen neuen Freund und Spielkameraden und waren bald in unendlichen Rollenspielen versunken. Über den Winter wuchsen wir wunderbar zusammen und genossen die stille Zeit zusammen mit gemütlichen Spieleabenden vor dem Feuer.

Es schien alles zu laufen, wie geplant. Bis zu einem Frühlingsabend, als unsere Mitbewohnerin, nun offiziell als „H.O.F.-Mate" bezeichnet, ganz aufgelöst zu uns rüber kam und meinte, dass etwas mit ihrem Partner nicht stimmte. Am nächsten Tag stellte sich heraus, dass er einen Schlaganfall erlitten hatte und dem Tod nur knapp von der Schaufel gesprungen war. Wir alle waren geschockt, versuchten natürlich aber den Kindern zuliebe Ruhe zu bewahren und unsere H.O.F-Mates bestmöglich zu unterstützen. Es folgte ein langer Krankenhausaufenthalt, der nahtlos in einen Reha-Aufenthalt überging. Wir haben ihn die darauffolgenden Monate nicht mehr gesehen. Diese Zeit war für seine Familie, aber auch für uns mit viel Angst und Sorge behaftet. Wir versuchten, das Schiff am Schaukeln zu halten und gleichzeitig für die junge Familie da zu sein. Im Nachhinein gesehen waren wir wohl alle ein wenig überfordert mit der Situation.

Wir hatten es uns zur Gewohnheit gemacht, jeden Sonntag gemeinsam zu brunchen und gleichzeitig unseren „H.O.F.-Talk", unser Gemeinschaftsgespräch durchzuführen. Wir wollten dabei regelmäßig unsere Ideen, Wünsche, Pläne und Anregungen kommunizieren, damit alle auf dem Laufenden sind und sich einbringen können.

Im Zuge des ersten H.O.F.-Talks nach der Rückkehr unseres H.O.F.-Mates aus der Reha, bekamen wir von ihm eine lange Liste an Dingen vorgesetzt, die für ihn nicht in Ordnung waren. Er hatte viel Zeit zum Nachdenken gehabt und wollte jetzt seine Erkenntnisse mit uns teilen. Besonders ich war dadurch wie vor den Kopf gestoßen, denn natürlich war auch mir klar gewesen, dass wir es in seiner Abwesenheit nicht geschafft hatten, diverse Kleinigkeiten in der Wohnung fertig zu stellen und dass einige Dinge in all dem Trubel liegen geblieben waren. Ich hatte auch gar keinen Dank dafür erwartet, dass wir uns in seiner Abwesenheit um die Familie gekümmert hatten. Aber mit Vorwürfen hatte ich nicht gerechnet.

Wir versuchten mithilfe eines Mediators und vielen Stunden von „H.O.F.-Talks" die Sache zu klären und zu bereinigen, aber es ist immer noch ein leicht schaler Nachgeschmack hängen geblieben. Ich glaube, es war so etwas wie ein Vertrauensbruch – auf beiden Seiten.

Unser „Mate“ kam aber nicht nur mit dieser Mängelliste nach Hause, sondern auch mit der Idee, dass er von nun an nichts mehr aufschieben und seine Träume leben wollte – eine verständliche Reaktion in seiner Situation. Zuerst hatten sie beide die Idee, dass sie die Wohnung untervermieten, ein halbes Jahr auf Reisen gehen und nach ihrer Rückkehr wieder bei uns einziehen. Das wollte ich nach gründlicher Überlegung aber nicht, denn wer weiß, ob sie wirklich je zurückkommen würden bzw. was in dem halben Jahr passieren würde, bei ihnen und auf dem H.O.F. Wir müssten uns wieder an jemand Neuen gewöhnen und dann eventuell nach dem halben Jahr noch einmal. Also beschlossen wir gemeinsam schweren Herzens, dass eine einvernehmliche Kündigung des Mietvertrages die beste Lösung wäre.

Es fühlte sich an wie eine Trennung. Die letzten Wochen, wo die Wohnung leer geräumt und gesiedelt wurde, waren eine schwere Zeit für uns alle. Ich wünschte ihnen alles erdenklich Gute und viele Abenteuer und Erkenntnisse für den neuen Lebensabschnitt, aber es fiel mir sehr schwer, loszulassen. Zu sehr war mir die gesamte Familie ans Herz gewachsen und ich habe erst bemerkt, wie stark ich sie bereits als Familie angesehen habe, als sie am Gehen waren. Wir hatten in eineinhalb Jahren viel zusammen erlebt.

In all dem Gefühlswirrwarr machten wir uns also wieder auf die Suche nach einer Familie, die möglichst nahtlos die Wohnung übernehmen konnte. Diesmal war ich schlauer und verfasste einen ziemlich detaillierten Text mit unseren Wünschen und Vorstellungen für die neuen H.O.F.-Mates. Ich wollte mir die kräftezehrenden Erfahrungen mit unzähligen neugierigen Besuchen vom letzten Mal ersparen. Einerseits finden wir es nicht gut, wenn man vorab zu sehr eingrenzt, andererseits hatten wir im Zusammenleben doch auch viel gelernt und erfahren, was uns wichtig war: Achtsamer, respektvoller Umgang MITANANDA, nachhaltiger Umgang mit Lebensmitteln und Ressourcen, eine gewisse Eigenverantwortung, Pläne, wie sie sich die finanzielle Absicherung vorstellen. Und am wichtigsten war uns das Verständnis von Freilernen oder selbstbestimmter Bildung als Lebenseinstellung für die gesamte Familie.

Der Andrang war weit geringer als bei der ersten Ausschreibung. Ich war sehr froh darüber, denn wir konnten gut auf all die Schaulustigen verzichten, die kein ernsthaftes Interesse hatten.

Eine der Familien schien wie maßgeschneidert zu sein. Sie hatte Erfahrung mit einem eigenen Hof, Pläne zur Bienenhaltung und Vermarktung ihrer Waren auf Märkten, die Kinder waren ebenfalls zuhause und die Eltern waren beide leidenschaftliche Gärtner.

Unsere Kinder waren auch gleich voll begeistert, denn sie hatten vier Kinder, die alle in ihrem Alter waren. Wir entschieden uns ohne weitere Rückversicherungen für diese Familie und freuten uns sehr auf ihren Einzug. Schon nach wenigen Wochen allerdings erwachten wir wie aus einem bösen Traum. Das Zusammenleben funktionierte nicht, die Kinder harmonierten nicht, die gemeinsamen Essen und die H.O.F.-Talks wurden in Windeseile zur Qual. Ich dachte, ich bin in einem schlechten Film. Nach und nach stellte sich heraus, dass nichts von dem, was sie uns erzählten, der Realität entsprach. Auch diesmal wieder waren angeblich wir an allem Schuld. Wir bekamen einen Brief, in dem sie die Kündigung und ihren Auszug ankündigten. Es waren nicht einmal drei Monate seit ihrem Einzug vergangen.

Ich kann hier nur für mich sprechen, aber dieser Vorfall mit all den wahnsinnigen und zum Teil illegalen Details, die ich hier aufgrund von Respekt und auch Resignation nicht aufzählen möchte, hat mich für die kommenden Jahre traumatisiert. Ich war davor der Überzeugung, doch ein ganz gutes Menschengefühl zu haben. Dass dieses in dem Fall so heftig danebengelegen ist, hat mich lange verunsichert. Im Nachhinein gesehen, habe ich schon vorab intuitiv gewusst, dass da etwas nicht stimmig ist. Ich wollte aber so sehr, dass es wieder funktioniert, nach den schönen Erlebnissen mit der ersten Familie, dass ich nicht auf meine innere Stimme und deren Warnrufe gehört hatte.

Heute würde ich nie wieder jemanden in meine innere Privatsphäre lassen, ohne vorher abzuklären, was hinter bestimmten Aussagen steckt, wenn mir diese auch nur im Geringsten seltsam vorkommen. Das hat nichts mit Kontrolle und Misstrauen zu tun, sondern mit gesundem Menschenverstand und meiner Aufgabe als Mutter, meine Kinder zu schützen. Denn auch für sie waren diese Erfahrungen keine schönen.

Was alles zwischen den Kindern passiert ist, haben wir erst Jahre danach erfahren. Mir tut es sehr leid, dass sie aufgrund unserer Gutgläubigkeit und unserer Naivität Schaden genommen haben.

Ich habe, glaube ich, nie so oft etwas in diesem Jahr gesagt, wie: Ich bin so froh, dass sie weg sind.

Wir haben auf erschreckende Weise lernen müssen, dass es Menschen gibt, denen Furchtbares passiert sein muss, sodass sie dem Irrtum aufsitzen dass es in Ordnung wäre, anderen Menschen Böses zu tun, und wir alle haben lange gebraucht um das Erlebte zu verarbeiten.

Das Gleichgewicht zu finden zwischen Offenheit und Vertrauen und einem gewissen gesunden Misstrauen und Eigenschutz, fällt mir bis heute nicht leicht. Ich habe mich aber trotz all dieser Erfahrungen geweigert, nicht immer doch zuerst das Positive zu sehen.

Daher blicke ich auch auf diese Zeit mit Dankbarkeit zurück, da sie mir gezeigt hat wie wichtig es ist, zuallererst auf sich selbst und seine Familie zu schauen und eine gesunde Balance zu finden.

Damit standen wir nach vier Jahren am H.O.F. wieder ganz am Anfang - und dann auch doch wieder nicht. Wir hatten viel gelernt und erfahren, wie wir es NICHT haben wollen. Wir haben viel über unausgesprochene Erwartungshaltungen gelernt und wie schwierig es ist, absolut ehrlich zu sich selbst und anderen zu sein. Wie das Thema Geld unser eigenes Mangeldenken hervorhebt und die Ängste aller Beteiligten schüren kann.

Ganz besonders aber haben wir gelernt, dass es fast unmöglich ist, eine gleichberechtige, homogene Gruppe entstehen zu lassen, wenn die Gemeinschaft so klein ist und aus nur zwei Parteien besteht, wobei einer davon alles gehört, die viel Energie, Zeit und Geld in das Projekt gesteckt hat.

Es erscheint trotz intensiver Bemühungen schwer, Neuankömmlingen den Raum zuzugestehen, den sie sich gewünscht hätten. Die „Neuen“ wiederum haben oft Angst, dass sie in der Konstellation „den Kürzeren ziehen“ würden. Zu tief sitzen wohl Verletzungen und Prägungen aus der Kindheit bei uns allen und es braucht sehr viel Offenheit und Bereitschaft, sich diese Themen als bewusste Menschen gemeinsam anzuschauen.

Leider sind wir bis zu diesem Punkt, an dem es ja eigentlich erst spannend zu werden beginnt, nie vorgedrungen. Wir sind immer schon an einer der Vorstufen gescheitert, unsere H.O.F. Beziehungen endeten bislang spätestens nach dem Abflauen der ersten „Verliebtheitsphase“.

Immer noch bin ich neugierig, ob und wie wir es irgendwann einmal schaffen können, uns und unsere Idee für einen weiteren Kreis zu öffnen. Derzeit lassen wir uns alles offen. Wir suchen nicht bewusst nach Gemeinschaft, aber wir lehnen sie auch nicht dezidiert ab. Wenn jemand kommen sollte, der „kleben“ bleibt, immer wieder kommt und in das Projekt hinein wächst, hier seinen Platz findet, dazu passt und sich hier verwirklichen kann, dann sind wir offen für Vieles. Aber ohne eine gewisse Investition von Zeit und Geld würden wir das nicht wieder riskieren.

Wir haben für uns beschlossen, dass wir als sechsköpfige Familie bereits eine Art Gemeinschaft sind und dass wir zuerst einmal unseren eigenen Kram auf die Reihe bekommen müssen, bevor wir uns wieder für einen größeren Kreis öffnen.

Eine Bekannte hat mir dazu einmal ein für mich sehr stimmiges Bild mitgegeben: Stell dir einen ruhigen See vor, in den du einen Stein wirfst. Die Kreise ziehen sich bis ins Unendliche. Wirf einen zweiten Stein hinein und du wirst unendliche Überschneidungen finden. Wirf jetzt noch vier weitere Steine hinein und die Überschneidungen werden fast unübersichtlich. Verdopple die Anzahl der Steine und schau, was passiert: Chaos.

Genau so hat sich – zumindest beim zweiten Mal – unsere Gemeinschaft angefühlt.

Ich weiß bis heute keine verlässliche Antwort auf die Frage, was eine Gemeinschaft zusammenhält. Ich glaube aber, dass es reife, bewusste Menschen dafür braucht, die bereit sind, sich dem Chaos zu stellen, sich zu verschenken und zu investieren, die keine Angst mehr haben, verletzt oder betrogen zu werden und offen sind für andere Meinungen und Wege.

Ich lasse mich überraschen, wohin uns unser Weg noch bringen wird, denn nicht umsonst heißen wir, wie wir heißen - das MITANANDA bleibt weiterhin unser Programm.

Langweilig wird es uns dabei wohl nie – und auch dafür bin ich dankbar!

Die Geschichte mit dem Tauschen und Schenken

Wie wir lange Zeit versucht haben, eine Alternative zum herkömmlichen Geldsystem zu erschaffen

Natürlich blieb es nicht aus, dass wir uns früher oder später auch nach Alternativen zum herrschenden Geldsystem umschauten. Die Idee, Waren und Dienstleistungen so wie früher in der Tauschwirtschaft zu verwenden, schien uns spannend und erstrebenswert.

Irgendwann, noch in Niederösterreich, ist Niko auf den damaligen Talente-Tauschkreis gestoßen. Es gab da eine recht aktive und umtriebige Gruppe an engagierten Menschen, die sich einmal monatlich in einem Vereinshaus in der Nähe trafen. Niko hat die Idee sehr angesprochen und er fand auch die technische Umsetzung sehr gelungen.

Es gab im Talente-Tauschkreis eine dem Bankensystem nachempfundene Online-Plattform, wo man österreichweit nicht nur suchen konnte was man braucht, sondern auch inserieren konnte, welche Angebote man anzubieten hat.

Jeder hatte ein Konto und konnte damit solange online einkaufen, wie er darauf noch „Stunden" hatte. Eine „Stunde" entsprach dem ungefähren Gegenwert von zehn Euro.

Der Gedanke dahinter war der: Jeder Mensch hat dieselbe Lebenszeit. Wir bezahlen auch im täglichen Leben mit unserer Lebenszeit und nehmen dann dafür Euro. Hier wurde eine Zeitwährung eingesetzt.

Ich kann also alles ein- und verkaufen, wofür ich mir dann einen Gegenwert in Lebenszeit ausdenke. Also zum Beispiel ein Glas selbstgemachte Marmelade zu einer halben Stunde. Man konnte das Konto auch überziehen und online Buchungen vornehmen. Im realen Leben gab es sogar richtige „Geldscheine“, Stundenscheine genannt.

In der Theorie war die Idee genial, denn sie fördert den Austausch von Waren und Dienstleistungen, jeder hat dasselbe Budget und dieselben Chancen und Möglichkeiten.

Wir waren ein paar Jahre dann Teil dieser illustren Runde an Tauschkreis-Freunden und nahmen auch regelmäßig an den persönlichen Treffen teil. Dort kauften wir Brot, Eingekochtes und tauschten Kleidung. Wir verkauften unsere Eier, selbstgemachtes Waschmittel und Zahnpasta. Ich nahm an Malworkshops teil und bezahlte dafür zu einem Großteil mit Stunden. Niko hat sogar einmal eine Baumeister-Dienstleistung in Stunden bezahlen können.

Als wir in die Südsteiermark zogen, waren wir voller Vorfreude auf den hier ansässigen Tauschkreis, den es schon in den Neunziger Jahren eine Zeitlang gegeben hatte und den unsere gute Freundin ein paar Jahre zuvor wieder aufleben hatte lassen. Motiviert luden wir zu Treffen ein und verfassten Listen mit den Dingen, die die Teilnehmer brauchten und zu vergeben hatten.

Zu Beginn schien es wirklich so, als würden immer mehr Menschen dazu kommen und sich der Kreis weiter ausdehnen. Doch nach ein paar Monaten wurde klar, dass es immer dieselben Leute waren, die überhaupt etwas zu tauschen hatten oder die auch online aktiv waren. Wir hatten das Gefühl, dass die Treffen immer mehr verkamen zur rein sozialen

Zusammenkunft und dem Austausch von Marmeladen. Die Dinge, die wir wirklich brauchten, gab es nicht. Das war uns nicht genug.

Damals wurde dann in der Nähe von Graz die Alternativwährung „Gaudi" aus der Taufe gehoben. Dieser unterschied sich von der „Stunde" vor allem darin, dass jeder, der mitmachen wollte, zuerst einmal hunderttausend Gaudi einfach so auf sein Onlinekonto überwiesen bekam. Die Idee war, dass aus dieser Fülle ganz automatisch ein reger Austausch entstehen würde. Wir schlossen uns also mit dem Tauschkreis Südsteiermark den „Gaudianern" an.

Bald schon wurde aber auch hier klar, dass es dieses Problem der fehlenden Schnittstelle zur Außenwelt gab. Ich konnte mit dem Gaudi zwar wunderbar energetische Behandlungen bezahlen oder mir einen Anhänger ausleihen, aber ich konnte keine Lebensmittel des täglichen Bedarfs erstehen. Irgendwann wäre es notwendig gewesen, eine Stunde oder einen Gaudi in Euro umzutauschen um die Rohstoffe für meine Produkte in der "Eurowelt" zu bezahlen – und das funktionierte nicht.

Als ich mich einmal bei einem sogenannten „Gaudi-Bauern", also einem Landwirt, der selbst beim Gaudi mit machte, erkundigte, ob ich bei ihm mit Gaudis Bohnen und Getreide einkaufen konnte, nannte er mir einen relativ hohen Preis an Euro plus zwei Gaudi pro Kilo. Für diesen Preis lohnte es sich aber nicht, den ziemlich weiten Weg zu diesem Bauern anzutreten, wenn wir doch zum selben Europreis und ohne Gaudi-Aufschlag auch in der Nähe einkaufen konnten.

Es kam, wie es im Endeffekt leider kommen musste: Der erste Schub war vorbei, als die Teilnehmer ihr Startkapital verbraucht hatten. Am Schluss gab es viele, die keine Gaudi mehr hatten und wenige, die in Gaudi untergingen und nichts damit anfangen konnten. So auch wir, denn wir hatten sehr viel Waschmittel und Zahnpasta gegen reine Gaudi verkauft. Am Ende haben wir dann zumindest unsere Unkosten in Euro verlangt, aber trotzdem machte es einfach keinen Sinn mehr, denn wir konnten für die Arbeit, die wir in die Produktion unserer Waren gesteckt hatten, und für die wir Gaudi genommen hatten, keine sinnvollen, brauchbaren Waren kaufen.

Eine befreundete Gemeinschaft in der Nähe kam dann auf die Idee, dass wir statt eines Tauschkreises, bei dem es ja immer noch um dieses Mangeldenken ging, einen Schenkkreis ins Leben rufen könnten. Beim ersten Mal trafen sich alle am H.O.F. und wir diskutierten über die Idee und den Ablauf der geplanten monatlichen Treffen.

In einer ersten Runde sollten alle erzählen, was sie so anzubieten hätten. Möbel, Kleidung, Geschirr und Lebensmittel, die wir im Überfluss abzugeben hätten, wie zum Beispiel Äpfel zum selber Ernten. Da waren alle ganz aktiv mit dabei, jeder hatte viele gebrauchte Dinge, die er gerne loswerden wollte.

In einer zweiten Runde sollte jeder sagen, was er brauchte und sich wünschte. Also zum Beispiel Mithilfe bei der Ernte und dem Verarbeiten, auf der Baustelle oder mit den Kindern. Oder ganz konkrete Dinge, wie ein Bett oder Gläser zum Einkochen.

Hier kamen fast keine Wünsche. Scheinbar waren alle wunschlos glücklich!? Oder sie trauten sich nicht, um Hilfe zu fragen, denn wir sind das in unserer Leistungsgesellschaft ja nicht gewohnt. Es könnte als Schwäche ausgelegt werden.

Dieser Kontrast zwischen der offenherzigen Bereitschaft, Sachen zu verschenken und der absoluten Zurückhaltung, wenn es um die eigenen Wünsche und Bedürfnisse ging, machte mich sehr nachdenklich. Woran mochte das liegen, dass wir uns so schwer tun, um Hilfe zu bitten und diese auch anzunehmen? Warum schämen wir uns dafür, wenn wir zugeben, dass wir es alleine nicht schaffen? Und woher kommt all die Angst, dass man Gefahr läuft, über den Tisch gezogen zu werden, wenn man zu sehr auf andere vertraut?

Eine ähnliche Tendenz hatte ich zuvor schon wahrgenommen, wenn es um „freiwillige Spenden" ging. Wir hatten des Öfteren Workshops und Vorträge gegen eine Spende in die Vereinskassa angeboten. Das schien die Menschen sehr zu verunsichern. Entweder sie hatten Angst, dass es nicht genug sein könnte, was sie zu geben hatten und sie sich dabei lächerlich machten. Oder aber sie warfen nichts oder einen Minimalbetrag in die Kassa und nutzten somit die Gutherzigkeit zu ihrem eigenen Vorteil aus. Den meisten jedenfalls war es peinlich.

Auch der alte Spruch: „Kosts nix, is nix wert." schien da mit hinein zu spielen. Wenn wir unsere Workshops gratis angeboten haben, dann haben sich nur sehr wenige Menschen dafür interessiert. Aber wenn wir gutes Geld dafür verlangten, dann rannten sie uns die Türe ein.

Eine kleine Erleuchtung dazu hatte ich dann beim Schauen der Sitcom „Big Bang Theory". Dort kommt es in einer Episode nämlich vor, das Penny ihrem Freund Sheldon etwas zu Weihnachten schenken will. Er erklärt ihr, warum er das Schenken hasst und nie Geschenke macht. Er denkt, dass man als Beschenkter nie sicher sein könne, ob man einen angemessenen Gegenwert zurück geschenkt hat. So bleibe man immer in der Schuld und müsse sich bei jeder neuen Gelegenheit, derselben Person wieder etwas zu schenken, erneut Gedanken machen und gegenseitig hochrechnen, was man dem anderen für dessen Geschenk „schuldig" ist. So hätte dieser Teufelskreis niemals ein Ende, daher könne man es doch besser gleich sein lassen, und daher würde er generell niemandem schenken und möchte auch keine Geschenke.

Nun, so weit sind wir dann nach zwei Jahren der monatlichen Schenkkreise trauriger Weise auch gekommen. Auch hier verkümmerte der anfängliche Enthusiasmus und rieb sich an der Realität auf.

In der Zwischenzeit durften wir erfahren, dass es ganz ohne unsere Organisation bereits seit Urzeiten einen florierenden und bunten Austausch an Waren und Dienstleistungen ganz in unserer Nähe gibt. Wir nennen es hier schlichtweg gelebte Nachbarschaft.

So tauschen wir nun also mit den befreundeten Nachbarinnen unsere vorgezogenen Pflanzerl, wir borgen uns gegenseitig Anhänger und Gerätschaften, helfen uns wenn Not am Mann ist und stehen miteinander in Beziehung und im Austausch.

Dies ist das ursprüngliche soziale Netzwerk, mit dem unsere Gesellschaft groß geworden ist. Es berührt mich immer aufs Neue, dass dieser Austausch hier, in dieser lange Zeit als arme Grenzregion dahin vegetierenden, aber heute sehr reichen Gegend, immer noch gelebt wird. Man kümmert sich noch umeinander und das ganz ohne Zwang und Regelwerk. Es ist selbstverständlich und Teil dieser Kultur.

Danke, dass wir ganz selbstverständlich Teil dieser Gemeinschaft sein dürfen!

Die Geschichte mit der historisch gewachsenen Gemeinschaft

Wieso wir es immer mehr schätzen, genau hier zu leben

Wir setzen uns seit vielen Jahren ein für einen Wandel in der Gesellschaft, damit ein MITANANDA wieder möglich wird, ganz besonders auch zwischen den Generationen. Wir glauben fest daran, dass die Zukunft für uns alle nur dann gelingen wird, wenn wir diese Illusion von Trennung, die leider in Institutionen durch Klassenaufteilungen und verurteilende Bewertungen noch weiter geschürt wird, loslassen. Wir alle sind immer miteinander verbunden, brauchen einander, bereichern einander. Der Mensch ist ein soziales Wesen, unser stärkster Trieb nach dem der Nahrungsaufnahme, Sicherheit und Fortpflanzung ist es, Teil eines größeren sozialen Gefüges zu sein. Kurz gesagt: Wir sind nur dann glücklich und erfüllt, wenn wir sinnvoll in Gemeinschaft mit anderen leben.

Die historisch gewachsenen Gemeinschaften sind, zumindest in Mitteleuropa, leider durch Abwanderung, Stadtflucht und den modernen Lebensstil gefährdet. Oft haben gerade vielbeschäftigte Eltern keine Zeit mehr, sich in der Gemeinde und der Region einzubringen. Genau diese Teilnahme ist es aber, die in der Menschheitsgeschichte sinn- und kulturstiftend war.

Ich möchte es provokativ formulieren: Uns ist vor lauter Stress unsere Kultur abhandengekommen. Kultur bedeutet für mich nicht, dass ich zu den Salzburger Festspielen, in die Oper oder ins Museum gehen muss, sondern ganz grundlegend die Weitergabe von Ritualen und Bräuchen, die gemeinschaftsstiftend waren und sind.

Bei uns im ländlichen Bereich bin ich immer wieder sehr beeindruckt von dem relativ intakten Kulturkreis rundherum. Am Sonntag ist die Kirche voll und danach wird am Kirchplatz geplaudert. Bei Brauchtumsfesten ist das ganze Dorf auf den Beinen und jeder hilft, wie er kann. Wenn Not am Mann ist, wird unbürokratisch geholfen. Man grüßt sich, man kennt sich, man kümmert sich um einander. Es menschelt, im positivsten Sinn.

Diese Gemeinschaft ist sicher aus einer Notwendigkeit erwachsen, denn lange Zeit war die Südsteiermark als Grenzgebiet vom Rest Europas eher abgeschnitten, die Gegend war arm, das Leben hart. Selbst sieben Jahrzehnte Weinstraße und der damit einhergehende Aufschwung durch den Tourismus konnte diese Grundeinstellung bislang nicht zerstören. Ich glaube, das liegt in der fortwährenden Verbundenheit mit der Natur, die von den überwiegend im Weinbau beschäftigten Menschen hier gelebt und gepflegt wird.

Natürlich ist auch hier nicht immer alles rosarot, aber das hat uns ja auch nie jemand versprochen. Ich verkläre auch nichts mit einem romantischen Blick von außen. Ich sehe sehr wohl, wie hart die Menschen hier arbeiten, wie sie auch der Natur und deren Launen ausgeliefert sind. Aber wer diese Arbeit nicht mit Liebe tut, der tut sie nicht sein Leben lang. Hier leben meistens mehrere Generationen unter einem Dach, oft aus der Notwendigkeit eines Familienbetriebes heraus. Viele der Nachbarn sind entweder miteinander verwandt oder zusammen aufgewachsen. Das hat klarerweise nicht immer nur Vorteile. Aber ich verhalte mich automatisch anders, wenn ich weiß, dass ich rundum gesehen werde. Ich kann hier nicht in der Anonymität verschwinden und mich in der Masse verstecken. Jeder hier übernimmt Verantwortung, für sich, seine Mitmenschen und die Region.

Zu Beginn war vor allem ich auf der Suche nach Kontaktmöglichkeiten für die Kinder und mich. Auf den ersten Blick schien es so, als gäbe es nur wenige davon. Die Fülle von Freizeitangeboten, Kursen und Nachmittagsprogrammen war eher beschränkt. Erst langsam tauchten wahre Juwelen auf. Die Schönheit der Region offenbart sich in diesem Bereich erst langsam. Man ist zwar immer freundlich zu Neuankömmlingen, aber man wartet zuerst einmal ab. Zu viele sogenannte „Aussteiger" kamen und gingen bereits nach kurzer Zeit wieder, vor allem seit der Achtundsechziger Bewegung.

Als sich abzeichnete, dass wir gekommen waren, um zu bleiben, taten sich immer mehr Möglichkeiten auf. Die Kinder fanden passende Vereine, Workshops und Initiativen, wo sie bis heute sehr aktiv sind. Ich habe viele wundervolle Menschen kennen und schätzen gelernt, bin Teil von einem unbezahlbar wertvollen Frauenkreis, bin regelmäßig bei alternativen Tanzveranstaltungen und bringe mich in der Region mit meinen Gaben ein.

Auch die Nachbarinnen halten zusammen, unternehmen gemeinsame Ausflüge, tauschen Samen und Pflanzen für den Garten und halten die Gerüchteküche am Laufen. Hier wird keine heiße Luft geredet, sondern es werden Nägel mit Köpfen gemacht. Jeder hier weiß, was Arbeit bedeutet und wie wichtig es ist, in gutem Kontakt miteinander zu stehen.

Je länger wir hier leben, desto mehr wachsen auch wir in diese historisch gewachsene Gemeinschaft hinein. Immer mehr wollen wir einen Beitrag dazu leisten.

Wir wollen weg von der passiven Konsumeinstellung, weg von dem Gedanken „was mir alles zusteht". Hin zu einer fast dienenden Haltung, ausgerichtet auf das Gemeinwohl und das größere Ganze. Wären wir im herkömmlichen Sinne religiös, dann würden wir vielleicht sagen: Wir wollen Gutes tun, unseren Mitmenschen helfen.

Diese Idee, dass ich mir schlussendlich immer selbst helfe, wenn ich zuerst auf die Anderen schaue, ist UBUNTU. Oder Karma. Auch wenn wir mit dem christlichen Glauben nicht sehr viel am Hut haben, wir leben nach dem Grundsatz: Behandle den Anderen so, wie du selbst behandelt werden willst. Ich warte nicht passiv darauf, dass mir etwas geschenkt wird, ich setze aktiv Aktionen, ich gehe los, in dem Vertrauen, dass es gut wird. Dass es gut ist.

Manchmal wird eine solche Grundeinstellung von außen belächelt, als naiv, blauäugig und „Gutmenschentum" abgetan. Ja, wir bekennen uns zu all dem - und mehr. Wir sind ganz bewusst gutgläubig, auch, wenn wir damit auch schon mal „auf die Nase gefallen" sind.

Gerade für die Erfahrungen, wo diese Grundeinstellung ausgenutzt wurde, sind wir heute sehr dankbar. Wir haben gelernt, eine gesunde Balance zu finden und trotzdem nicht „zuzumachen", und zu vertrauen statt zu misstrauen. Vertrauen in mich, meine Kinder und das Leben generell ist eine bewusste Entscheidung, die ich täglich treffe. Eine Entscheidung gegen die Angst - und für die Liebe.

Die Geschichte mit den Helpern

Warum wir so dankbar sind, dass es diese Möglichkeit gibt

Kurz nachdem wir auf den H.O.F. gezogen sind, bekamen wir von einer MITANANDA-Freundin den Tipp, doch „Helper" oder „Workawayer" bei uns aufzunehmen. Die Idee funktioniert ähnlich wie WWOOF: Es geht bei all diesen Angeboten um die Möglichkeit, Helfer ins Haus zu holen, mit einer geregelten Anzahl von Arbeitsstunden, meist fünf Tage die Woche gegen Kost und Logis.

Man kann bei der „Helper-Suche" im Internet ganz genau beschreiben, was man braucht und sucht und seine eigenen Grundbedingungen festlegen. In unserem Fall wünschen wir uns einen Mindestaufenthalt von zehn Tagen, denn darunter, so hat uns die Erfahrung gezeigt, macht es einfach keinen Sinn. Wir erlauben keine Drogen und Partys am Gelände und wünschen uns offene, neugierige und körperlich fitte Menschen. Wir bieten im Gegenzug viel Erfahrung am Bau, im Garten, das Angebot, in der Freizeit in unserer KREATIVwerkstatt zu arbeiten und ermöglichen Familienanschluss. Wir pflegen generell einen sehr freundschaftlichen Umgang mit unseren Helpern.

Seitdem sind sechs Jahre vergangen und wir hatten bereits über siebzig Menschen aus aller Welt bei uns. Die Jüngste war gerade 18, die Älteste fast siebzig. Wir hatten ein paar Familien, einige Pärchen oder Freunde.

Wir nehmen nicht mehr als zwei Helper gleichzeitig, denn sonst wird es mit unseren Unterkünften eng. Ab drei Helpern hat sich auch gezeigt, dass dann die Kosten-Nutzen-Rechnung nicht mehr aufgeht, denn ab einer gewissen Anzahl ist einer von uns mit der Beschäftigung der Helper beschäftigt und kann seinen eigenen Arbeiten nicht mehr nachgehen. Abgesehen davon, dass drei Personen mehr auch eine gehörige Menge Lebensmittel mehr verdrücken - und wir kochen auch so schon immer mit den größten Töpfen.

Wir möchten diese Möglichkeit nicht mehr missen, denn ohne unsere Helper wären wir mit den Umbau- und Sanierungsarbeiten am H.O.F. sicher nicht so weit. Natürlich kann ich keine ausgebildeten Fachkräfte erwarten, aber oft braucht Niko sowieso eher jemanden, der ihm einfach auf der Baustelle zur Hand geht.

Meistens arbeiten unsere temporären H.O.F.-Mates mit Niko auf der Baustelle oder im Garten. Wir haben die Arbeitszeiten so organisiert, dass sie von neun bis vierzehn Uhr arbeiten, dann gibt es das gemeinsame Mittagessen. Der Nachmittag und Abend steht ihnen zur freien Verfügung. Unsere Helper können sich bei uns Fahrräder und Wanderkarten ausleihen und die Gegend erkunden. Es kommt natürlich auch vor, dass wir gemeinsame Aktivitäten planen.

Wir haben mittlerweile einfache Regeln für das Zusammenleben mit unseren Helpern gefunden. Unser Haus steht ihnen tagsüber immer offen, aber wir haben „Familienzeit" ganz in der Früh und abends. Wenn man fast durchgehend jemanden bei sich wohnen lässt, dann braucht es auch einmal Privatsphäre - und das klappt gut.

Ich habe am liebsten Pärchen auf Besuch, denn dann machen wir meist eine ganz klassische Rollenverteilung. Sie hilft mir im Haushalt oder in der Werkstatt und er hilft Niko am Bau oder im Garten. Ich glaube es funktioniert bei uns deshalb fast immer sehr gut, weil unsere Helper kaum je alleine arbeiten, außer, es steht im Moment nichts anderes an.

Ich habe mir schon oft Gedanken darüber gemacht, wieso die Gemeinschaft mit den Helpern fast immer funktioniert, und wir im Gegensatz dazu mit permanenten Mitbewohnern immer wieder Probleme hatten. Ich denke, dass einerseits die zeitliche Begrenzung dabei eine Rolle spielt, andererseits auch die klaren Regeln und Strukturen. Man lässt sich schon im Vorfeld auf eine Abmachung ein und es gibt wenig enttäuschte Erwartungshaltungen.

Wir bitten unsere Helper, bei allen auftauchenden Problemen und Fragen mit uns wertschätzend und offen zu sprechen. Gerade wenn sich die Kulturen sehr stark unterscheiden, ist dies ein Schlüssel zum Erfolg. Ich kann nie in den anderen hinein schauen und wissen, was er gerade wirklich denkt. Das betrifft uns genauso und wir kommunizieren mit unseren Helpern auf die gleiche Weise.

Wir mussten noch nie jemanden hinauswerfen. In den seltenen Fällen wo es für uns nicht gepasst hat, hat es für die Besucher auch nicht gepasst und sie sind ohne schlechtes Gefühl weiter gezogen. Schließlich kann es vorkommen, dass die Chemie einfach nicht stimmt.

Wir sind aber nicht nur sehr dankbar für die Arbeit, die unsere Mitbewohner auf Zeit leisten, sondern auch für den kulturellen Austausch. Jeder bringt immer etwas Besonderes mit und lässt auch etwas hier, sei es ein neues Rezept, ein Spiel oder einfach Geschichten, die wir miteinander erleben.

Wir laden unsere Besucher ein, eine Lieblingsspeise aus ihrem Heimatland zu kochen und meist werden diese gemeinsamen

Essen zu einer kulinarischen Entdeckungsreise. Mittlerweile können wir in vielen verschiedenen Sprachen „Guten Appetit" sagen!

Für die Kinder sind die meisten Helper, die im Durchschnitt etwa Mitte zwanzig sind, wie große Geschwister. An den freien Nachmittagen wird dann oft zusammen gespielt, gefischt oder gemalt. Es kommt vor, dass sie eine besondere Beziehung zu ihnen aufbauen und manche Helper werden zu lieben Freunden. Übrigens nicht nur mit den Kindern.

Ich freue mich darüber sehr, denn dieser Kulturaustausch zeigt den Kindern wie vielfältig und bunt unsere Welt ist. Sie entdecken die Unterschiede und erleben die Gemeinsamkeiten. Ich glaube, es gibt keine bessere Möglichkeit (außer das Reisen), um sie zu weltoffenen, neugierigen und verständnisvollen Erwachsenen werden zu lassen - Rassismus hat da gar keine Chance!

Manchmal kommen Helper auch wieder. Diese Erfahrung ist für uns alle besonders schön, denn ab und zu kommt es besonders bei den Kindern zu großem Abschiedsschmerz und Trauer (das ist ein Grund, wieso wir keine allzu große Fluktuation wollen). Es zeigt uns auch, dass sich diese Menschen bei uns wohl und angenommen fühlen und dafür sind wir sehr dankbar.

Fast immer melden sich Interessierte bei uns, nicht umgekehrt. Ich vertraue mittlerweile vollkommen darauf, dass immer genau zur richtigen Zeit der richtige Mensch in unser System kommt - und das stimmt zu 99 Prozent. Wer sich von unserem Text und unseren Fotos angesprochen fühlt, der passt meistens auch genau hier her. Und wenn nicht, dann hatte auch das immer einen Grund und bot uns allen eine Lernmöglichkeit.

Der „Durchschnitts-Helper“ ist wie erwähnt Mitte zwanzig, meist gerade mit dem Studium oder der Berufsausbildung fertig und geht auf Reisen, um etwas zu erleben. Hätte es diese Möglichkeit zu meiner Studentenzeit bereits gegeben, ich hätte es sicherlich auch so gemacht. Ich finde das eine wundervolle Möglichkeit, ein Land und die Menschen kennen zu lernen!

Was uns zu denken gibt, ist eher die Verlorenheit vieler junger Menschen. Zwar haben sie eine gute Ausbildung genossen, wollen aber in dem gelernten Beruf nun nicht ihr Leben lang arbeiten müssen. Noch schlimmer: Sie wissen oft gar nicht, wer sie sind und was sie wollen. Genauso wenig, was sie wirklich können (meistens relativ wenig Praktisches). Sie haben noch nie erfahren, was körperliche Arbeit ist. Zum ersten Mal in ihrem Leben sind sie nicht fremdbestimmt und können ihre eigenen Entscheidungen treffen.

Bitte versteht uns richtig, wir begrüßen es sehr, wenn sich Menschen auf Reisen begeben, man kann davon auf so vielfältige Weise profitieren. Aber es gibt uns zu denken, was unser System an jungen Menschen hervorbringt.

Schaue ich auf mein bisheriges Leben zurück, dann habe auch ich erst mit dem Ende meiner Schullaufbahn, also auch Mitte zwanzig, wirklich praktisch gelernt und erkannt, wer ich bin und meine eigenen Erfahrungen gemacht.

Wir fragen uns nur, wieso wir davor so viel Zeit verstreichen lassen müssen und somit die wichtigen Jahre der Adoleszenz mit totem, unpraktischem und meist sinnlosem Faktenwissen verschwenden, während wir gelangweilt in diversen Institutionen sitzen?

Über all die Erlebnisse und Erfahrungen mit diesen Menschen, Pärchen und Familien aus aller Welt könnte ich locker ein weiteres Buch füllen - und vielleicht mache ich das ja auch eines Tages.

Eventuell, wenn die Zahl der Helper Hundert erreicht hat?

(13)

Die Geschichte mit der Lehrerfortbildung

Wie es dazu kam, dass wir am H.O.F. die Gelegenheit bekommen haben, Lehrer auszubilden

Alles ist möglich – das war schon in der Schule mein Motto. Geht nicht, gibt's nicht. Nicht alles im Leben ist allerdings immer zwangsläufig logisch und manchmal scheint es fast so, als würde uns das Leben einen Streich spielen wollen oder eine Art schwarzen Humor haben.

So oder so ähnlich hat es sich jedenfalls für mich angefühlt, als sich herauskristallisiert hatte, dass wir bei uns am H.O.F. eine österreichweite Lehrerfortbildung für Lehrer aller Schularten organisieren würden.

Dabei würde mich der Landesschulrat dafür bezahlen, seine eigenen Lehrer auszubilden. Wir würden die Gelegenheit haben, einigen Menschen im Schulsystem zu zeigen, dass es auch anders gehen kann!

Aber von vorne: Als wir in die Südsteiermark gezogen sind, habe ich zwar offiziell beschlossen, nun aus dem System Schule auszusteigen, aber ich traute mich nicht, vollends alle Seile zu kappen.

Ich war schwanger und wollte das Gefühl eines gewissen Sicherheitsnetzes nicht ganz missen. Im Leben einen Plan B zu haben, dachte ich mir, konnte nicht schaden. Schließlich konnten wir ja auch nicht wissen, wie es mit der Selbständigkeit und unseren Plänen am H.O.F. klappen würde.

Also habe ich nicht gekündigt, sondern bin nur in Karenz gegangen. Demzufolge musste ich mich auch in der Steiermark für eventuell offene Lehrstellen an nicht allzu weit entfernten Gymnasien zur Verfügung stellen.

Ich dachte, das wäre alles kein Problem, denn im einzig nicht stundenlang entfernten Gymnasium hatten sie in absehbarer Zeit keinen Bedarf an neuen Kunsterzieherinnen.

Ich stellte mich im Landesschulrat vor und freute mich, dort ebenfalls einer ehemaligen Südsteirerin zu begegnen. Wir verstanden uns gut und waren uns sympathisch. Sie setzte mich auf die Liste und versprach mir, sich umzuhören und sich zu melden, falls sich eine Stelle für mich auftun würde.

Ich stellte mich beim Direktor der Schule vor. Ich war so frisch aus dem System ausgestiegen, dass es mir durchaus möglich schien, bald wieder hinein zu gehen. Oder einen gut machbaren Mittelweg für mich zu finden.

Die Zeit verging, die KREATIVwerkstatt wuchs und gedieh, die H.O.F.-Vision reifte und veränderte sich, Mitbewohner kamen und gingen. Die Kinder wurden größer und eigenständiger, ich freute mich, dass ich langsam wieder selbst regelmäßig zur künstlerischen Arbeit kam und gewöhnte mich an die neue Selbständigkeit. Ich genoss das Gefühl, mein eigener Chef zu sein.

Ein unerwarteter Anruf an einem Nachmittag im Spätherbst warf mich aber vollends aus der Bahn: Der Direktor der Schule hatte einen Job für mich, eine Kollegin war bis zum nächsten Schuljahr in Karenz gegangen. Ich sollte mich in den kommenden Tagen in der Schule einfinden, er könne mir den Stundenplan zeigen und die Kollegen vorstellen.

„Oh!", dachte ich dazu nur. Was sollte ich denn jetzt machen? Ich war so sicher gewesen, dass Schule überhaupt gar keine Option mehr für mich war, und dass ich längst damit abgeschlossen hatte. Aber Niko brachte es einmal mehr auf den Punkt: „Du hast ja nie wirklich NEIN zur Schule gesagt..."

Ich war hin und her gerissen zwischen der finanziellen Sicherheit in der Schule und meiner lieb gewonnenen Freiheit und meinem Herzensprojekt, der KREATIVwerkstatt. Denn eines war mir klar: Würde ich mich für die Schule entscheiden, dann musste eines der anderen Dinge, die ich in meinem Leben hatte, weichen. Alles gleichzeitig geht einfach nicht. Und dass die Kinder und die Familie zurückstecken mussten, war keine Option.

Ich beschloss, mir einfach einmal alle Eckdaten und Informationen zu holen, denn es fällt leichter, eine Entscheidung zu treffen, wenn man über seine Optionen Bescheid weiß. Ich ging also in die Schule, traf mich mit dem Direktor und den Kollegen und nahm den Stundenplan in Empfang. Das machte die Entscheidungsfindung nicht einfacher, denn alle waren total nett und zuvorkommend, der Stundenplan war super und würde sich relativ einfach mit unserem Leben und den anderen Terminen vereinbaren lassen.

Ich war an einem Punkt angekommen, an dem ich das Gefühl hatte, alleine keine Entscheidung mehr treffen zu können. Alle paar Minuten änderte ich meine Meinung. Nichts fühlte sich mehr richtig oder falsch an.

Ich suchte mir Hilfe und ging zu einer Energetikerin, die mir schon früher ein paar Mal geholfen hatte. Ich erzählte ihr von meinem Dilemma. Sie war ganz erstaunt darüber, dass ich überhaupt so im Zweifel war – stand ich denn nicht hinter unseren Entscheidungen für das selbstbestimmte Leben und Lernen? Sie versuchte mich mit allen möglichen Techniken zurück in meine Mitte zu bringen, damit ich wieder das sichere Gefühl dafür bekam, was ich wirklich wollte.

Wir arbeiteten bereits über zwei Stunden miteinander und waren in einer Sackgasse angekommen, nichts bewegte sich mehr.

Plötzlich hatte sie eine Idee: Sie stellte sich mit ausgestreckten Armen vor mich und bat mich, sowohl für die Schule, als auch für meine Selbständigkeit je einen Menschen zu finden, der die jeweilige Option für mich verkörperte. Die beiden sollte ich dann rechts und links von ihr visualisieren.

Ich wählte als Person für die Schule den Direktor, der mich einstellen wollte, auch die Bedeutung seines Namens stand für mich in Verbindung mit der Erde. Für das selbstbestimmte Lernen wählte ich André Stern. Schließlich war er es, der uns in unseren Bestrebungen unterstützt hatte und für mich einer der Gallionsfiguren für diese Art des Lernens in Europa war.

Sie befahl mir, mich jetzt für eine der Seiten zu entscheiden, einen Schritt in die eine, oder die andere Richtung zu machen. Erde oder Himmel? Wiese oder Sterne? Was wollte ich?

Ich sah sie an und konnte mich keinen Millimeter bewegen. Wie konnte ich zwischen Wurzeln und Flügeln entscheiden, wenn ich doch beides brauchte, um mich entfalten zu können? Was im Leben ist schon rein schwarzweiß, ein klares Entweder-Oder?

Wenn mein Leben davon abhängen würde, dann würde ich aber immer zu den Sternen greifen, groß träumen und fliegen.

Das konnte ich im Kopf entscheiden. Trotzdem konnte ich in diesem Moment weder hier noch dorthin gehen.

Plötzlich kam ein Leuchten in ihr Gesicht und sie sagte: „Jetzt weiß ich es, dein Weg liegt genau mitten drin, du musst dich nicht entscheiden. Du wirst deinen ganz eigenen Weg gehen!" Eine tonnenschwere Last fiel in dem Moment von meinen Schultern. Genau! Ich musste mich nicht entscheiden, denn beide Seiten waren immer gleichzeitig, parallel zueinander vorhanden. Das Eine konnte ohne dem anderen nicht existieren, es gab das Eine nicht ohne das Andere.

Nichts auf dieser Welt ist rein schwarz oder rein weiß, es gibt aber nicht nur alle Abstufungen von Grau dazwischen, sondern auch noch eine unendliche Anzahl von Farben. Die Welt war bunt, meine Möglichkeiten grenzenlos!

Nun wusste ich plötzlich, was ich zu tun hatte. Ich fiel der Energetikerin weinend um den Hals, fuhr nach Hause und rief den Direktor an. Ich bedankte mich für sein Angebot und für sein Vertrauen in mich und meine Fähigkeiten. Ich erklärte ihm, dass es mir derzeit leider nicht möglich war, mein Baby der KREATIVwerkstatt, das gerade eben zu krabbeln begonnen hatte, alleine zu lassen. Ich erläuterte, wieso ich einfach nicht mehr zurück in die Schule gehen konnte. Ich wünschte ihm viel Glück auf seiner Suche nach einem passenden neuen Kollegen und ein schönes restliches Schuljahr.

Nachdem ich aufgelegt hatte, bekam ich Angst vor meinem eigenen Mut. War das nun die richtige Entscheidung gewesen, würde ich es bereuen, diese Chance nicht wahrgenommen zu haben? Je mehr Zeit aber verging, desto besser fühlte ich mich. Endlich hatte ich klipp und klar mein Nein auch ausgesprochen, musste kein Doppelleben mehr führen.

Ich hatte die Schule in mir zurückgelassen, um die Lehrerin in mir neu zu entdecken.

Hatte ich die Jahre zwischen meiner Tätigkeit in Niederösterreich und den Anfängen in der Südsteiermark darauf bestanden, dass ich keine Lehrerin mehr sei, wurde mir durch den offiziellen Abschied von meinem Titel klar, dass ich bis zu meinem Lebensende weiterhin Lehrende sein würde. Weil ich es tief in mir trage und gar nicht anders kann. Aber es war eine andere Art von Lehrerin, weit weg von Notengebung, Lehrplänen und Lernmotivationen.

Ich gebe zu, es war auch eine gewisse Trauer mit im Prozess, hatte ich mich doch lange Zeit über diesen Beruf identifiziert. Ich habe mein Lehrerdasein geliebt und bin in der Arbeit mit den jungen Menschen aufgegangen. Ich erlaubte mir nun all die Traurigkeit, gab mir die Zeit, den Abschiedsschmerz zu fühlen, um Raum für das Neue zu machen.

Und das Neue ließ nicht lange auf sich warten. Ein paar Wochen nach meiner Absage rief ich die Zuständige im Landesschulrat an, denn ich wollte ihr meine Sicht der Dinge schildern. Schließlich könnte es seltsam wirken, dass ich das von ihr eingefädelte Angebot schlussendlich abgelehnt hatte. Ich wollte ihr erklären, warum ich das getan hatte.

Zu meiner großen Überraschung gestand sie mir, dass sie mich nur allzu gut verstehen konnte. Ich denke, es geht wohl vielen Menschen im Kreativbereich ähnlich. Sie sehen sich gezwungen, ihre Träume und Ideen zugunsten von finanzieller Sicherheit zu Grabe zu tragen. Sie gratulierte mir zu meiner Entscheidung.

Und sie hatte mir eine Idee zu unterbreiten:

Jetzt, wo ich Zeit hatte, wollte ich ja vielleicht eine Lehrerfortbildung im Bereich Keramik organisieren? Unsere gemeinsame Keramiker-Freundin aus dem Waldviertel sollte den theoretischen Teil übernehmen und ich die Organisation.

Diese überraschenden Entwicklungen hauten mich fast vom Hocker. Kaum hatte ich entschieden, dass ich nicht zurück in die Schule gehen würde, drehte sich in einem Moment alles um und die Schule kam zu mir!

Ich war Feuer und Flamme für die Idee, kontaktierte umgehend die Keramikerin und machte mich an die Vorbereitungen. Eineinhalb Jahre später durften wir wirklich 18 Lehrer aus dem ganzen Land bei uns begrüßen. Das gesamte Event war eine Familien-Unternehmung, wir hätten das niemals ohne die Hilfe der Kinder stemmen können. Die Kinder waren bei allen Vorbereitungen mit dabei und jeder hat seinen Teil dazu beigetragen, dass diese Veranstaltung schlussendlich zu einem großen Erfolg wurde. So groß, dass wir im kommenden Jahr eine weitere Lehrerfortbildung anbieten werden.

Für mich aber war der größte Gewinn in dieser Sache nicht das Gehalt, das ich ausbezahlt bekam, oder die Dinge, die ich in diesem Prozess lernen durfte, sondern der Austausch, der zwischen den beiden Welten stattgefunden hat.

Nicht nur haben meine Kinder zum ersten Mal in ihrem Leben realisiert, dass diese „ominösen" Lehrer auch nur ganz normale Menschen sind. Sie haben Beziehungen mit ihnen aufgebaut, gespielt, gelacht und mit ihnen gemeinsam gearbeitet.

Aber auch die „Gegenseite" konnte sich von dem mehrtägigen Aufenthalt am H.O.F. und dem damit verbundenen Eintauchen in unsere so konträre Welt einiges mitnehmen. Konnten sie sich anfangs so gar nicht vorstellen, wie Lernen und Leben so ganz ohne äußeren Zwang und extrinsische Motivation funktionieren sollte, verließen sie uns doch mit vielen neuen Einsichten und einem Hauch von Verständnis für diesen Weg.

Beide Seiten haben von dieser Erfahrung nur profitieren können.

Und genau so ist es auch mit dem Schulsystem selbst und den außerschulischen Bildungswegen. Wir alle können so viel voneinander lernen und von den jeweiligen Erfahrungen profitieren. Es gibt keine klare Grenze und auch hier kein reines Schwarz und Weiß. Niemals kann und soll das ein Gegeneinander sein, denn unser kleinster gemeinsamer Nenner sollte immer das Wohl der Kinder sein. In meiner idealen Welt tauchen wir auch hier ein ins freudige MITANANDA und schauen gemeinsam voller Vertrauen darauf, was die Zukunft bringt.

Es ist kein Zufall, dass gerade ich Lehrerin in so unterschiedlichen Schulsystemen war. Kein Zufall, dass ich mit meinen Kindern einen so anderen Weg gehe. Und erst recht kein Zufall, dass wir es als Familie immer wieder auf so vielen verschiedenen Ebenen schaffen, Verbindungen zwischen diesen auf den ersten Blick so unüberbrückbar erscheinenden Positionen zu erschaffen.

Ich werde auch weiterhin in meiner Arbeit Brücken bauen, Hindernisse überwinden und Gemeinsamkeiten hervor streichen - und genau damit zu den Sternen greifen.

Die Geschichte mit dem Candle Light Dinner

Warum es eine solche Herausforderung ist, eine erfüllte Langzeitbeziehung zu führen

Eine glückliche und erfüllte Langzeitbeziehung zu führen, gehört wohl zu den größten Herausforderungen in einem Menschenleben. Verliebt, verlobt, verheiratet (oder nicht) - und dann? Spannend wird so eine Partnerschaft ja erst, wenn die erste Verliebtheit abgeflacht ist, wenn Alltag und Probleme beginnen, an dem sicher geglaubten Fundament zu knabbern.

In diesem Bereich gibt es wenige Menschen, die uns als Vorbild dienen können, Ich persönlich finde die beiden Coaches Veit und Andrea Lindau in dieser Hinsicht sehr inspirierend.

Niko und ich kennen uns jetzt seit über 19 Jahren, neun davon sind wir verheiratet. Unsere Beziehung hat bis jetzt vier Kinder, vier Baustellen und zahllose Krisen mehr oder weniger heil überdauert. War ich dabei immer glücklich? Nein. Würde ich deshalb unsere Familie aufs Spiel setzen? Auf keinen Fall.

Ich glaube, dass es zuallererst meine eigene Aufgabe ist, mich selbst glücklich zu machen, mit mir und meinem Leben glücklich zu sein. Zu oft werden unerfüllbare Erwartungshaltungen an den Partner geknüpft: Er soll der beste Freund, ein flammender Liebhaber, ein toller Vater, ein einfühlsamer Zuhörer, ein Held am weißen Pferd und ein Ritter ohne Furcht und Tadel sein. Niemand kann all diesen Wünschen gerecht werden. Unsere Aufgabe ist es, ganz besonders die augenscheinlichen „Schwächen, Unzulänglichkeiten und Fehler" des

Partners lieben zu lernen, denn das, was uns da so triggert und auf die Palme bringt, sind die Dinge, die unsere Partner uns hervorragend spiegeln. Die Dinge, die mich bei Niko zur Weißglut bringen, sind genau jene Eigenschaften, die ich bei mir selbst nicht sehen will.

Wäre es nicht leichter, einfach aufzugeben und alleine zu bleiben oder jemand anderen zu suchen, der kompatibler ist? Ich glaube, dass die Lebensthemen, die wir zu lösen haben, immer wieder auftauchen werden, denn wir haben uns selbst ja immer mit dabei. Daher ist es keine Lösung, einfach zu einem neuen Partner zu wandern, wenn ich mir nicht meine eigenen Lernaufgaben anschaue. Klar, wenn physische und psychische Gewalt im Spiel wäre, oder wenn ich einfach überhaupt gar nichts mehr für den Menschen empfinden würde, neben dem ich da lebe, dann kann eine Trennung durchaus sinnvoll sein. Eine Beziehung definiert sich ja nie durch die Länge, sondern immer nur durch die Intensität.

Ich merke beim Schreiben dieser Zeilen, wie ich da selbst hin und her geworfen bin zwischen meinem Glauben, dass die Arbeit an einer Partnerschaft und der Erhalt der Familie einen schlussendlich als Persönlichkeit weiter bringt, denn der Mensch ist nicht dazu gemacht, alleine zu sein. Andererseits hat alles im Leben auch ein Ende, Menschen und Situationen verändern sich. Bedürfnisse und Grundeinstellungen wandeln sich. Das Leben an sich ist Veränderung.

Ganz besonders als die Kinder noch ganz klein waren, mussten wir unsere Zweisamkeit hintan stellen und das blieb nicht ohne Folgen. Naturgemäß sind besonders Frauen auf das Baby hin programmiert, da rückt der Partner in der Reihenfolge der Wichtigkeit nach hinten. Ein Tag mit einem Baby kann sich in die Ewigkeit ziehen, ständig will jemand etwas von dir, irgendjemand klebt immer an dir dran. Am Abend, wenn endlich Ruhe ist, dann willst du nicht schon wieder körperliche Nähe. Oder reden müssen.

Der Knackpunkt kommt aber erst dann, wenn die Kinder größer, selbstständiger werden und man in all dem Trubel den Zeitpunkt versäumt, der Paarbeziehung wieder mehr Aufmerksamkeit und Zuwendung zu schenken. Dieser Balanceakt ist eine riesige Herausforderung und braucht Einsatz und Arbeit von beiden Seiten. Nicht umsonst trennen sich viele Paare, wenn die Kinder älter werden und sie plötzlich merken, dass sie sonst nichts mehr gemeinsam haben.

Mir war es lange zuwider, einen Termin für ein „Date" mit Niko im Kalender eintragen zu müssen. Es hat sich aber herausgestellt, dass es anders bei uns fast nicht möglich ist. Der Partnerschaft Raum und Zeit einzuräumen und sie anderen Dingen vorzuziehen ist nicht nur absolut wichtig, um sie am Leben zu erhalten. Es ist auch notwendig, dies seinen Kindern so vorzuleben.

Wir sind nicht nur Eltern, wir sind auch ursprünglich ein Liebespaar. Es gibt viel Zeit und Raum für und mit den Kindern, aber es muss dasselbe auch für und mit dem Partner geben. Natürlich geht das einfacher, je älter die Kinder sind, aber mittlerweile freuen sich unsere Kinder mit uns, wenn wir eine Verabredung haben und Zeit ohne sie verbringen.

Eine schöne Geschichte dazu hat sich mitten im Lockdown in der ersten Corona-Welle im Frühjahr 2020 ereignet.

Mitten im Kochen sagte Philomena plötzlich zu mir: „Ich finde es so traurig, dass du und Papa keine „Date Night" haben könnt." Ich dachte, wie süß das ist, dass sie sich darüber überhaupt Gedanken macht. Dann fiel mir etwas ein: „Das stimmt ja gar nicht, klar können wir eine „Date Night“ machen. Wir haben die ganze Gästewohnung zur Verfügung und ihr könntet was organisieren!?“ Sofort war sie Feuer und Flamme und hat mit ihrer Begeisterung ihre Geschwister angesteckt.

Die Kinder haben sich so ins Zeug gelegt, dass uns beiden fast die Tränen gekommen wären. Wir mussten uns hübsch machen (Niko hat für mich sogar ausnahmsweise mal RICHTIGE Schuhe getragen!) und pünktlich zum Candle Light Dinner erscheinen. Es gab romantische Musik, eine liebevoll gemalte Menükarte mit Vor-, Haupt- und Nachspeisenauswahl. Die Kinder haben sich als Kellner gestylt, Wein dekantiert und stilvoll das selbst gekochte Dreigänge-Menü serviert. Am Ende zogen sie sich in unser Wohnhaus zurück und haben uns bei Kerzenschein, romantischer Musik und frisch bezogenen Betten augenzwinkernd und grinsend vor Stolz alleine gelassen.

Irgendwo hab ich mal gelesen, ein Rezept für eine erfolgreiche Langzeitbeziehung wäre es, der sogenannten „Zweierregel“ zu folgen: Alle zwei Wochen ein Date, alle zwei Monate ein Wochenende alleine mit dem Partner und alle zwei Jahre ein Paar-Urlaub. Das bekommen wir ehrlicherweise nicht hin – wir scheitern einfach an der Realität einer Großfamilie.

Wir sind im Moment wohl eher bei alle zwei Monate ein Date und alle zwei Jahre ein Wochenende. Da fällt mir gerade ein, wir hatten noch nie einen Paar-Urlaub, seitdem wir Eltern wurden! Aber ich behalte diese Option trotzdem im Hinterkopf und strebe danach, immer mehr den Fokus wieder auf uns als Liebespaar zu legen. Denn die Zeiten ändern sich, schon jetzt merke ich, wie schnell die Kinder groß geworden sind und wie viel weniger sie uns noch brauchen.

Alles hat seine Zeit im Leben. Derzeit genießen wir die Kinder, so lange sie noch bei uns sind und räumen uns kleine Fenster für die Beziehung ein. Ohne Druck, so wie es sich für uns gut und richtig anfühlt.

(14)

Die Geschichte mit dem Dienstfahrzeug

Wie Tamino langsam erwachsen wird und in die Arbeitswelt hinein wächst

Ich schreibe in diesem Buch viel über Tamino. Klar sind bei ihm schon alleine dadurch mehr Sachen zum ersten Mal passiert, weil er unser erstes Kind ist. Aber natürlich ist es gerade bei ihm besonders spannend, weil er mittlerweile ein Alter erreicht hat, in dem die meisten Jugendlichen über ihren weiteren Werdegang nachdenken. Das ist bei uns nicht anders.

Nachdem Tamino naturgemäß wenig Ahnung vom österreichischen Bildungssystem mit seinen Ausbildungswegen und Möglichkeiten hat, haben wir uns vor ein paar Jahren mit ihm zusammen gesetzt und ihm seine Optionen unterbreitet.

Wir verfolgen in unserer Familie immer die Strategie, uns möglichst schon lange vorab über alle Möglichkeiten so umfassend als möglich zu informieren, damit wir eine passende und fundierte Entscheidung treffen können. Ganz besonders im Bereich der Berufsfindung halten wir es nicht anders.

Alle unsere Kinder haben derzeit keine Zeugnisse. Wir sprechen sehr offen mit ihnen über ihre Möglichkeiten. Wir erklären ihnen, dass es derzeit noch viele Menschen gibt, die sich auf Zeugnisse und Abschlüsse verlassen und diese auch voraussetzen. Aber wir kommunizieren auch, dass es immer alternative Wege zum herkömmlichen, etablierten Vorgehen gibt.

Die Menschheit befindet sich in einem immer mehr Fahrt aufnehmenden, noch nie da gewesenen gesellschaftlichen Wandel. Wir denken, dass es in der Zukunft stärker auf menschliche Kompetenzen und Qualitäten ankommen wird und immer weniger auf Zeugnisse.

Unsere Kinder müssen in unseren Augen nicht unbedingt Abschlüsse machen. Wir glauben daran, dass es mehr Sinn macht, wenn sie erst dann Abschlüsse machen, wenn sie wissen, wozu sie diese im Anschluss verwenden werden. Damit stehen wir im radikalen Gegensatz zum Schulsystem, das alle Schüler auf jede Eventualität vorbereiten möchte.

Tamino muss nicht mit knapp sechzehn Jahren schon wissen, was er für den Rest seines Lebens machen möchte. Wir geben ihm die Zeit und den Rahmen, den er braucht, um sich auszuprobieren. Er ist erst dann bereit, in die Welt zu ziehen, wenn er auch wirklich so weit ist und nicht wenn sein Geburtsdatum es vorschreibt. Auch hier wird er seinen ganz eigenen Weg gehen, auf seine eigene Art und Weise.

Erneut stehen wir als Eltern vor der großen Herausforderung, in der Liebe und im Vertrauen zu bleiben, ihn nicht zu ziehen oder unter Druck zu setzen oder etwas erzwingen zu wollen, das noch nicht reif ist.

An manchen Tagen fällt mir das leichter, an anderen schwerer. Ich kommuniziere meine Bedenken, ich teile ihm meine Gedankengänge und Sorgen mit. Nicht, weil ich ihn hintenrum manipulieren möchte, damit er das tut, was ich will. Sondern weil ich weiß, dass er genau fühlen kann, wenn ich zweifle und in die Angst gehe und ich nicht will, dass er sich als Auslöser dafür sieht.

Wir beobachten und unterstützen aber seine Bestrebungen nach Autonomie. So sind letztes Jahr die beiden Großen in einer ersten Etappe „ausgezogen". Sie schlafen jetzt im dreißig Meter entfernten Gästehaus und genießen ihren neuen Freiraum und die Rückzugsmöglichkeit in vollen Zügen. Damit einher gehen aber auch neue Pflichten, wie die selbständige Reinigung ihrer Räumlichkeiten.

Tamino verdient seitdem er vier Jahre alt war sein eigenes Geld. Er kann damit umgehen, oft besser als wir. Je älter er wird, desto unabhängiger möchte er auch finanziell von uns werden. Als er 15 Jahre alt wurde, wollte er seinen ersten Ferialjob antreten. Die Coronakrise pfuschte in seine Pläne. Enttäuscht fand er sich damit ab, dass er diesen Sommer nicht zum ersten Mal in die Arbeitswelt schnuppern würde.

Aber wie das so ist, wenn man eine Erwartungshaltung loslässt, tun sich neue Türen auf. Im Spätsommer trat ein Bekannter an Tamino heran und fragte ihn, ob er zwei Monate bei ihm im Gastgewerbe mithelfen wollte. Er fand Tamino sehr sympathisch und war begeistert von seinem Charakter, seinen Kompetenzen und seinem umfangreichen Erfahrungsschatz.

Er wollte so gerne, dass Tamino zu ihm arbeiten kommen würde, dass er ein „Dienstfahrzeug" in den „Deal" warf. Tamino konnte selbständig und von uns unabhängig mit dem geliehenen E-Bike hin und herfahren. Diese Lösung war perfekt! Nicht nur hatte Tamino somit die Möglichkeit, täglich seine Ausdauer zu trainieren und seine Beinmuskulatur für sein Boxtraining aufzubauen, sondern er hatte auch die Gelegenheit, unsere unmittelbare Region besser auf eigene Faust kennen zu lernen, sich zu orientieren und in den Straßenverkehr einzuordnen.

Nach zwei Monaten im Gastgewerbe ist ihm nun klar, dass diese Berufssparte nicht unbedingt sein Traum ist. Aber er hat den Umgang mit Gästen gelernt, wie man flexibel mit Problemen umgeht, schnell Lösungen findet und unter Druck funktioniert. Alles Fähigkeiten, die er auch in vielen anderen Bereichen gut anwenden kann und die ihm nicht verloren gehen.

Nichts, was wir im Leben lernen, ist je vergebens. Fehler gibt es im Grunde nicht, nur Lernen.

Er hat sehr konsequent sein erstes offiziell selbst verdientes Geld auf sein Sparkonto auf der Bank eingezahlt. Mit dem Trinkgeld leistete er sich „fun stuff", Dinge, die er schon immer einmal tun oder kaufen wollte.

Sein Traum ist ein eigener Bauernhof, den er, ohne den Druck davon leben zu müssen, bewirtschaftet. Er möchte mit seinen Tieren zusammen leben können, ohne daraus Profit schlagen zu müssen. Das Geld dafür möchte er sich erarbeiten, darauf steuert er hin, seitdem er denken kann. Er hat so viel mehr Plan, was er mit seinem Leben anfangen möchte, als das bei mir selbst oder bei fast allen meiner Schüler je der Fall gewesen wäre.

Er hat einen Traum und geht ihm konsequent nach, er bewegt sich und arbeitet darauf hin. Was ihm alles auf seinem Weg begegnen wird und wie sich sein Plan mit der Zeit wandeln und verändern wird, das kann keiner vorhersagen. Aber das tut auch nur wenig zur Sache, denn Pläne sind dafür da, um über den Haufen gehauen zu werden.

Wichtig ist ja nicht das Ziel, sondern der Weg.

Und dass man auf dem Weg nicht darauf vergisst, im Hier und Jetzt glücklich zu sein und das Leben als das zu sehen, was es ist: Ein unfassbar kostbares Geschenk.

Die Geschichte mit dem Mut

Warum diese Geschichte eine ganz kurze ist

Sehr oft fragen uns Menschen, woher wir den Mut nehmen. Sie sagen uns, dass sie sich das nicht trauen würden, was wir da machen. Sie gratulieren uns zu unserer Entschlossenheit.

Unsere Antwort darauf ist immer dieselbe: Wir sehen das, was wir leben und tun nicht als mutig an. Wir sind vor vielen Jahren an einen Punkt gekommen, da war ein solch großes und klares NEIN da, das hätten wir nicht ignorieren können. Da ging kein Weg drum herum, da war eine ganz klare Grenze, die wir nicht überschreiten konnten und wollten.

Damals haben wir das für unsere Kinder getan. Denn wenn ich meine Ideale und Träume nicht für meine Kinder wahre – für wen dann? Ich glaube, das können viele Eltern gut nachvollziehen. Mittlerweile aber haben wir erkannt, dass wir auch für uns selbst, die Achtung unserer eigenen Grenzen und unserer Integrität die Verantwortung tragen.

Mein Lieblingszitat zum Thema Mut ist: Hinter dem Mut beginnt die Freiheit. Ja, der erste Schritt mag beschwerlich sein. Aber am Ende wird klar, es hätte keine Alternative gegeben, bei der ich nicht den Respekt vor mir selbst verloren hätte. Oder die Achtung meiner Kinder.

Am Ende meines Lebens möchte ich sagen können, dass ich immer nach bestem Wissen und Gewissen gehandelt, immer mein Bestes gegeben und nach meinen Überzeugungen gelebt habe. Weil mir bewusst ist, welchen Stellenwert im Leben meiner Kinder das hat, was ich ihnen vorlebe.

Wenn mich die Kinder irgendwann einmal fragen sollten, warum wir gehandelt haben, wie wir eben gehandelt haben, dann kann ich aus vollstem guten Gewissen sagen: Weil wir an etwas geglaubt haben und dafür eingestanden sind. Weil wir uns und euch geliebt haben und die Welt für uns alle zu einem schöneren Ort machen wollten. Weil wir Zeit mit uns und mit euch als unser einziges, wertvollstes Gut betrachtet haben. Weil wir daran geglaubt haben, dass wir etwas bewegen und verändern können - zumindest für unser eigenes Leben.

Wir vertrauen darauf, dass immer mehr Menschen an den Punkt kommen, an dem ihr NEIN zu überholten Zwängen so groß ist, dass sie ganz einfach nicht mehr anders können, als neue Wege einzuschlagen. Gar nicht anders können, als ihr Ja zu sich und ihren Träumen wieder zu entdecken.

Unter diesem Aspekt betrachtet sind die Entwicklungen ab dem Jahr 2020 vielleicht so etwas wie ein Weckruf an uns alle.

Danksagung

Die Geburt dieses Buchbabys war ein großer und langer Prozess für mich, in dem ich die letzten zwanzig Jahre Revue passieren ließ und einiges aufgearbeitet habe.

Nicht immer war ich währenddessen „streichelweich" und ausgeglichen - oder gut ansprechbar, geduldig und präsent. Daher gilt mein besonderer Dank meiner Familie, ohne die es dieses Buch nicht geben könnte, nicht nur inhaltlich. Ihr seid immer für mich da, unterstützt jede einzelne meiner verrückten Ideen, haltet mir den Rücken frei und zeigt mir, was bedingungslose Liebe wirklich bedeutet. Ihr seid die größten Lehrmeister und wundervollsten Geschenke meines Lebens.

Dieses Projekt wäre vielleicht nie ohne meine Teilnahme an der Buchgruppe „Buchschwanger - in neun Monaten zum Buchbaby" Wirklichkeit geworden. Der Austausch mit all den tollen Menschen, die sich im Laufe des Jahres zu Freunden entwickelt haben, war so bereichernd und befruchtend - Ich danke euch von Herzen für all die Inspiration, das konstruktive Feedback und die vielen gemeinsamen Lacher und emotionalen Momente!

Einem besonderen Herzensmenschen gebührt auch ein spezieller Dank: Ohne Joya Marschnig, meiner langjährigen Wegbegleiterin, Ideengeberin und Kratzbaum der herausfordernden, liebevoll-arschtretenden Art, würde es wohl weder den H.O.F., dieses Buch noch die stetig wachsende Freilerner-Gemeinschaft in Österreich geben.

Ich freue mich auf viele weitere, befruchtend-inspirierende Projekte MITANANDA.

Während des Schreibprozesses war ich mehrfach auf „Schreibretreat" bei Freunden und Bekannten untergebracht. Vielen lieben Dank, dass ihr mir Raum und Möglichkeiten gegeben habt, damit dieser langgehegte Lebenstraum vom eigenen Buch Realität werden konnte.

Mein Dank geht auch an Beatrice Audétat, die mir in der Endphase des Buches mit Rat und Tat und viel Geduld zur Seite stand, damit alles seine Ordnung und Form bekommen konnte. Ich hätte mir keine passendere Lektorin wünschen können.

Ich möchte mich abschließend auch bei meinen Eltern herzlich dafür bedanken, dass sie immer an mich geglaubt haben und sich nie quer gestellt haben, damit ich stets meinen ganz eigenen Weg gehen konnte, auch wenn der nicht immer für alle nachvollziehbar war.

Zu guter Letzt bedanke ich mich bei mir selbst, dass ich mir die Zeit und den Raum genommen habe, um diesen Traum zu erfüllen. Ich bin immer noch am Weg, ich lerne, ich liebe und ich wachse, jeden Tag mehr.

DANKE.

Hinweis:

Um den Lesefluss zu gewährleisten, wurde darauf verzichtet, den Text zu gendern. Selbstverständlich sind alle Personen gleichermaßen gemeint.

Literatur und weiterführende Links

(1)
Prolog von Karin Siakkos entnommen aus „Lernen ist wie Atmen“. Totschnig/ Haubenberger-Lamprecht/Terzic-Auer, 2017

(2)
Liedloff, Jean: Auf der Suche nach dem verlorenen Glück. Gegen die Zerstörung unserer Glücksfähigkeit in der frühen Kindheit. Verlag C.H.Beck
Holt, John: Teach your Own. Deutsch: Bildung in Freiheit: Das John-Holt-Buch zum eigenständigen Lernen. Genius Verlag, 2009
Bauer, Ingrid: Es geht auch ohne Windeln. Kösel Verlag, 2004.
Saint-Exupèry, Antoine: Der kleine Prinz.

(3)
Bauer, Ingrid: Es geht auch ohne Windeln. Kösel Verlag, 2004.
Lini Lindmayer: Windelfrei - so gehts! Tologo Verlag, 2013.
http://www.windelfrei.at

(4)
Faber, Adele & Mazlish, Elaine: How to Talk so Kids Will Listen and Listen so Kids Will Talk. Templar Publishing, 2012.
Pikler, Emmi: Lasst mir Zeit. Richard Pflaum Vlg Gmbh, 2001.
http://pikler-hengstenberg.at | http://antoniastaengl.at

(5)
Aldort, Naomi: Von der Erziehung zur Einfühlung: Wie Eltern und Kinder gemeinsam wachsen können. Arbor Verlag, 2008.

(6)
Rechtliche Grundlagen zum Häuslichen Unterricht:
Artikel 17 Staatsgrundgesetz
Paragraph 11 Schulunterrichtsgesetz
Externistenprüfungsverordnung:
https://www.ris.bka.gv.at/GeltendeFassung.wxe?Abfrage=Bundesnormen&Gesetzesnummer=10009486

(7)
Pikler, Emmi: Lasst mir Zeit. Richard Pflaum Vlg Gmbh, 2001.
http://pikler-hengstenberg.at

(8)
Peck, M. Scott: Gemeinschaftsbildung. Der Weg zu authentischer Gemeinschaft. Blühende Landschaften Verlag, 2014.

(9)
Gordon, Thomas: Familienkonferenz. Die Lösung von Konflikten zwischen Eltern und Kind. Heyne Verlag, 2012.
http://www.gordontraining.at

(10)
Gray, Peter: Free to Learn: Why Unleashing the Instinct to Play Will Make Our Children Happier, More Self-Reliant, and Better Students for Life. Basic Books, 2013.
https://www.naturalchild.org/articles/peter_gray/video_games_dangerous.html
https://www.naturalchild.org/articles/peter_gray/benefits_of_videogames.html

(11)
Maria Montessori: Erdkinderplan, abgedruckt in:
Montessori, Maria: Von der Kindheit zur Jugend, Freiburg 1966, und in: "Kosmische Erziehung", 5. Aufl. Freiburg 2002

(12)
Stern, André & Arno: Mein Vater mein Freund: Das Geheimnis glücklicher Söhne. ZS Verlag Zabert Sandmann GmbH, 2011.

(13)
www.wwhoof.com | www.helpx.net | www.workaway.info

(14)
Lindau, Veit & Andrea: Königin und Samurai. Wenn Frau und Mann erwachen. Kailesh Verlag, 2018.
www.homodea.com